HISTOIRE

DE

DON QUICHOTTE DE LA MANCHE

4ᵉ SÉRIE GRAND IN-8°.

Propriété des Éditeurs,

Eugène Ardant et Cie

MICHEL CERVANTES

HISTOIRE

DE

DON QUICHOTTE

DE LA MANCHE

TRADUCTION REVUE

PAR E. DU CHATENET.

LIMOGES
EUGÈNE ARDANT ET Cie, ÉDITEURS.

HISTOIRE

DE

DON QUICHOTTE

DE LA MANCHE.

I. — Qui était Don Quichotte, et comment il advint qu'il embrassa la profession de chevalier errant.

Il y avait, dans un village de la Manche, un honorable gentilhomme campagnard, point opulent, mais vivant noblement; lance au râtelier, antique rondache au grenier, cheval à l'écurie, et chien courant toujours prêt à partir. Son ordinaire habituel lui emportait les trois quarts de son revenu; le reste ne suffisait qu'à peine à ses autres dépenses domestiques, dont la plus considérable était celle de sa garde-robe. Ce n'est pas qu'il fût fastueux; mais il savait à quoi l'obligeait son rang, et qu'un homme de sa sorte devait toujours avoir deux habits, un pour les jours ouvrables, l'autre, d'un drap plus fin, pour les fêtes et dimanches. Sa maison était composée d'une gouvernante assez âgée, d'une nièce de dix-neuf à vingt ans, et d'un valet vigoureux qui maniait indifféremment l'étrille, la bêche ou la serpette. Quant à notre gentilhomme, il approchait de sa cinquantaine; il était maigre de figure, long de taille, d'un tempérament robuste, quoique d'une complexion sèche et décharnée; il dormait peu, il avait toujours beaucoup aimé la chasse. Les historiens et les savants de la Manche ne s'accordent pas exactement sur son nom de famille. Les uns l'appellent *Quixada;* d'autres, *Quésada;* d'autres, enfin, *Quixana.*

Depuis sa jeunesse, ce gentilhomme, les jours qu'il n'avait rien à faire, c'est-à-dire pendant presque toute l'année, s'occupait à lire des romans de chevalerie. Il y prenait tant de plaisir, que peu à peu il en était venu jusqu'à oublier la chasse, et même à négliger le soin de ses affaires.

De tous ces livres, ceux dont il faisait le plus de cas, étaient les ouvrages du célèbre *Félicien de Silva.* Il estimait particulièrement cet auteur, à raison des finesses amphigouriques de son style. Il en savait par cœur plusieurs beaux passages. Le pauvre gentilhomme s'extasiait de toutes ces phrases, et il s'alambiquait continuellement le cerveau à en pénétrer l'esprit, sans se douter qu'Aristote lui-même y aurait *perdu son latin.* Le curé du village, homme instruit, avait un jour avancé qu'il n'y avait pas moyen de décider lequel des deux, Palmérin d'Angleterre, ou Amadis de Gaule, avait été le plus parfait des chevaliers. Ce doute embarrassait fort le pauvre gentilhomme, qui à force de toujours lire, de toujours méditer et de ne plus dormir, perdit l'esprit; son cerveau, sans doute, se fondit ou se dessécha. Son imagination se remplit, pêle-mêle, de tout ce qu'il avait lu d'enchantements, de prouesses, de défis, de blessures, de batailles, de tempêtes, de rêveries chevaleresques. Il croyait à toutes, aussi fermement qu'aux histoires les mieux avérées, et il en raisonnait avec autant de précision qu'il aurait pu le faire d'événements qui se seraient passés sous ses yeux. Son héros, cependant, son brave favori, c'était Renaud de Montauban. Il s'enthousiasmait quand il se le représentait sortant de son château, pour détrousser quiconque lui tombait sous la main; et quand surtout il se souvenait de la belle statue d'or de Mahomet, que ce loyal chevalier déroba aux Maures.

Finalement, le seigneur Quixana perdit si complètement la tête et la raison, qu'il en vint à former le projet le plus étrange, le plus extravagant, le plus ridicule qui soit jamais entré dans l'imagination. Il se persuada qu'il était destiné à rétablir la noble, l'utile profession de chevalier errant, tombée, pensait-il, en désuétude, par un des plus tristes effets de la dépravation du siècle, et qu'on ne savait plus qu'admirer vainement, sans songer à l'exercer : qu'autant pour le bien public que pour sa propre gloire, il devait, à l'exemple de ces anciens chevaliers si fameux encore, courir le monde, armé de pied en cap, sur un beau cheval de bataille, chercher des aventures, réparer, à ses risques et périls, tous les torts et griefs qui viendraient à sa connaissance; protéger, en un mot, à coups de lance ou d'épée, tous les faibles et opprimés qu'il trouverait sur la face de la terre. Le pauvre maniaque ne voyait rien d'impossible à son bras; il croyait déjà entendre l'univers entier retentir du bruit de son nom : le moins qu'il pût lui revenir de ses prouesses, serait la couronne impériale de Trébisonde.

Plein de ces grandes idées, notre gentilhomme résolut de mettre promptement la main à l'œuvre. Son premier soin fut de rassembler, nettoyer et rajuster une vieille armure de famille, que depuis plus d'un siècle la rouille et la poussière rongeaient paisiblement dans un coin de son grenier. Elle se retrouva complète, à l'exception de la partie supérieure de la salade ou armure de tête, qu'en vain il chercha partout; mais cet inconvénient ne ralentit point son zèle; il y suppléa moyennant une feuille de fort carton dont il fit une espèce d'armet, et il l'assembla si bien avec les autres pièces, qu'il aurait parié que la salade entière sortait des mains du forgeron. Jugeant cependant convenable, avant de lui confier sa tête, d'essayer si, en effet, cet armet serait à l'épreuve des taillades, il le plaça sur une table et il l'éprouva d'un grand coup de tranchant, dont la pièce postiche fut en même temps coupée et enfoncée. Il ne vit pas, sans humeur et sans un peu d'émotion, son ouvrage de huit jours ainsi détruit d'un seul coup; mais au lieu de s'en rebuter, il refit diligemment un autre armet de carton plus épais, qu'il renforça de plusieurs bandes de fer si fortes à son gré, que ne doutant plus de sa solidité, il ne voulut pas même le soumettre à la même épreuve que le premier, et qu'il le tint pour être de la plus fine trempe possible.

Cette importante opération se trouvant terminée à son gré, le futur chevalier errant s'occupa de la monture qu'il se destinait : c'était une vieille bête domiciliée depuis longues années dans son écurie, qui n'avait que la peau et les os; mais à ses yeux elle valait plus à elle seule que le Bucéphale d'Alexandre et le fameux Babieça du Cid ensemble. Le grand point n'était que de lui donner un nom convenable, — car, enfin, se disait-il, il est de toute nécessité que le cheval d'un chevalier tel que moi porte un nom fier et brillant. Il faut que ce nom soit tel, qu'il exprime ce que fut le cheval avant d'être illustré par mes exploits, et ce qu'il sera quand, sous moi, il partagera ma gloire et mes triomphes.

Après avoir, pendant quatre jours, bâti, défait, rallongé, raccourci, retourné, pesé et médité un grand nombre de noms de son invention, enfin il se détermina pour celui de *Rossinante*, qui lui parut réunir parfaitement toutes les qualités désirées.

Notre gentilhomme ne choisit pas moins heureusement le nom qu'il devait prendre pour lui-même; mais au lieu de quatre jours que lui avait coûté la composition de celui de Rossinante, ce ne fut qu'après huit jours de profondes et mûres réflexions qu'il s'en tint définitivement à celui de *Don Quichotte*, sous lequel, en effet, il a été si connu depuis.

Réfléchissant ensuite que le vaillant Amadis de Gaule, au lieu de s'appeler tout sèchement Amadis, avait pris, en manière de surnom, le nom de sa patrie, dans le dessein sans doute de la rendre encore plus célèbre, il voulut, à l'exemple de ce chevalier si fameux, joindre au nom qu'il avait choisi celui de la Manche, sa province natale, afin aussi de la faire participer à la gloire immortelle dont il allait se couvrir lui-même. Enfin il choisit *Toboso*, son village natal, comme le centre et le but de sa gloire.

Voilà donc *Don Quichotte de la Manche* avec un nom illustre de sa composition, pleinement satisfait de celui qu'il avait inventé pour son digne cheval, enchanté de la propreté de ses armes, et ravi de se trouver muni d'un excellent armet de sa façon.

II. — Première sortie de Don Quichotte.

Tous ces importants préliminaires étant ainsi ordonnés et disposés à sa pleine satisfaction, Don Quichotte, persuadé que chaque jour de retard serait désormais autant d'enlevé au patrimoine de la partie malheureuse du genre humain, et pressé par cette multitude d'opprimés qu'il lui semblait déjà voir et entendre de tous côtés implorer le secours de son bras invincible, contre les offenses, les torts, les abus, les injustices sans nombre qu'il se proposait de défaire, il résolut de se mettre incessamment en campagne. Enfin, le matin de l'un des jours les plus chauds de juillet, avant l'aurore, il se couvre secrètement de son armure, et va monter sur Rossinante; il baisse sa visière, il emmanche sa rondache, il empoigne sa lance; et, sans être vu de personne, il sort et s'échappe par la porte de sa basse-cour, qui donnait sur les champs, ravi de n'avoir pas rencontré le moindre obstacle à son départ, et ne manquant pas d'en tirer le plus heureux augure pour le succès de sa glorieuse entreprise.

Mais à peine il se vit dehors, que l'idée d'une difficulté d'autant plus accablante que jusqu'alors il n'y avait pas même songé, faillit déconcerter tous ses projets, et le faire retourner sur ses pas. Il se rappela que n'étant point armé chevalier, il ne pouvait, suivant les statuts de l'ordre, se mesurer légitimement avec aucun chevalier; et que, quand même il le serait, ces mêmes statuts l'obligeaient, comme nouveau chevalier, à ne porter qu'une armure toute unie, sans armoirie ni devise, jusqu'à ce que par des exploits convenables il eût mérité de jouir à son gré de la plénitude des droits, priviléges et prérogatives attachés à la noble profession de chevalier errant. Ces inquiétantes réflexions le firent chanceler pendant quelques instants. Cependant, comme sa manie n'était pas moins active qu'enracinée, elle lui suggéra bientôt des moyens d'accommodement. Il se promit de se faire armer chevalier par le premier membre de l'ordre qu'il rencontrerait, ainsi que l'avaient pratiqué en pareille circonstance plusieurs chevaliers fameux; et rassuré par divers exemples de ce genre, qu'il se rappelait avoir lus, il ne lui resta plus le moindre scrupule sur ce point capital. Quant à son armure, il jugea qu'à la rigueur elle pouvait passer pour noble; elle était, en effet, tellement bigarrée par la rouille qu'il n'avait pu enlever dans certains endroits, et par les coups de limes qui, dans d'autres, en avaient meurtri l'épiderme, qu'il était réellement impossible d'y distinguer ni devise ni armoirie. De la sorte, pleinement tranquillisé sur ces deux graves inconvénients, il continua sa marche, dont il laissa la direction à la volonté de Rossinante, se rappelant encore que c'était ainsi qu'en usaient les chevaliers errants, ses prédécesseurs, quand ils allaient aux aventures.

Notre flamboyant chevalier cheminait ainsi, au petit pas, par monts et par vaux, impatient de porter ses premiers coups. En attendant, excité par la solitude qui l'environnait, il se livrait aux plus délicieuses rêveries sur sa future célébrité. — Le temps viendra, se disait-il à haute voix, où l'histoire de mes hauts faits, répandue par tout l'univers, étonnera et charmera la postérité... Il me semble entendre le savant auteur qui l'écrira, raconter ma première sortie de ce matin. Il débutera sans doute ainsi : « Le blond Phébus » n'avait pas encore étalé sa brillante chevelure dorée sur » ce vaste et large hémisphère; les petits oiseaux, chamar- » rés de mille éclatantes couleurs, ne faisaient encore que » préluder leurs mélodieux compliments à l'aurore ver- » meille, que déjà le noble, l'invincible, le courtois cheva- » lier Don Quichotte de la Manche, le cœur plein de ses » hautes destinées, dédaignant la honteuse et perfide » mollesse autant que l'inutile repos, parcourait, armé de » toutes pièces, et monté sur son fameux Rossinante, les » antiques et célèbres plaines de Montiel..... » Heureuse postérité! continuait notre chevalier extasié, tu les connaîtras, tu les admireras, mes énormes prouesses, mes incroyables exploits! Le bronze, le marbre, le pinceau, tous les beaux-arts se disputeront, d'âge en âge, la gloire d'en perpétuer l'utile souvenir jusqu'à tes dernières générations!... Et toi, sage enchanteur, qui sans doute me suis, me vois et m'écoutes, pour pouvoir transmettre aux siècles futurs l'étonnante histoire de mes actions et de mes pensées! qui que tu sois, je t'en conjure en considération de cette partie de ma gloire qui reflètera sur toi, n'oublie pas cet autre moi-même, le fidèle compagnon de mes travaux, le valeureux Rossinante!...

Pendant que Don Quichotte cousait ainsi les uns aux autres, pour se les appliquer, tous les plus brillants passages des romans de chevalerie qu'il avait dans la tête, le temps s'écoulait, et il ne s'en apercevait pas plus que du soleil ardent qui le chauffait violemment. Ce ne fut que vers le soir, que la chute du jour lui fut assez sensible pour le tirer de ses extases, et ranimer son impatience de faire, au plus vite, ses premiers essais de valeur. Mais il eut beau désirer, s'agiter, se dépiter, regarder autour de lui, provoquer tous les chevaliers de la terre, et brandir sa redoutable lance, toute cette journée se passa sans qu'il lui arrivât rien de digne de figurer dans son histoire.

Vers le coucher du soleil, son cheval et lui se trouvant harassés de fatigue et exténués d'inanition, il se mit à parcourir des yeux tout l'horizon, pour découvrir quelque château ou au moins quelque cabane de berger où ils pussent passer la nuit et trouver à manger. Enfin, après avoir, pendant quelques instants, désespéré de son salut, parce qu'il ne voyait rien de ce qu'il cherchait, à force de regarder il aperçut à environ un kilomètre, un peu sur sa droite, une hôtellerie isolée, vers laquelle il s'achemina, en remerciant de tout son cœur sa bonne fortune d'une si heureuse trouvaille.

Don Quichotte alors ayant jugé convenable de presser un peu Rossinante, le docile animal, malgré sa lassitude, seconda si bien les intentions de son maître, qu'ils arrivèrent avant la brune à une centaine de pas de l'hôtellerie. Là, le chevalier fit halte, se mit en parade, et voici pourquoi. Comme il n'entendait et ne voyait plus rien qu'il ne rapportât aux idées chevaleresques dont il avait l'imagination farcie, il n'avait pas manqué de prendre, dès le premier aperçu, l'hôtellerie pour un château. A mesure qu'il en approchait, il découvrait ses quatre tours et ses créneaux argentés; il croyait voir son pont-levis, ses profonds souterrains, en un mot toutes les circonstances et dépendances des nobles châteaux qu'il avait trouvés dans ses livres; et quand il s'en jugea près, assez pour en être aperçu distinctement, il crut devoir s'arrêter pour attendre que le nain de garde qui, suivant l'étiquette, devait l'avoir reconnu à travers les créneaux, sonnât de sa trompette l'annonce de l'arrivée d'un chevalier armé. Voyant cependant que ce signal tardait, que d'ailleurs son cheval, prêt à se mutiner, piétinait d'impatience d'entrer à l'écurie, Don Quichotte rendit la bride à Rossinante, qui, moitié trottant, moitié galopant, et le nez au vent, tira droit à la porte de la maison.

Le maître du logis, homme de fort bonne mine et aimant la joie, dès son premier coup d'œil sur Don Quichotte, se sentit violemment tenté de rire; mais l'équipage du nouveau venu ne lui paraissant pas moins formidable que comique, il jugea prudent de le recevoir avec civilité. — Si le seigneur chevalier, lui dit-il en le saluant, cherche une excellente auberge, il trouvera ici tout ce qu'il peut désirer, sauf un lit pourtant; je préviens sa seigneurie que je n'en tiens pour personne.

Don Quichotte, radouci par l'accueil honnête de l'hôtelier qu'il prenait pour le gouverneur du château, lui répondit sur le même ton. — Pour moi, seigneur châtelain, comme vous le jugez très-bien, le couvert seul suffit : l'habit que je porte vous annonce assez que je n'ai pas besoin d'un lit, et que ce n'est point en dormant que je me délasse.

L'hôtelier était un Andalou des environs de Saint-Lucar, de la bonne espèce par conséquent; c'est-à-dire fripon autant qu'aucun cabaretier d'Espagne, espiègle et rusé comme un page. Il pénétra facilement, à la réponse et à l'équipage du personnage, que, quoiqu'il parût peu endurant, il y avait moyen de s'en divertir sans provoquer sa colère. — Votre seigneurie n'a donc qu'à descendre, répliqua-t-il en accourant officieusement lui tenir l'étrier; elle ne peut trouver mieux qu'ici, pour coucher sans lit et reposer sans dormir, tout aussi longtemps qu'il lui plaira m'honorer de sa présence.

Don Quichotte ne parvint qu'avec beaucoup de peine à mettre pied à terre, tant il était exténué de n'avoir pas encore déjeuné. Son premier soin fut cependant de recommander amicalement Rossinante au seigneur châtelain, en l'assurant que c'était bien la plus excellente bête et la meilleure pâte de cheval qu'il y eût au monde. L'hôtelier l'emmena, en le considérant beaucoup, mais sans pouvoir deviner où était son mérite; il ne l'en conduisit pas moins lui-même à l'écurie, où il lui rendit loyalement tous les bons offices d'usage en pareil cas.

Après avoir pourvu aux premiers besoins de Rossinante, l'hôtelier vint rejoindre le chevalier pour lui offrir ses services.

Malheureusement c'était un vendredi : il n'y avait dans l'hôtellerie, et à plus de quatre lieues à la ronde, autre chose à manger que quelques tronçons de merluche sèche, espèce de poisson que, sur les côtes d'Andalousie, on connaît, lorsqu'il est frais, sous le nom de *truchuéla* ou *petite truite*. L'hôtelier, en plaisantant, lui en proposa sous ce dernier nom, en s'excusant sur le jour d'abstinence, de ce qu'il ne lui offrait ni gibier ni poulardes. — « Pourvu qu'il y en ait en suffisante quantité, répondit l'affamé chevalier, autant vaudront plusieurs petites qu'une grosse truite : car, après tout, entre un écu et sa monnaie je ne vois, au fond, pas grande différence; il se peut même qu'il en soit des petites truites comme des chevreaux, qui sont plus délicats jeunes, que lorsqu'ils sont devenus boucs ou chèvres : ainsi, petites ou grosses, pourvu qu'elles ne tardent pas, elles seront les bienvenues. La fatigue et le poids des armes m'ont aujourd'hui singulièrement ouvert l'appétit. »

On dressa son couvert au frais, devant la porte de l'hôtellerie, et on lui servit une galimafrée mal cuite, et plus mal cuisinée encore, de la plus coriace merluche qu'il y eût dans toute la Manche, avec un morceau de pain aussi noir et aussi dur que ses armes. Les éclats de rire faillirent recommencer, lorsqu'il fut question de manger, parce que, de la manière dont sa tête et ses épaules étaient enchâssées dans les parties de son armure dérangée et disloquée, il ne lui était pas possible de porter la main à sa bouche. Il fallut qu'on lui plaçât les morceaux l'un après l'autre entre les dents, et qu'on le fît boire au moyen d'un chalumeau qu'on surmonta d'un petit entonnoir.

Le son d'une flûte champêtre, dont un muletier s'amusait à que'que distance, ayant frappé son oreille, il imagina que c'était la musique dont, suivant l'étiquette, on le régalait pendant son souper : et il acheva de se remplir l'estomac, complètement persuadé que sa destinée l'avait conduit dans un château des plus fameux; qu'il y faisait une chère excellente; qu'il y mangeait des truites délicieuses; qu'en un mot, il y recevait tous les honneurs réservés aux seuls chevaliers errants. Il conclut d'un si heureux début que la fortune protégeait décidément ses grands desseins; mais sa satisfaction était contrariée par l'impatience d'être armé chevalier; et il ne songeait qu'avec douleur que, faute de cette cérémonie, il ne lui était pas encore permis de faire le moindre acte de chevalerie.

III. — Comment Don Quichotte fut armé chevalier.

Résolu de se tirer cette épine du pied le plus promptement possible, Don Quichotte, sitôt qu'il eut fini son maigre souper, quitta son siége, et pria son hôte de vouloir bien lui accorder un moment d'entretien secret, et à l'écart. Il le conduisit à l'écurie; et, après en avoir soigneusement fermé la porte, et reconnu qu'ils ne pouvaient être aperçus de personne, il se mit à genoux devant lui. — Noble et vaillant chevalier, lui dit-il, je ne quitterai pas cette suppliante posture que vous ne m'ayez donné votre parole de m'accorder une grâce que j'ai à vous demander, qui d'ailleurs (je m'empresse de vous en prévenir) ne peut tourner qu'à votre propre gloire et à l'avantage du genre humain.

L'hôtelier confus de le voir à ses pieds, et ne sachant qu'en penser, fit d'abord ce qu'il put pour l'engager à se relever; mais voyant qu'il n'y avait pas moyen de s'en débarrasser autrement, il lui promit de faire tout ce qu'il désirerait, pourvu que cela ne fût pas impossible, ou beaucoup trop difficile. — Je n'attendais pas moins de votre courtoisie, seigneur, répondit Don Quichotte en se relevant. Cette grâce que je vous demande, et que vous m'avez si généreusement octroyée, c'est de m'armer chevalier, demain, au point du jour, après que, pendant toute cette nuit, j'aurai veillé les armes dans la chapelle de votre château : le tout conformément aux statuts de la chevalerie; vous déclarant, en outre, sur mon honneur, que mon unique but est de pouvoir, à la faveur de cette insigne et indispensable cérémonie, parcourir les quatre parties du monde, par terre et par mer, pour y protéger loyalement, envers et contre tous, les malheureux, les faibles et les opprimés, auxquels, en ma qualité de chevalier errant, je dévoue à jamais le secours de mon bras.

L'hôtelier qui, comme je l'ai dit, était naturellement espiègle, et qui avait déjà de fortes suspicions du dérangement de la tête du chevalier, n'en douta plus quand il l'entendit déclarer un projet si extravagant. Mais, résolu de s'en divertir sans l'irriter, il prit le parti de se prêter à sa folie. Il lui répondit donc que rien n'était plus édifiant que sa demande, ni plus louable que sa noble entreprise; que le métier de chevalier errant était en effet le plus digne d'un homme d'aussi bonne mine, et surtout aussi vaillant qu'il paraissait l'être. — Comme vous, seigneur, ajouta-t-il, j'ai.

dans ma jeunesse, passionnément aimé la célébrité et la chevalerie errante. J'ai couru les aventures avec quelque succès. J'ai signalé dans plusieurs contrées la valeur et l'adresse de mon bras. Nombre d'affligés, d'opprimés, d'offensés, de dupes, de pauvres veuves doivent encore se souvenir de moi à Malaga, à Séville, à Ségovie, à Valence, à Grenade, à Saint-Lucar, à Cordoue, et jusqu'aux guinguettes de Tolède; en un mot, je puis me flatter que mon nom a fait du bruit dans presque toute l'Espagne. Enfin, content du peu de gloire que j'avais acquise, l'âge et des symptômes précurseurs de quelques revers qui m'auraient été bien sensibles, après d'aussi longs succès, m'ont déterminé à venir dans ce château de mes pères, me reposer sur mes lauriers. J'y vis honorablement de mes revenus, que je m'empresse de distribuer à ceux qui ont recours à moi. J'y accueille surtout de mon mieux tous mes bons amis les chevaliers errants. Je me fais un plaisir de partager avec eux tout ce que je possède, et de pourvoir à leurs besoins, en considération des grands services qu'ils rendent ou qu'ils voudraient rendre au genre humain. Je suis mortifié de n'avoir point, en ce moment, de chapelle à vous offrir ici : je viens précisément de faire démolir la mienne pour la reconstruire à neuf, et plus magnifiquement; mais vous savez comme moi qu'en cas de nécessité constatée, la veillée des armes peut se faire où l'on veut. Ainsi, cette nuit, vous pourrez remplir ce devoir préparatoire dans une des cours de mon château; et demain matin, si Dieu n'en ordonne pas autrement, nous achèverons la cérémonie, de manière qu'au point du jour vous soyez armé chevalier aussi à fond qu'aucun chevalier puisse jamais l'être.

L'hôtelier lui demanda ensuite s'il avait de l'argent.

— De l'argent! répondit Don Quichotte, je n'y ai pas même songé. Je n'ai jamais lu qu'aucun chevalier errant s'en soit muni pour aller aux aventures.

— Vous en concluriez mal à propos qu'ils n'en portaient point, répliqua l'hôtelier. Si les histoires n'en parlent pas, c'est uniquement parce que les auteurs ont pensé que cela allait sans dire. Soyez certain que tous ces chevaliers errants qui ont fait parler d'eux dans tant de livres, n'ont jamais marché sans avoir la bourse bien garnie, quelques chemises à changer, et la petite boîte d'onguent; car vous pensez bien qu'exposés, comme ils l'étaient tous les jours, au milieu des forêts ou des déserts, à soutenir des combats terribles, et par conséquent à recevoir des blessures effroyables, ils ne comptaient pas trouver là des chirurgiens tout prêts à les guérir. A l'exception de ceux qui avaient dans leur manche un bon enchanteur, toujours attentif à leur envoyer au besoin du plus proche nuage, par quelque nain, une petite fiole de cette eau miraculeuse dont une goutte seulement sur le bout de la langue suffisait pour fermer à l'instant leurs plaies et les rendre gais comme des pinsons; je sais, moi, à n'en pouvoir douter, que tous avaient grand soin, en partant, de charger leurs écuyers d'argent, de nippes, de charpie, d'emplâtres et d'onguent, parce que tout cela n'est pas moins nécessaire à la chevalerie errante que la lance et le bouclier. Et quand il arrivait, ce qui a toujours été fort rare, qu'un chevalier n'avait pas d'écuyer, lui-même il portait tout son butin dans de petites besaces qu'il arrangeait sur la croupe de son cheval, sans cependant que cela parût; car, à vous dire le vrai, les chevaliers de ce temps-là n'étaient pas trop dans l'usage de porter des paquets derrière eux; mais il fallait bien que ceux qui ne pouvaient faire autrement en passassent par-là. Je vous conseille donc et même je pourrais vous le commander, puisque vous devez être bientôt mon fils d'armes, de ne point vous mettre en campagne sans argent, et sans avoir avec vous toutes les petites provisions que je viens de vous indiquer. Vous me saurez, quelque jour, bon gré du conseil, et au moment où vous y penserez le moins vous serez bien aise de l'avoir suivi.

Le futur chevalier promit de se conformer en tout à ces avis ; et l'hôtelier le quitta en lui répondant qu'en ce cas il n'avait qu'à se disposer à la cérémonie, et en lui enjoignant de faire incontinent la veillée des armes dans la grande cour du château. Don Quichotte aussitôt alla ramasser toutes les pièces de son armure ; il les porta et les groupa lui-même sur l'auge du puits, au milieu de la cour. Il prit ensuite sa lance, et couvert seulement de sa rondache, il se mit à se promener par-devant le noble trophée, sans le quitter des yeux.

L'hôtelier, en quittant Don Quichotte, n'avait rien eu de plus pressé que d'aller avertir les voyageurs qu'il avait chez lui de la scène qui venait de se passer, et de celles qui devaient la suivre. Tous, étonnés d'un si singulier genre de folie, et impatients de s'en amuser, étaient accourus se placer de manière à tout voir sans être vus : il faisait un si beau clair de lune, qu'aucun des mouvements du chevalier ne leur échappait. Tantôt il longeait à petits pas le devant du puits et de l'auge, le bouclier haut, et dans une attitude menaçante ; tantôt il s'arrêtait, s'appuyait sur sa lance, et le corps penché en avant, il restait en contemplation, les yeux fixés sur ses armes, sans se douter de la comédie qu'il donnait aux spectateurs, qui, de leur côté, n'osaient presque souffler, dans la crainte de la troubler et de perdre ce qui leur en restait à voir.

Vers minuit, heure à laquelle, pour l'ordinaire, les muletiers en route pendant l'été font boire leurs bêtes, un de ceux qui passaient cette nuit à l'hôtellerie conduisit les siennes au puits de la cour, et s'avança les bras tendus pour débarrasser l'auge dont il avait besoin. — Arrête, téméraire, lui cria fièrement Don Quichotte : qui que tu sois, je te défends d'approcher de ces armes. Apprends que ce sont celles du plus valeureux chevalier errant qui ait jamais ceint l'épée. Tiens-toi pour averti que le moment où tu serais assez audacieux pour y porter la main, serait le dernier de ta vie.

Le malavisé muletier, au lieu de faire cas de l'avis, n'en parut que plus pressé de passer outre; et, pour toute réponse, il s'avance, enlève brusquement le groupe tout entier, d'une seule brassée, et le jette à ses pieds. A ce spectacle, Don Quichotte furieux fait deux pas en arrière, lève les yeux au ciel, et après une courte invocation, il jette son bouclier, prend sa lance à deux mains, et court en décharger un si terrible coup sur la tête du muletier, qu'il le renverse sans connaissance, le long d'un des côtés du puits. Il relève ensuite ses armes, les replace sur l'auge, et se remet en devoir de continuer silencieusement sa promenade. Mais, dans le même instant, arrive un autre muletier, avec une autre bande de mules, et avec la même intention que le premier, qui, toujours étendu sans mouvement, ne put malheureusement l'avertir de se tenir en garde contre le fou. Don Quichotte le voyant en disposition aussi de débarrasser l'auge, jette une seconde fois son bouclier, empoigne une seconde fois sa lance à deux mains; et, sans dire mot, sans perdre de temps à une seconde invocation, attendu que tout cela pouvait bien n'être qu'une seule et même aventure, il fend du premier coup la tête du second muletier, qui tombe grièvement blessé à côté de son camarade.

L'hôtelier et tous les curieux avaient quitté leur poste pour venir au secours du blessé, dès le premier coup qu'ils avaient vu porter. Ils arrivèrent dans la cour, et en grande rumeur, au moment où le futur chevalier expédiait le second. Don Quichotte alors, persuadé qu'ils en voulaient tous à ses armes, ramasse précipitamment sa rondache, s'en couvre, met l'épée à la main, et, après une prière, se croyant en état de faire face à tous les muletiers de la Manche, il s'adosse fièrement à l'auge, frémissant néanmoins de dépit, de ce qu'en ce moment, ce qu'il devait à ses armes ne lui permettait pas de s'élancer lui-même à la rencontre des assaillants.

Les muletiers, camarades des blessés, furieux, mais contenus par la posture menaçante et par la longue épée du chevalier, firent pleuvoir sur lui une grêle de tout ce qui leur tomba sous la main, en l'accablant d'injures et d'imprécations; pendant que l'hôtelier, de son côté, se débattait de toutes ses forces pour les en empêcher, et s'égosillait à leur dire que ce n'était qu'un fou; que par conséquent, comme tel, il n'y aurait pas le mot à lui dire, quand même il les embrocherait ou les assommerait tous. Don Quichotte, sous son bouclier, recevant courageusement tous les envois qu'il ne pouvait esquiver sans désemparer l'auge, ne faisait pas moins de tapage qu'aucun. Il criait à plein gosier qu'ils étaient tous des traîtres et des misérables; que le seigneur du château n'était lui-même qu'un lâche, un déloyal, puisqu'il permettait qu'en sa présence, et chez lui, on attaquât si bassement un noble chevalier errant. — Et je le lui prouverais dans toutes les règles, ajouta-t-il d'une voix foudroyante, si malheureusement les statuts de l'ordre ne me défendaient encore de me mesurer avec lui. Quant à vous, infâme canaille, jetez, tirez, faites ce que vous pourrez; mais si vous approchez, je vous extermine tous comme des mouches.

Enfin, ses cris, ses menaces, sa bonne contenance, et surtout la médiation de l'hôtelier, firent cesser l'attaque et apaisèrent le chamaillis. Don Quichotte alors laissa relever et emporter les blessés, sans dire mot à personne; et, de suite, il continua sa veillée des armes, avec autant de flegme et de tranquillité que s'il ne lui fût rien arrivé.

Mais l'hôtelier, plus convaincu que jamais que le fou n'était pas moins dangereux que divertissant, se promit, dès ce moment, pour s'en débarrasser au plus vite, d'abréger les cérémonies et de lui donner la clef des champs, avant qu'il lui reprît fantaisie de faire de nouvelles prouesses. En conséquence, très-peu de temps après l'action, il revint seul le joindre, et lui faire des excuses de l'insolence des rustres qui l'avaient outragé, lui assurant qu'il n'avait pas été le maître de les retenir, et le félicita surtout de les avoir si vaillamment châtiés. — Je vous ai dit, Seigneur, ajouta-t-il, que je n'avais pas de chapelle à vous offrir ; mais elle n'est pas plus nécessaire pour ce qui nous reste à faire, que pour ce que vous avez déjà si bien fait. Il ne s'agit plus que de l'accolade, de l'apposition du plat de l'épée sur les épaules, et de quelques courtes cérémonies pour lesquelles tous lieux sont également bons, même le milieu des champs, en cas de besoin. Comme d'ailleurs voilà près de quatre bonnes heures que vous veillez les armes, tandis qu'à la rigueur deux suffisent, si vous êtes prêt, si vos louables dispositions n'ont point changé, nous allons finir ici, puisque nous y voici tout portés.

Don Quichotte qui, de son côté, pétillait d'impatience de se voir armé chevalier, répondit au seigneur châtelain qu'il était prêt d'obéir à ses commandements, et qu'il ne désirait rien tant que de finir bien vite. — Afin, ajouta-t-il, que si je suis encore insulté ici, au moins je puisse, sans outrepasser mes pouvoirs, assommer ou passer au fil de l'épée, suivant qu'à chacun il appartiendra, tout ce qui respire dans ce château ; sauf, néanmoins, seigneur, les personnes que vous m'ordonnerez d'épargner.

Le seigneur châtelain se tint pour dûment averti, et le quitta en l'assurant qu'il allait être pleinement satisfait. Il revint, en effet, peu de temps après, précédé d'un petit garçon qui portait entre ses doigts un bout de chandelle allumée ; il tenait, sous le bras, le grand livre in-folio de ses fournitures journalières de paille et d'avoine. Il s'approcha gravement de Don Quichotte qui déjà s'était revêtu de son armure, et il le fit mettre à genoux, les mains jointes ; ouvrant ensuite le grand livre par-dessus la tête du récipiendaire, il se mit à marmotter, comme s'il eût récité quelques rubriques ; et, tout en marmottant, il leva la main droite qu'il laissa retomber sur le chignon du chevalier. Enfin, il lui appliqua sur les épaules un grand coup de plat d'épée, en criant, à haute voix, *Amen*.

L'oraison finie, et le grand livre fermé, le châtelain chargea l'une des servantes de ceindre l'épée au nouveau chevalier. Elle s'en acquitta fort bien, et avec beaucoup de sérieux, malgré la pétulante envie de rire qui la tourmentait. En la lui attachant, elle lui dit gracieusement : — Que Dieu vous soit toujours en aide, très-valeureux chevalier, et vous donne autant de succès que je vous en souhaite.

Une autre servante, ensuite, s'agenouilla pour attacher l'éperon. Don Quichotte ne la remercia pas moins que la première.

Il était beau de le voir, se confondant en excuses et en compliments devant ces deux hautes dames, dont l'une était tout simplement fille d'un honnête savetier de Tolède, et l'autre d'un gros meunier d'Antequerra.

Don Quichotte, ravi de pouvoir enfin tailler en plein drap, et impatient de jouir, embrassa son hôte, en lui disant bien vite ce qu'il crut devoir d'affectueux et d'honnête au service important qu'il venait d'en recevoir, et courut monter à cheval. L'hôtelier, non moins pressé de le sentir dehors, répondit laconiquement à ses remercîments ; dans la crainte même de le retenir une minute de plus, il le laissa partir sans lui parler de sa dépense.

IV. — De ce qui arriva à notre chevalier, quand il fut sorti de l'hôtellerie.

L'aurore commençait à peine à s'annoncer, quand Don

Quichotte partit de l'hôtellerie, si content, si fier, si affairé de se voir enfin armé chevalier, et si pressé d'entrer en fonctions, qu'il ne pensait pas même à faire au cher Rossinante ses caresses et amitiés ordinaires. Mais se rappelant bientôt qu'il avait promis au seigneur châtelain de suivre ses conseils, relativement aux petites provisions nécessaires aux chevaliers errants, il résolut de retourner, avant tout, pour prendre de l'argent, et surtout pour tâcher d'engager à sa suite, en qualité d'écuyer, un paysan de son village, pauvre et chargé de famille, qu'il jugeait très-propre à cet emploi, et sur lequel il avait jeté les yeux dès l'instant qu'on lui avait suggéré l'idée d'avoir un écuyer; il n'avait pas, du reste, de quoi s'inquiéter si fort, Rossinante pouvait facilement lui venir en aide. L'intelligente bête, qui probablement n'avait pas de moins bonnes raisons de désirer de revenir au logis, sembla pénétrer l'intention de son maître, et chercha, par quelques petites mutineries, à lui faire comprendre qu'elle savait de quel côté il fallait tourner pour y arriver plus tôt. Don Quichotte, assez embarrassé de s'orienter, se persuada qu'il ne pouvait s'en rapporter à un guide plus sûr. Il lui lâcha la bride, et ils commencèrent à cheminer si légèrement que, sans les incidents qui survinrent, ils auraient sûrement refait la route en moins de temps que la veille.

Après avoir marché pendant environ une demi-heure, comme ils longeaient la lisière d'un bois, Don Quichotte crut entendre en sortir des cris; il s'arrêta pour écouter avec plus d'attention, et bientôt il s'assura qu'il ne se trompait pas. — Bon! s'écria-t-il, le ciel, propice à mes louables desseins, veut sans doute m'en récompenser, en me présentant promptement une occasion de mériter l'insigne faveur qu'il vient de m'accorder. Cette voix me semble faible et plaintive; c'est, à coup sûr, celle d'un infortuné qui réclame le secours de mon bras, et il ne l'implorera pas en vain.

Il tourne en même temps bride, et il pousse Rossinante du côté d'où les cris paraissaient venir. Après quelques détours dans les bois, il aperçut une espèce de longue lance de campagne, appuyée sur la selle d'une jument attachée à un chêne; et à huit ou dix pas plus loin, un jeune garçon de quatorze à quinze ans, nu de la ceinture en haut, et étroitement lié au tronc d'un arbre. Un vigoureux paysan lui appliquait de grands coups de sangle sur les épaules, en lui disant : *Les yeux au guet, drôle, et pas tant de langue.* Le malheureux enfant, à chaque coup qu'il recevait, trépignait, hurlait et demandait miséricorde, en promettant qu'il n'y reviendrait plus, et qu'il y prendrait garde à l'avenir.

A ce spectacle, Don Quichotte ému et furieux s'élance en criant de toute sa force : — Arrêtez, chevalier déloyal; attaquer ainsi qui ne peut se défendre, est une action infâme, et je dois vous en punir... C'est à moi, maintenant, que vous avez affaire. Montez à cheval, prenez votre lance, et je vais vous prouver incontestablement que vous n'êtes qu'un lâche.

Le paysan qui, en se retournant, se vit porter une lance sous le nez par une espèce de fantôme ferré de la tête aux pieds, se crut mort s'il ne prenait le parti de s'expliquer avec docilité. — Seigneur, lui dit-il humblement, un moment, s'il vous plaît. Je n'attaque point ce drôle : c'est un de mes bergers que j'ai chargé de la garde d'un troupeau que je tiens dans ces environs. Il est si négligent, ou peut-être si fripon, qu'il me manque tous les jours quelques-unes de mes meilleures brebis.

— Devant moi, lâche, s'écria Don Quichotte, en lui posant sur l'estomac la pointe de sa lance; devant moi, vous osez accuser un malheureux sans défense! Je ne sais qui retient encore mon indignation... Qu'on le détache sur-le-champ et qu'on le paie, ou par l'ordre de chevalerie je vous passe cette lance au travers du corps.

Le paysan, l'oreille basse, et sans répliquer un seul mot, ne se le fit pas dire deux fois. — Combien te doit-il, mon pauvre enfant? dit Don Quichotte au berger, pendant qu'on le détachait.

— Neuf mois, monseigneur, à sept réaux chacun.

— Cela fait donc, reprit Don Quichotte, juste... neuf fois sept... qui font soixante-trois réaux... Allons, vite, soixante-trois réaux à cet enfant, continua-t-il en serrant encore son homme d'un peu plus près, ou je...

— Oui, monseigneur, interrompit le paysan, c'est bien neuf mois à sept réaux chacun; mais, comme je dois mourir un jour (voyez le serment que je fais), il n'est pas vrai que je lui doive soixante-trois réaux; parce qu'il faut en rabattre et défalquer, d'abord trois paires de souliers que j'ai payées pour lui, et ensuite un réal pour deux saignées que je lui ai fait faire du temps qu'il était malade...

— Non, cela n'est pas juste, reprit Don Quichotte. Les souliers et la saignée doivent lui rester *gratis*, pour les coups de sangle qu'à tort vous lui avez donnés. Si vous avez payé le cuir des souliers que, d'ailleurs, il a usés à votre service, vous, vous avez déchiré sa peau, et l'un ira pour l'autre. Quant au sang que le barbier lui a tiré à vos dépens quand il en avait trop, il ira pour celui que vous venez si cruellement de lui faire perdre, pendant qu'il n'avait nul besoin de cette saignée. Ainsi, continua-t-il en reprenant le ton menaçant, je veux et j'entends que sur l'heure vous lui comptiez sa somme entière, sans en rabattre un seul maravédis, ou je...

— Puisque vous le voulez, monseigneur, interrompit le paysan, enragé de se trouver désarmé et hors d'état de résister, je ferais comme vous l'ordonnez, si j'avais de l'argent ici. Mais qu'André s'en vienne avec moi au logis, et je vous promets que je lui compterai ses soixante-trois réaux l'un après l'autre.

— Moi, m'en aller chez lui! s'écria le berger, que le bon Dieu me préserve seulement d'y penser! s'il m'y tenait seul à seul, il m'écorcherait ni plus ni moins qu'un saint Barthélemi.

— Oh! qu'il n'en fera rien, mon enfant, reprit Don Quichotte : suivant les règles de la chevalerie, il suffit que je le lui défende pour que tu n'aies rien à craindre. D'ailleurs je ne le lâche point qu'il ne m'ait juré, foi de chevalier, de ne point contrevenir à ma volonté; et moyennant cela, je te réponds de son obéissance et même de ton argent.

— Faites donc attention, s'il vous plaît, mon bon seigneur, répliqua le jeune berger, que mon maître n'a pas plus de foi de chevalier que moi; qu'il n'est pas plus chevalier que moi; que c'est Jean Haldudo le riche laboureur, habitant de Quintanar.

— Cela ne prouve rien, mon enfant, répondit Don Quichotte. Les Haldudo de Quintanar peuvent avoir été armés chevaliers tout aussi bien que tant d'autres. Ne sais-tu pas que chacun est fils de ses œuvres, et que les bonnes seules donnent la véritable noblesse?

— Oui, monseigneur, cela est bien vrai, reprit l'enfant prêt à pleurer encore; mais de quelles bonnes œuvres voulez-vous donc qu'il soit fils, lui qui me refuse ce que j'ai eu tant de peine à gagner?

— Je ne vous refuse point, André, mon ami, dit le paysan; faites-moi seulement le plaisir de venir chez moi; et je vous paierai par toutes les fois de chevalier qu'il y a dans le monde, comme je vous l'ai dit, chaque réal l'un après l'autre, et des mieux frappés qu'il se pourra.

— Qu'ils soient bons, reprit Don Quichotte, c'est tout ce que j'exige : pourvu qu'il ait son compte, cela me suffit. Mais prenez-y garde; souvenez-vous du serment que vous m'avez fait; autrement, à mon tour, foi de chevalier, je reviens vous chercher. Songez bien que quand les enchanteurs vous transformeraient en lézard pour vous dérober à ma vengeance, je saurais vous joindre jusque dans les entrailles de la terre. Et afin que vous n'en doutiez point, il est bon que vous sachiez que le chevalier qui vous parle est le fameux Don Quichotte de la Manche, le grand défaiseur de torts, l'invincible protecteur des faibles et des opprimés... Faites vos réflexions là-dessus... et adieu.

Don Quichotte, en finissant cette exhortation, tourna bride, piqua des deux et s'éloigna. Le paysan, sans dire mot, le suivit des yeux, et même à la piste, autant qu'il fallut pour s'assurer qu'il sortait du bois ; et sitôt qu'il le jugea assez loin pour ne pouvoir plus en être entendu, il revint à son petit berger.

— Or çà, André, mon ami, lui dit-il, il faut donc que je te paie, puisque ton invincible protecteur l'a ainsi jugé et ordonné ?

— Oui, répondit André, et comme vous ferez, comptez que je le lui dirai. Que Dieu le bénisse, ce bon chevalier ! Il a bien vu, lui, que c'était vrai que vous me deviez.

— Hé bien ! mon enfant, reprit le maître, en l'empoignant et en le traînant à l'arbre, viens avec moi, je consens à te payer ; mais, avant, je veux doubler la dette, afin que tu sois plus riche.

Malgré ses menaces, ses prières, ses cris, le petit André, rattaché à l'arbre, y reçut, au lieu de soixante-trois réaux, environ soixante-trois nouveaux coups de sangle.

— Appelle donc à présent ton grand défaiseur de torts, lui disait le paysan irrité, en frappant à grands tours de bras ; nous verrons comment il défera ceux-ci ; et si je t'écorchais tout vif, maître coquin, comme tu paraissais malicieusement le craindre, et comme j'en ai bonne envie, comment irais-tu le chercher ? Maintenant, ajouta-t-il en le détachant, lorsqu'il le crut convenablement châtié, je te le permets. va le remercier de ce qu'il a fait pour toi, et lui dire que s'il a à me parler, il me trouvera chez moi.

André, remis en liberté, décampa lestement, quoique roué de coups, en jurant entre ses dents qu'il ne s'arrêterait point qu'il n'eût retrouvé le fameux Don Quichotte de la Manche. Jean Haldudo remonta sur sa jument, et s'en revint tranquillement à Quintanar, en riant intérieurement de la peur qu'il avait eue, et de la giboulée de sanglons qui en était revenue à son petit fripon de berger.

Pendant ce temps-là Don Quichotte cheminait, en se félicitant de la brillante prouesse qu'il venait de faire. — Quel heureux début! se disait-il : la belle, la noble, l'utile chose que la chevalerie errante! Ce n'est que de ce matin que j'ai reçu l'ordre de la chevalerie errante, et déjà j'ai défait le tort le plus sanglant qu'ait jamais osé se permettre la cruelle injustice! déjà on m'a vu arracher des mains du plus féroce des géants, un jeune infant sans défense qui allait expirer sous ses coups, et dans les plus horribles tourments!...

Il en était là de ses caressantes réflexions sur lui-même, lorsqu'il s'aperçut qu'il se trouvait au point de rencontre de plusieurs chemins qui se croisaient. Se rappelant alors que l'usage des anciens chevaliers errants était de faire halte au milieu de ces sortes de carrefours, pour y délibérer sur la route qu'ils devaient prendre, il ne voulut pas manquer une si belle occasion de faire un acte de chevalerie; il s'arrêta donc, et se mit à penser de toutes ses forces de quel côté il devait tourner. Après y avoir réfléchi autant qu'il crut y être obligé par les us et coutumes de l'ordre, ne trouvant pas de raisons pour une route plutôt que pour l'autre, il s'en remit, comme auparavant, au choix de Rossinante, qui n'ayant point changé d'avis depuis son départ de l'hôtellerie, continua de suivre le chemin de son écurie.

A environ une petite lieue du carrefour, Don Quichotte

aperçut venir vers lui une troupe de voyageurs. C'étaient, comme on l'a su depuis, des marchands de soie de Tolède, qui allaient à Murcie. Ils étaient six maîtres à cheval, avec chacun son parasol; quatre domestiques à cheval aussi, et trois muletiers à pied les accompagnaient. Scrupuleux observateur de tous les usages de la chevalerie errante, Don Quichotte, à cette rencontre, s'en rappela un qui lui parut singulièrement convenable et applicable à la circonstance. Ce fut de s'affermir sur ses étriers, de se bien assurer en selle, et de se camper le bouclier en haut et la lance en arrêt, au milieu du chemin, pour y attendre les voyageurs, qu'à leurs parasols, qui lui semblaient autant de boucliers, il prenait pour autant de chevaliers. Bientôt les marchands se trouvèrent assez près de lui, pour qu'il se jugeât à portée d'en être entendu. Elevant alors la voix, et prenant la contenance la plus formidable qu'il pût imaginer, il leur cria fièrement : — Qu'aucun de vous, nobles chevaliers, ne pense passer outre.

Les marchands, surpris de cette étrange provocation, s'arrêtèrent pour considérer le personnage non moins étrange d'où elle partait. Ils n'eurent pas de peine à pénétrer qu'ils n'avaient affaire qu'à un fou d'une espèce extraordinaire, plus digne de leur pitié que de leur colère, et ils prirent le parti de s'en amuser en passant.

Don Quichotte, sans plus discourir, pique si violemment son cheval, fond, la lance au corps, avec tant de fureur sur l'un d'entre eux, que si Rossinante, peu accoutumé à de pareilles vivacités, n'eût bronché, en voulant seconder la juste indignation de son maître, et tombé, à moitié chemin, les quatre fers en l'air, il en serait probablement mal arrivé au goguenard. Mais le chevalier ne put se dispenser d'aller tomber aussi à quelques pas plus loin que son cheval; et, pour comble de malheur, quand une fois il fut à terre, sa lance, son bouclier, ses cuissards, sa cuirasse, son corselet, sa salade, et l'étourdissement de la chute, se combinèrent tellement, que jamais il ne put se remettre en pied pour attaquer l'épée à la main. Cependant il ne perdait pas son temps, et tout en travaillant pour tâcher de se relever, il attaquait à grands coups de langue. — Ne fuyez point, lâches, criait-il aux marchands qui riaient tous à s'en tenir les côtes. Attendez-moi, poltrons ; ce n'est pas ma faute si je suis à terre, ce n'est pas vous qui m'y avez mis, c'est mon cheval, canailles... Mais laissez-moi me relever, et vous verrez comment je saurai vous châtier de votre audace.

A la fin, un des muletiers de la suite des marchands, peu endurant, et lassé d'entendre tant d'impudentes bravades, s'imagina que c'était à lui que regardait le soin d'y répondre. Il s'approche, sans rien dire de son dessein ; il ramasse la lance, la rompt d'un tour de poignet en trois ou quatre morceaux, et du plus grand il décharge une bastonnade si rude et si drue sur le pauvre impotent, que son enveloppe de fer ne put empêcher les coups de pénétrer plus ou moins douloureusement jusqu'à la moelle de ses os. Les marchands eurent beau crier : « Assez, assez, arrête, laisse-le, c'est un fou, » le muletier, piqué au jeu, échauffé par les hurlements, les injures de l'incorrigible chevalier, qui au plus fort de la tempête ne discontinuait pas de menacer la terre et les brigands qui l'assommaient contre toutes les règles de la chevalerie, ne cessa de frapper que lorsqu'il s'en trouva fatigué. Alors il rejoignit ses maîtres, qui continuèrent leur chemin, en disant chacun son mot plaisant sur l'aventure, et en se promettant d'en rire longtemps.

Don Quichotte resté paisible possesseur du champ de bataille, voulut tenter de nouveaux efforts pour se relever et poursuivre l'ennemi ; mais s'il n'avait pu en venir à bout quand il avait toutes les articulations saines, à plus forte raison n'y avait-il pas moyen alors, que tous ses membres contusionnés étaient, d'ailleurs, froissés ou torturés par son armure bossuée ou disloquée. Voyant donc qu'il ne pouvait absolument se tirer de là sans quelque secours extraordinaire, il prit le sage parti d'y rester; bien content encore, dans son malheur, de n'avoir rien à se reprocher, de pouvoir n'en imputer la faute qu'à Rossinante, et de se trouver aussi solidement fondé à penser qu'aucun chevalier errant, en pareil cas, n'aurait pu éviter une semblable chute.

V. — Suite de la disgrâce de notre chevalier.

En attendant des temps plus heureux, Don Quichotte, étendu tout de son long, ne voyant plus personne à défier, et ne pouvant plus se remuer, eut recours à son passe-temps ordinaire : à rechercher, dans sa mémoire, les passages de ses romans de chevalerie qui pourraient avoir quelque rapport à sa situation présente. Il tomba d'abord sur l'aventure de Baudouin, blessé par le jeune Charles, et abandonné, sans secours, au milieu de la forêt, comme on le voit dans sa fameuse histoire : histoire non moins véritable que celle des miracles de Mahomet, et qui a sur elle l'avantage d'être plus universellement connue, plus goûtée et beaucoup moins suspectée. Ce passage lui paraissant fait tout exprès pour le cas où il se trouvait, Don Quichotte le tint pour bon, et résolut de se l'approprier. Après s'être roulé dans la poussière, en manifestant de son mieux tout le désespoir convenable à la circonstance, il se mit à réciter d'un ton de voix d'agonisant cette longue et belle complainte que l'auteur met si à propos dans la bouche du chevalier délaissé presque mourant.

Au moment où Don Quichotte en était à ce couplet si connu :

> O noble marquis de Mantoue,
> Mon oncle et révéré seigneur, etc.

le hasard voulut qu'un laboureur de son village passât près de lui, en revenant de porter une charge de blé au moulin.

Emu du spectacle qu'offrait le champ de bataille, et du ton lamentable du chevalier, le paysan mit pied à terre, et s'en vint lui demander ce qu'il avait, comment il se trouvait là, qui il était, et s'il y avait moyen de le soulager. Don Quichotte, persuadé que c'était le marquis de Mantoue qui arrivait pour le secourir, répondit mot pour mot tout ce que l'infortuné Baudouin répond à son cher oncle.

Le paysan écoutait avec surprise, sans rien comprendre ni à ce qu'il entendait ni à ce qu'il voyait. Jugeant, néanmoins, que le cavalier pouvait avoir besoin de secours, il lui détacha la visière, et lui nettoya la figure, que la sueur et la poussière avaient déjà totalement encroûtée. — Eh! bon Dieu! s'écria-t-il en le reconnaissant, c'est le seigneur Quixana, mon bon voisin! Eh! que vous est-il donc arrivé?

Comme, sans répondre à cette question, Don Quichotte n'en continuait pas moins à jouer pathétiquement le rôle de Baudouin, le paysan, toujours plus étonné, prit le parti de le laisser dire, et se mit à le débarrasser de tout ce qu'il put ôter de son armure, pour voir s'il n'était point blessé. Mais n'apercevant point de sang ni de fracture, il pensa que ce qu'il y avait de mieux à faire, était de transporter chez lui le bon seigneur Quixana. Il le plaça en travers sur le bât de son âne, qu'il jugeait d'une allure beaucoup plus douce et plus sûre que le cheval. Il fit un faisceau des différentes pièces de l'armure qu'il avait démontée et des tronçons de la lance; il en chargea le dos de Rossinante; et tenant d'une main la bride, de l'autre le licol des deux bêtes, il prit le chemin de son village, en cherchant dans sa tête ce que pouvaient signifier les singuliers radotages du pauvre seigneur Quixana, et comment il avait pu se trouver là, en si triste situation.

Don Quichotte, en finissant son beau récit de Beaudouin au marquis de Mantoue, avait cessé de parler; et absorbé dans ses réflexions, il n'avait pas dit le mot pendant qu'on

pliait bagage pour décamper; mais les premiers pas de
l'âne, en agitant un peu ses membres contusionnés, éveillèrent des douleurs si vives, que, quoique naturellement
dur à lui-même, elles lui arrachèrent des gémissements et
des grimaces horribles. Le bon paysan alarmé s'arrêta pour
lui demander s'il se sentait plus mal, et s'il désirait quelque chose. En ce moment, la mémoire de Don Quichotte
sautait de l'aventure de Baudouin, qui ne lui paraissait plus
appropriée à sa situation présente, à celle du maure Abendarraez, quand don Rodrigue de Narvaez, gouverneur d'Antequerra, l'emmenait prisonnier.

Le paysan, cette fois, jugea que le pauvre gentilhomme
brouillait fortement; et dans l'espoir de le calmer un peu,
il lui répondit : — Eh! mon cher monsieur! reprenez vos
esprits et vous reconnaîtrez que je ne suis ni le seigneur
don Rodrigue de Narvaez, ni le marquis de Mantoue. C'est
à Pierre Alonzo, votre voisin et votre serviteur, que vous
parlez. Vous n'êtes, vous, ni le seigneur Baudouin, ni le
maure Abendarraez, mais le seigneur Quixana, brave et
honnête gentilhomme de notre village.

— Je sais, aussi bien que vous, qui je suis, répliqua Don
Quichotte d'un ton plus doux. Cependant il n'en est pas
moins vrai que je puis être Baudouin, Abendarraez, et
même, si je le veux, les douze pairs de France et les neuf
preux si renommés, puisqu'à eux tous ensemble ils n'ont
jamais fait et ne feront jamais autant d'étonnantes prouesses
que j'en ai déjà faites, et que j'en veux faire à moi seul.

Enfin, un peu avant le coucher du soleil, ils arrivèrent
aux environs du village. Le bon paysan, pour sauver au
malheureux gentilhomme la honte d'y être vu en si piteux
équipage, ralentit sa marche de manière à n'y entrer qu'à
la brune; et il parvint heureusement jusqu'au logis du seigneur Quixana, sans être aperçu de personne.

Tout, en ce moment, y était dans l'inquiétude, le trouble

et la douleur de l'absence du maître. Le curé et le barbier, ses meilleurs amis, venaient d'y entrer, pour savoir si l'on en avait appris quelque nouvelle; et la gouvernante jetait les hauts cris. — Hé bien! monsieur le licencié Pero-Pérès, disait-elle au curé, vous n'en savez donc pas plus que nous; et nous, je ne savons rien! Voilà deux grands jours qu'il est parti, et je ne trouvons ni son cheval, ni sa lance, ni toutes ces vieilles ferrailles d'armes que je lui ai vu manier si souvent depuis quelque temps; tout a décampé avec lui! Tenez, voulez-vous que je vous le dise : je crois, comme je crois qu'il faut mourir un jour, que ces maudits livres qu'il lisait avec tant d'application lui auront tourné l'esprit. Je me rappelle à présent lui avoir entendu dire, plus de cent fois, entre les dents, quand il cessait de lire, qu'il voulait se faire chevalier errant et chercher des aventures par le monde. Non, Satan ni Barrabas, continuait-elle en pleurant, ne sont pas plus empoisonneurs que ces chiens de bouquins; car notre pauvre maître, avant qu'il mît le nez dedans, était bien, peut-être, la meilleure tête et le plus grand esprit de toute la Manche.

La nièce, de son côté, enchérissait encore sur les lamentations, et surtout sur les soupçons de la gouvernante. — Hélas! disait-elle, vous ne savez pas, Messieurs, que, dans tout ceci, je suis la plus à plaindre, en ce qu'il n'a peut-être tenu qu'à moi de l'empêcher, en vous avertissant à temps; et toute ma vie j'aurai à me reprocher de ne l'avoir pas fait. Un jour, je m'aperçus que mon cher oncle, en lisant un de ces malheureux païens de livres, en devenait presque furieux, et je me cachai pour l'épier. Je le vis jeter le livre à terre, sauter sur son épée, la tirer et frapper à grands coups contre les murailles de sa chambre, pendant plus d'un gros quart d'heure. Il dit ensuite, à très-haute voix, qu'il venait de pourfendre quatre énormes géants plus grands que des clochers; et comme il suait à grosses gouttes, il s'essuya la figure, en assurant, je ne sais à qui, qu'à la vérité c'était le sang de quelques blessures qu'il venait de recevoir dans le combat, mais qu'il sentait qu'elles n'étaient point dangereuses. Il avala, là-dessus, un grand pot d'eau fraîche, qu'il disait être une liqueur miraculeuse dont je l'entendis remercier un certain sage Esquif, qu'il appelait son ami l'enchanteur, et puis il se calma. Malheureuse que je suis! j'avais envie de vous raconter tout; vous auriez peut-être trouvé moyen de le guérir, avant que sa maladie, car sûrement c'en est une, allât plus loin, ou du moins de lui ôter ses détestables livres, que je voudrais voir brûler tous.

— Oh! puisqu'il en est ainsi, reprit le curé, je vous promets qu'ils y passeront tous; que pas plus tard que demain, ils seront tous en cendres. Que ne m'est-il aussi facile de retrouver l'honnête et bon ami qu'ils m'ont perdu!

Le paysan qui ramenait Don Quichotte entrait alors, et venait d'entendre les derniers mots du curé. — Ma foi, monsieur le licencié, lui dit-il, le voici que je vous ramène, votre pauvre ami; mais, venez, s'il vous plaît, tous, m'aider à le descendre.

A cette nouvelle inattendue, toutes les lamentations cessèrent, et l'on courut à Don Quichotte. Ce fut à qui l'embrasserait le premier. — Mon cher oncle! mon bon maître! mon pauvre ami! mon cher monsieur! lui criait-on de tous côtés; enfin vous voilà! comme vous voilà! qu'avez-vous donc? — Un moment, répondit Don Quichotte. Que personne ne me touche. Je suis en fort mauvais état; mais c'est la faute de mon cheval. Que l'on commence par me mettre au lit, pendant qu'on ira, de ma part, prier la fée Urgande de venir, le plutôt possible, panser mes blessures.

— Hé bien! messieurs, s'écria la gouvernante, les poings sur les hanches, n'avais-je pas mis le nez dessus? Je savais bien, moi, où le bât le blessait, et que j'avais cent mille fois raison de jeter cent mille maudissons sur ces diables de livres de chevalerie. Allons! allons! Monsieur, continua-t-elle en le prenant sous le bras, gagnons votre chambre, et laissez là votre fée Truande; je n'avons pas besoin d'elle pour vous guérir.

Don Quichotte se laissa conduire, déshabiller et mettre au lit. On chercha ses blessures, et l'on n'en trouva aucune. — Apparemment, dit-il, que le mal que je ressens ne provient que de la chute que j'ai faite, quand Rossinante s'est abattu sous moi, en combattant ces terribles géants. Ils étaient dix, et des plus démesurés que j'aie jamais vus!

— Voici, dit le curé, il est évident que ce sont ses malheureux livres de chevalerie qui lui ont tourné la tête. Mais je vous réponds qu'avant demain au soir j'en aurai fait bonne justice, et que les siens, du moins, ne feront plus de mal à personne.

On fit à Don Quichotte diverses questions pour tâcher d'en savoir davantage sur son aventure : il répondit, à toutes, qu'on lui donnât à manger, qu'on le laissât dormir, qu'il ne lui en fallait pas davantage, et que le reste ne regardait que lui. On ne put absolument apprendre que ce que le paysan avait vu et entendu; mais il en raconta plus qu'il n'en fallait pour confirmer le curé dans son opinion sur la nature et les causes du malheur de son ami, et pour le décider à faire promptement main basse sur tous les livres coupables. N'eussent-ils fait que désorganiser une noble cervelle comme celle-ci, assurément c'en était assez et trop.

VI. — De la curieuse revue, et de la rigoureuse justice que le curé et le barbier firent des livres de notre chevalier.

Don Quichotte dormait encore, et en homme qui en avait grand besoin, quand, le lendemain au matin, le curé et maître Nicolas arrivèrent chez lui et demandèrent à sa nièce la clef du cabinet aux livres, qu'elle leur donna de bon cœur, et sans se faire presser. Ils y entrèrent tous, et y trouvèrent plus de cent gros volumes proprement reliés; il y en avait, pour le moins, autant de plus petits, et qui n'étaient pas moins bien conditionnés. La gouvernante ne les eut pas plus tôt envisagés, qu'elle sortit précipitamment; mais, la minute d'après, elle rentra en disant : — Pas de pitié, M. le curé, prenez la peine de commencer par asperger tous les recoins de ce maudit cabinet : je meurs de peur que ces sorciers d'enchanteurs, qui sont fourrés dans ces bouquins, ne s'avisent de vouloir nous jouer quelque mauvais tour de leur façon, en revanche de celui que nous leur mitonnons.

— Tranquillisez-vous, la bonne, lui répondit le curé en souriant de sa simplicité, je suis garant qu'ils ne vous feront jamais le moindre mal.

Il chargea ensuite le barbier de lui passer les livres, l'un après l'autre, pour voir ce que c'était que chacun d'eux, avant de les condamner; attendu que, dans le nombre, il pourrait s'en trouver de bons à conserver. — Non, s'il vous plaît, répondit la nièce, il ne faut faire grâce à aucun. Mon cher oncle les a sûrement lus tous; si vous m'en croyez, nous les jetterons tous par la fenêtre, nous en ferons un tas, et nous y mettrons le feu : ou, mieux encore, portons-les au fond de la basse-cour, ils y brûleront sans que la fumée en vienne jusqu'à nous; et peut-être ne ferions-nous pas mal de l'éviter, cette fumée.

La gouvernante appuya beaucoup ce dernier avis; mais le curé tint ferme, et voulut voir, au moins, le titre de chaque ouvrage, avant de prononcer sa sentence.

Le premier, que maître Nicolas lui remit entre les mains, fut *Amadis de Gaule*. — Certes, dit le curé, nous ne pouvions mieux débuter, et le hasard, ici, se montre parfaitement équitable. Il était bien juste que le premier livre de chevalerie qu'on ait imprimé en Espagne, celui, par conséquent, qui est cause qu'on y en a fait tant d'autres, fût le premier puni. Comme chef, souche et patriarche de toute l'infernale séquelle, je le condamne aux flammes. Cependant, je suspends son exécution. Mettez-le de côté, et voyons le suivant.

— Le suivant, dit le barbier, c'est l'*histoire d'Esplandian, fils d'Amadis de Gaule*.

— Il est fâcheux, pour un père si méritant, d'avoir un pareil fils, reprit le curé. Tenez, madame la gouvernante, ouvrez la fenêtre, et expédiez-le : je le destine à servir de base à notre bûcher.

La gouvernante, qui s'impatientait de n'avoir rien à faire, ne se le fit pas dire deux fois; et le brave Esplandian s'en alla, par le plus court chemin, attendre, dans la cour, l'heure de son très-juste supplice.

— Ensuite, dit le curé, quel est celui-ci?

— C'est, répondit maître Nicolas, *Amadis de Grèce* : et, si je ne me trompe, continua-t-il en ouvrant, l'un après l'autre, tous ceux qui restaient sur la première planche, tous ceux-ci sont de la même famille.

— En ce cas, dit le curé, tous par la fenêtre, sans exception et sans miséricorde. Quand j'aurais quelque proche parent parmi les chevaliers errants qui figurent dans cette détestable collection, je le brûlerais plutôt mille fois que de faire grâce aux radotages de l'auteur.

Tout le comité applaudit à cette sentence, qui fut exécutée sur-le-champ, et en toute rigueur, par l'impitoyable gouvernante. Et successivement passèrent par la fenêtre *Don Olivantès de Laura, Félix-Mars d'Hircanie, le Chevalier Platir, le Chevalier de la Croix, le Miroir de la Chevalerie, Palmerin d'Oliva et Palmerin d'Angleterre, Don Bélianis, Histoire du fameux Chevalier Tiran le Blanc, Diane de Georges de Montémayor, Diane de Salmentino, Diane de Gil*

Polo, le Berger Philida, Poésies diverses, le Recueil des Chansons de Lopès Maldonado, Galathée de Michel Cervantès

— Quant à *l'Araucana de Don Alonzo de Ercilla, l'Austriada de Jean Rufo de Cordoue*, et le *Montferrat de Christophe de Virués, de Valence*, ce sont, mon cher ami, dit le curé, les trois meilleurs poëmes héroïques que nous ayions en notre langue. Malgré quelques légers défauts, ils ne sont pas au-dessous des Italiens, tant vantés, et avec tant de raison; conservez-les soigneusement : ce sont des monuments précieux, et qui feront toujours infiniment d'honneur aux Muses espagnoles… Mais, je n'en puis plus, les bras me tombent, et vous ne devez pas être moins fatigué. Croyez-moi, finissons, tenons tous les autres pour vus, et condamnons-les indistinctement, l'un portant l'autre, à sauter tous par la fenêtre, car ils l'ont bien mérité.

VII. — Seconde sortie de Don Quichotte.

Le comité en était là de ses opérations, quand on entendit un vacarme épouvantable, et Don Quichotte qui criait à plein gosier : — Ici! à moi! valeureux chevaliers! c'est ici, c'est à mes côtés qu'il faut enfin montrer ce que peuvent des bras tels que les nôtres : souffrirons-nous qu'ils emportent l'avantage du tournoi!

A cette subite pétarade, le curé et le barbier laissèrent précipitamment les livres, pour courir au bruit. Ils trouvèrent Don Quichotte, parfaitement éveillé, se débattant, l'épée à la main, au milieu de sa chambre, comme un furieux, et frappant à grands coups sur les meubles et contre les murailles. Ce ne fut pas sans danger pour eux-mêmes que ses deux amis parvinrent à le saisir et à le remettre dans son lit. — En vérité, seigneur archevêque Turpin, dit-il au curé, quand il fut un peu calmé, il est bien honteux, bien mal à vos douze pairs, et à nous autres étrangers, de nous

laisser enlever ainsi la gloire du tournoi par les chevalier
de cette cour, après avoir eu tout l'avantage sur eux pendant les trois premiers jours.

— Que voulez-vous, mon bon ami, lui répondit le curé,
les armes sont journalières. Il faut espérer que, demain,
tout ira mieux. En attendant, croyez-moi, ne songez qu'à
votre santé et à votre repos : vous devez être terriblement
fatigué, peut-être même êtes-vous blessé.

— Blessé, non, reprit Don Quichotte, je ne le suis pas,
mais froissé, brisé, moulu, oui, et très-fortement. Ce furieux
Roland m'a écrasé de coups de bâton, avec le tronc d'un
gros chêne, de rage de ne pouvoir m'entamer, et de ce que,
moi seul, je suis en état de lui tenir tête. Mais je consens à
perdre mon nom, à ne plus être l'invincible Renaud de Montauban si, en dépit de tous ses enchantements, je ne prends
pleine revanche, aussitôt que je serai rétabli. Quant à présent, faites-moi donner à manger, il n'y a pas autre chose
à faire; et que personne ne s'occupe du soin de ma vengeance, elle ne regarde que moi, et j'en réponds corps pour
corps.

Après avoir amplement déjeuné, Don Quichotte se rendormit, et ses amis le quittèrent, non moins touchés qu'étonnés de la violence et de la singularité de sa folie.

Le soir de ce même jour, la gouvernante mit le feu aux
livres qui avaient été jetés dans la cour, et à tous ceux qui
étaient restés dans le cabinet. On croit que, du nombre de
ces derniers, se trouvèrent *la Caroléa*, et *le Lion d'Espagne*,
de Don Louis d'Avila, ainsi que plusieurs autres ouvrages
dignes d'un meilleur sort, et qui, peut-être, en auraient été
quittes pour une légère réprimande, s'ils eussent été jugés
avec moins de précipitation. Quoi qu'il en soit, il ne resta
plus un seul livre dans la maison; à l'exception de ceux
qu'emportèrent le curé et son compère, tous furent inhu-

mainement brûlés, sans autre forme de procès, par l'impitoyable gouvernante.

Les deux amis de Don Quichotte ne se contentèrent point de la précaution de lui ôter ses livres; ils pensèrent qu'il fallait lui ôter jusqu'à la possibilité de rentrer dans son cabinet de lecture. Ils imaginèrent d'en faire murer la porte; et ils recommandèrent à la nièce et à la gouvernante de répondre à Don Quichotte, lorsqu'il la chercherait, qu'un enchanteur ennemi avait tout emporté en le menaçant des plus épouvantables marques de ressentiment, si jamais il faisait rentrer un seul livre dans la maison. Ils croyaient, en l'intimidant et en anéantissant en même temps, autour de lui, tous les objets propres à entretenir sa maladie, seconder d'autant les autres moyens qu'ils se proposaient d'employer pour la guérir. Les ordres furent donnés en conséquence, et si bien exécutés pendant la nuit du jour de l'incendie des livres, que, vingt-quatre heures après, il n'était plus possible de distinguer la place où était la porte.

Don Quichotte passa deux jours et deux nuits dans son lit, presque toujours dormant. Sa première fantaisie, en se levant, fut effectivement d'aller voir ses livres. Il vint droit à l'entrée du cabinet; mais ne la trouvant point, il se frotta les yeux à plusieurs reprises. La porte n'en paraissant pas davantage, il se mit à tâtonner de ses deux mains, d'un bout du mur à l'autre, en regardant du haut en bas, et sans dire mot. Persuadé, enfin, qu'il avait perdu la carte de son manoir, il appela sa gouvernante et sa nièce, et leur demanda où était donc la porte du cabinet aux livres? — Le cabinet, Monsieur? lui répondit la gouvernante. Ho bien! vous le chercheriez longtemps : un enchanteur, le jour de votre départ, le soir à la brune, entra par la fenêtre, au milieu d'un gros nuage noir, et à cheval sur un serpent qui vomissait des flammes empestées. Il mit pied à terre, et, sans rien dire, il enfonça d'un coup de poing la porte du

cabinet et il y entra. Je ne sais ce qu'il y fit, mais un petit moment après, il s'envola; et, à travers la fumée dont la maison était remplie, j'aperçus distinctement qu'il emportait le cabinet tout entier. Votre nièce et moi, nous entendîmes alors une voix de tonnerre, qui nous disait : « Je vous
» avertis que je suis l'implacable ennemi du maître de ce
» cabinet et de ses livres; qu'il sache qu'autant il en tou-
» chera, autant je viendrai lui en arracher, et que chaque
» fois que je descendrai chez lui, j'y laisserai des marques
» ineffaçables de ma haine et de ma puissance. Apprenez-
» lui que je suis le savant Mou... Mougnaton, je crois... »

— Freston, peut-être? interrompit Don Quichotte.

— Dame! Monsieur, reprit la gouvernante, je ne sais pas trop. J'avais tant de peur, qu'il se peut que j'ayions mal entendu; mais c'était sûrement quelque chose comme Freston... Friton, ce me semble... En tous cas, ce qu'il y a de vrai, c'est qu'il y avait du *ton* à la fin.

— J'y suis, j'y suis, dit Don Quichotte; je le connais. C'est, effectivement, un enchanteur de la première force. Il a une dent contre moi, parce qu'il a découvert, dans ses grimoires, qu'un jour à venir je dois vaincre, en combat singulier, un chevalier qu'il protége beaucoup. Il cherche, en attendant, à me jouer tous les mauvais tours imaginables, pour se venger de celui que, malgré tout son pouvoir, il faudra bien qu'il supporte de ma part. Mais il a beau faire, il en passera par là; il n'en sait pas assez pour empêcher l'accomplissement des arrêts du destin.

— Cela n'est pas douteux, mon cher oncle, reprit la nièce, dépitée et embarrassée de voir que le stratagème tournait si mal..... Mais, au bout du compte, que vous reviendra-t-il de vous mêler de toutes ces batailles-là? Ne feriez-vous pas mieux de manger tranquillement chez vous, avec vos amis, le bon pain que la Providence vous y a donné? Nulle part, bien certainement, vous ne le trouverez meilleur, sans compter que, comme dit le proverbe, *bien des gens qui vont à la laine, s'en reviennent sans poil.*

— Sans poil! ma chère nièce, repartit aigrement Don Quichotte! sans poil! Vous ne savez donc pas que je ne suis pas facile à tondre, et que je suis homme à ne pas laisser de barbe au menton de quiconque serait assez téméraire pour oser seulement faire mine de me toucher à la pointe d'un cheveu? Hé bien! moi, je vous l'apprends; et, de plus, qu'il vaut mieux se taire que de parler de choses auxquelles on n'entend rien.

La nièce n'osa répliquer, dans la crainte d'enflammer le cher oncle, qui retourna dans sa chambre, vivement piqué contre l'enchanteur Freston, et murmurant entre ses dents de se venger rudement, sitôt que le moment marqué par les destins serait arrivé.

Notre chevalier passa chez lui une quinzaine de jours assez tranquillement, du moins en apparence. Il eut pendant cette quinzaine de fréquentes conversations avec ses deux bons amis, toujours sur le chapitre de la chevalerie errante. Le curé, tantôt le contrecarrait, tantôt se rangeait de son avis, afin de mieux pénétrer ce qu'il avait dans l'âme. Mais Don Quichotte se bornait à soutenir que rien au monde ne lui paraissait aussi utile que la chevalerie errante; il ne laissait rien apercevoir qui pût faire soupçonner qu'il pensât sérieusement à une seconde escapade.

Cependant, il ne perdait de vue ni ses grands desseins ni le motif qui l'avait ramené chez lui. Aussitôt qu'il put aller et venir, il s'aboucha avec le personnage dont il s'était proposé de faire son écuyer. C'était, comme je l'ai dit, un habitant de son village: il se nommait Sancho Pansa. Il était homme de bien et de bon appétit, autant que puisse l'être un paysan pauvre et chargé d'un estomac glouton, mais d'une extrême simplicité. Avec de belles paroles et de brillantes promesses, Don Quichotte parvint aisément à le persuader. Il lui dit, entr'autres choses, que le moins qu'il pût lui revenir de l'emploi d'écuyer, serait d'être bientôt seigneur ou gouverneur d'une bonne île ; tandis qu'en restant dans sa chaumière, il ne devait s'attendre qu'à y pâtir éternellement de misère, de fatigue, et surtout de faim et de soif. Il n'en fallait pas tant pour renverser une tête comme celle du pauvre Sancho Pansa. Il s'engagea donc à planter là, dit-il, sa femme et ses enfants, au premier ordre ; et il promit à Don Quichotte de le suivre et servir fidèlement, en qualité d'écuyer, aussi longtemps qu'il plairait à Dieu.

Don Quichotte, après cette importante acquisition, ne pensa plus qu'à faire de l'argent, et en vendant d'un côté à moitié prix, en engageant de l'autre à gros intérêts, en faisant tous les petits marchés de dupe qu'il put arranger, il eut bientôt ramassé la somme qu'il se jugeait nécessaire. Ayant d'ailleurs soigneusement réparé toutes ses armes défensives et offensives, il avertit Sancho Pansa du jour et de l'heure du départ, afin que, de son côté, le futur écuyer fît ses dispositions particulières. Il lui recommanda surtout de ne pas oublier un bissac. Sancho lui répondit que c'était la première chose qui lui était venue dans la tête, et qu'il en avait un de bonne taille ; que, par cette raison, jointe à ce qu'il n'était pas fort marcheur, il comptait aussi prendre son âne, excellente bête pour laquelle il avait beaucoup d'amitié. A cette annonce, Don Quichotte, un peu dérouté, parce qu'il ne se rappelait pas avoir lu qu'aucun écuyer eût été monté de la sorte, fut d'abord tenté de réformer l'âne. Mais considérant que, pour le moment, il n'avait pas de cheval à donner à son homme, et qu'en tous cas il pourrait démonter le premier chevalier qui lui tomberait sous la main, il laissa Sancho maître de s'équiper comme bon lui semblerait, pourvu qu'il se trouvât prêt à partir au moment fixé.

C'était l'heure de minuit que notre intelligent chevalier

avait choisie. Le bon Sancho, sans faire d'adieux ni à sa femme ni à ses enfants, et Don Quichotte, sans prendre congé ni de sa gouvernante ni de sa nièce, s'arrangèrent si adroitement, si secrètement, chacun de son côté, que, sans être aperçus de qui que ce soit, ils se réunirent, et ils mirent si bien à profit le reste de la nuit, qu'au point du jour ils se trouvèrent assez éloignés du village pour ne pas craindre qu'on y apprît aisément la route qu'ils avaient prise. Ce fut encore à travers les plaines de Montiel, et à peu près du même côté que la première fois, que le destin dirigea la marche de l'infatigable héros de la Manche.

Sancho Pansa, en attendant le jour, cheminait gravement sur son âne, sans dire mot, une main posée sur le bissac, l'autre sur une grosse bouteille de cuir, qu'il avait eu soin d'équiper complètement, bien impatient surtout de voir arriver le gouvernement d'île qu'il y avait à gagner. Sitôt que les premiers rayons du soleil eurent un peu ranimé ses esprits, l'envie de jaser de sa future grandeur devint si pressante, qu'il ne put y tenir longtemps. — Au moins, monseigneur, le chevalier errant, dit-il à son maître, après une assez longue conversation sur ce chapitre, n'oubliez pas l'île que vous m'avez promise; vous verrez que, toute grande et grosse qu'elle soit, je saurai vous la gouverner qu'il n'y manquera rien.

— Non, répondit Don Quichotte, non, je ne l'oublie point; tu peux y compter, comme si tu la tenais déjà. Les anciens chevaliers errants, mon enfant, ont toujours été dans l'usage de faire leurs écuyers gouverneurs ou seigneurs, et sûrement ce ne sera pas moi qui laisserai tomber en désuétude une coutume si bien imaginée et si sagement établie. Je me propose même de renchérir sur tous mes prédécesseurs, et de faire les choses plus généreusement qu'eux. Pour l'ordinaire, ce n'était qu'après de longs services, et quand leurs écuyers, devenus trop vieux, ne pouvaient plus aller qu'alors ils les gratifiaient d'une province ou d'une vallée, avec un petit titre de marquis ou tout au plus de comte. Mais ce n'est pas ainsi que je l'entends. Je ne veux pas attendre que, comme on dit, tu n'aies plus de dents pour te donner des noisettes, ni te traiter aussi mesquinement que l'ont été les autres écuyers. Si Dieu nous conserve la vie et la santé pendant encore une huitaine de jours seulement...

VIII. — Epouvantable aventure des moulins à vent, et autres événements non moins mémorables.

Don Quichotte avait pris la parole, et d'un ton inspiré il racontait les belles choses qu'il voyait dans l'avenir de son écuyer. En ce moment, parvenus l'un et l'autre au sommet d'une petite colline, ils découvrirent, à peu de distance, trente à quarante moulins à vent, et tous en mouvement.

— Hé bien! Sancho, mon ami, s'écria Don Quichotte, qu'en penses-tu? La fortune ne semble-t-elle pas nous conduire elle-même par la main, beaucoup plus heureusement encore que nous ne pouvions le désirer? Vois-tu cette légion d'énormes géants? ils sont morts tous, s'ils ont l'audace de m'attendre, et leur dépouille est à toi; elle est de bonne prise, mon enfant, parce que purger la face de la terre de cette dangereuse engeance, c'est servir en même temps Dieu et le prochain. Quant à moi, je renouvelle ici le vœu que j'ai déjà fait ailleurs, et plus d'une fois, de ne jamais accorder de quartier à aucun géant. Tu vas voir comment je mènerai ceux-ci.

— Quels géants, donc? demanda Sancho. Où les voyez-vous?

— Là, devant nous, répondit Don Quichotte. Tu ne vois pas ces grands bras de près de deux lieues de longueur, dont ils ont l'air de me menacer?

— Hé, monseigneur, reprit Sancho, regardez-y donc

mieux. Il me semble, à moi, que ces géants ne sont que des moulins à vent; et ce que vous prenez pour de grands bras, je vois, de mes deux yeux, que ce sont les ailes que le vent fait marcher, et qui, en tournant, font pirouetter la meule du moulin.

— Il paraît bien, mon pauvre Sancho, que tu es encore novice, en fait d'aventures. Je te certifie, moi, que ce sont des géants, et de la plus grande espèce même. Au surplus, si tu en as peur, retire-toi à l'écart, et tu t'y mettras en prières pendant que je les combattrai; cela ne sera pas long : tu vas, je t'en réponds, voir une fameuse bataille, et bientôt terminée.

Don Quichotte, en effet, piqua des deux, et partit sans vouloir s'arrêter davantage aux représentations de son écuyer, qui, en se frappant la tête et en piétinant de dépit, s'égosillait à lui répéter que c'étaient de véritables moulins qu'il allait attaquer. Mais autant en emportait le vent. L'intrépide chevalier était si sûr de son fait, que plus il approchait des ennemis, plus il se sentait de furie. — Ne fuyez point, lâches, leur criait-il de toutes ses forces. Vous n'avez affaire qu'à un seul chevalier; osez l'attendre, ou je saurai toujours bien vous joindre. Non, poltrons, non, vous ne m'échapperez pas.

Un léger coup de vent qui survint alors, ayant fait mouvoir les ailes avec un peu plus de vivacité, Don Quichotte crut que l'ennemi se mettait en défense. — Que m'importent vos longs bras, continua-t-il en pressant plus vivement Rossinante, quand vous en auriez chacun autant que Briarée, vous n'en passeriez pas moins tous par le fil de mon épée.

Arrivé enfin à portée d'attaquer, il se couvre de sa rondache, s'affermit en selle, et la lance basse, il fond avec toute l'impétuosité que put fournir le docile Rossinante, sur le plus proche moulin. Soit hasard, soit adresse, il ajusta son choc et son coup, de manière que sa lance traversa l'une des ailes, au moment où elle se trouvait en direction perpendiculaire, et que lui-même, n'étant arrêté par aucune résistance, il heurta violemment contre l'aile, qui n'en continuant pas moins de tourner avec les mêmes forces et vitesse, rompit la lance en éclats, et, du même bond, lança si rudement et si loin le cheval et le chevalier, qu'ils furent forcés de se séparer en route, et d'aller tomber à dix pas l'un de l'autre, chacun dans la position qu'il plut à la Providence d'en ordonner.

Le bon Sancho, sitôt qu'il avait vu partir son maître, s'était mis à ses trousses, en continuant de crier qu'il n'y avait là pas plus de géants que sur sa main. Mais son grison, malgré la meilleure volonté, n'ayant pu suivre l'impétueux Rossinante, la bataille était livrée et perdue quand l'écuyer arriva hors d'haleine. Il se coula lestement à bas de son âne, et il courut à Don Quichotte, que, contre toute attente, il trouva entier, mais si étourdi de sa chute qu'il ne pouvait se remuer. — Hé! monseigneur, lui dit-il en le secouant, je vous l'avais bien dit, moi, que c'étaient des moulins à vent, et si vous n'en aviez pas eu au moins une bonne paire dans la cervelle, vous les auriez reconnus tout comme moi. — Que veux-tu, mon enfant, répondit froidement Don Quichotte, ce sont là de ces événements que toute la prudence humaine ne peut prévenir, et qu'un digne chevalier errant doit savoir supporter avec patience et résignation. Pouvais-je, en effet, prévoir que ce malfaisant enchanteur, ce cruel Freston, après m'avoir enlevé mes livres et mon cabinet, pousserait l'animosité jusqu'à transformer trente à quarante géants en autant de moulins à vent, pour m'ôter la gloire de les vaincre et le plaisir d'une si magnifique bataille? Il est clair que c'est encore là un tour de sa façon; mais console-toi, mon enfant, il a beau faire, il est écrit que son art infernal et toute sa malice le cèderont un jour à mes coups.

4

— Dieu le veuille, monseigneur! Dieu le veuille! répondit Sancho. En attendant, voyons s'il vous plaît à vous relever et à vous remonter sur Rossinante, si, de son côté, il s'en trouve quitte aussi pour quelques écorchures.

Ce ne fut qu'avec beaucoup de peine que le laborieux écuyer parvint à remettre le chevalier sur son cheval, et le cheval en état d'aller plus loin. A la fin, cependant, ils quittèrent ce funeste champ de bataille pour tirer du côté du port Lanice, lieu de passage très-fréquenté, où, par cette raison, Don Quichotte assura qu'ils trouveraient quantité d'aventures; et dans le nombre, sans doute, quelques-unes de propres à les dédommager du petit revers qu'ils venaient d'essuyer. — Encore, continua-t-il, si je n'avais pas brisé ma lance!... mais... heureusement, j'y sais un remède. Je me rappelle, fort à propos, d'avoir lu qu'un chevalier espagnol, nommé Don Diégo-Pérès de Vargas, ayant cassé son épée dans une bataille contre les infidèles, s'élança sur le premier chêne qu'il trouva, et en détacha une longue branche presque aussi grosse que le tronc, avec laquelle il assomma tant de Maures, que, depuis cette fameuse journée, le surnom de *Machucha* (l'assommeur) lui en est resté, à lui et à ses descendants, qui, par droit d'héritage, se nomment encore aujourd'hui *Vargas y Machucha*. Je prétends, à son exemple, déraciner, s'il le faut, le premier chêne que je rencontre, et en faire, à tes yeux, de si hauts faits d'armes, que tu remercieras la Providence de t'avoir élu pour être témoin de choses que nul autre ne pourra seulement croire quand on les lui racontera.

— Ainsi soit-il, mon bon maître, dit Sancho; je le crois bien, puisque vous le dites. Mais, si vous vous redressiez un peu sur votre cheval : apparemment cela vient de quelques-uns de vos membres que la chute aura saboulés trop fort.

— En effet, mon enfant, répondit Don Quichotte, je souffre; et si je n'en dis rien, c'est uniquement parce qu'il n'est pas permis à un chevalier errant de se plaindre de ses blessures, ni seulement d'avoir l'air d'y faire la moindre attention, quand même il se verrait coupé en morceaux.

— Puisque c'est là l'ordonnance, reprit Sancho, il n'y a pas à regimber; mais elle sera bien incommode pour moi, si elle oblige aussi les écuyers errants; car je sens qu'à la moindre petite égratignure qu'on me ferait, je ne pourrais m'empêcher de commencer par crier comme un aveugle.

— Non, mon enfant, répondit Don Quichotte en souriant, il n'en est pas de même pour toi. Je ne connais aucun statut qui enjoigne aux écuyers la même retenue, à cet égard, qu'aux chevaliers.

Sancho Pansa, suffisamment endoctriné sur ce chapitre, fit tomber la conversation sur un autre, beaucoup plus intéressant pour lui en ce moment, et dit, en regardant le soleil, qu'il s'en allait l'heure du dîner. Don Quichotte ayant répondu qu'il ne sentait aucun besoin, mais qu'il lui permettait de manger un morceau en attendant, l'intelligent écuyer s'arrangea sur son âne, de manière à pouvoir opérer, tout en cheminant derrière son maître. Malgré l'incommodité de cette situation, il ne discontinua d'alléger le bissac, et surtout de dégonfler la bouteille de cuir, que lorsqu'il se sentit démonstrativement convaincu que son estomac en avait tout ce qu'il en pouvait porter. Il employa à cet agréable passe-temps près d'une bonne heure, pendant laquelle il ne lui vint dans l'esprit que des réflexions tout-à-fait riantes sur l'avenir; et, d'abondance de cœur, il répéta plusieurs fois à son bon maître qu'il était résolu de le suivre au bout du monde, d'autant qu'il n'avait jamais connu rien d'aussi divertissant que le métier de chercheur d'aventures.

Le reste de la journée se passa tranquillement. La nuit survint, et nos aventuriers ne découvrant aucun gîte où ils pussent la passer à couvert, prirent de bonne grâce le parti d'attendre le jour suivant dans un bois qui se trouvait à leur portée. La première chose que fit Don Quichotte fut de s'y accommoder d'une longue et forte branche de chêne, au bout de laquelle il ajusta le fer de sa lance, qu'il avait eu soin de ramasser et d'emporter. Cela fait, il chercha une place commode, non pas pour dormir, mais pour rêver, à l'imitation de plusieurs chevaliers errants, qui autrefois en usaient ainsi quand ils se trouvaient dans le cas de passer des nuits à la belle étoile; et il ne lui vint pas même en idée de fermer l'œil. Quant à Sancho, qui n'avait jamais rien lu qui l'invitât à passer deux nuits de suite sans dormir; qui surtout, au lieu d'extase ou de jouissances métaphysiques, n'avait dans la tête que des vapeurs soporifiques, il ne fit qu'un somme jusqu'au grand jour du lendemain; encore ne s'en serait-il sûrement pas tenu là, si Don Quichotte, impatienté d'entendre depuis plus d'une heure ses ronflements discorder avec le mélodieux carillon des milliers d'oiseaux qui, chacun à sa manière, chantaient le retour du soleil, ne fût venu, à plusieurs reprises, l'avertir de la main et de la voix qu'il fallait partir. Le premier soin de Sancho, en s'éveillant, fut de visiter sa bouteille, dont il diminua encore l'embonpoint, déjà sensiblement altéré; mais il ne put retenir un soupir en contemplant ce déficit alarmant, et en en prévoyant les suites.

Don Quichotte toujours plein de ses idées, et dédaignant encore toute autre espèce de nourriture, remonta sur son cheval, sans avoir voulu déjeuner. Ils reprirent le chemin du port Lanice, qu'enfin ils découvrirent, après environ trois heures de marche. — C'est ici, mon cher Sancho, dit Don Quichotte à la vue de ce fameux passage, c'est ici que nous allons, comme on dit, mettre les bras jusqu'aux coudes dans ce qui s'appelle de véritables aventures; et il est à propos, avant d'aller plus loin, que je te prévienne d'une chose importante. Dans quelque danger que je me trouve en ta présence, tu ne dois pas mettre l'épée à la main pour me secourir, à moins que tu ne me voies assailli par de la canaille, ou par des gens de ton espèce; en ce cas, tu peux toujours me seconder. Mais, tant que je n'aurai affaire qu'à des chevaliers, souviens-toi bien qu'il ne t'appartient pas de t'en mêler, ni directement ni indirectement, par la raison que, n'étant point armé chevalier, les statuts de l'ordre ne te permettent point de te mesurer avec aucun de ses illustres membres.

— Je trouve qu'elles n'ont pas tort, ces *statues*-là, répondit Sancho; et, sûrement, je ne leur désobéirai pas, d'autant que, de mon naturel, je suis pacifique comme un agneau; et que, d'un autre côté, je tiens pour principe qu'il ne faut jamais se fourrer dans les querelles, moins encore dans les batteries d'autrui. Ce n'est pourtant pas que si quelqu'un s'en venait me gourmer, à propos de botte, je me croirais bien permis de le lui rendre le mieux que je pourrais, quand même ce serait à un chevalier; car, après tout, je ne peux pas croire qu'il y ait au monde de statues assez puissantes et assez fortes pour empêcher qui que ce soit de défendre sa peau.

— Je pense comme toi, reprit Don Quichotte, et tu m'as mal compris. Je veux seulement t'avertir qu'à l'égard des chevaliers contre lesquels je me battrai, tu dois scrupuleusement, ainsi que je te l'ai ordonné, tenir la bride à ton impétuosité naturelle.

— Aussi, vous dis-je, monseigneur, que je la tiendrai fort et ferme; et je vous promets d'être aussi docile à ce commandement qu'à ceux de mon catéchisme.

Don Quichotte ne répliqua point, parce qu'en ce moment il aperçut venir vers lui, et d'assez près, deux religieux bénédictins, montés chacun sur une mule de taille imposante. Ils étaient suivis, mais à quelque distance, de deux valets muletiers à pied. L'instant d'après, parut aussi derrière les moines, dans le lointain, un carrosse escorté de quatre ou cinq cavaliers, et occupé par une dame de Biscaye qui allait à Séville joindre son mari prêt à partir pour les Indes, pourvu d'un emploi considérable. Don Quichotte eut à peine jeté son coup d'œil sur l'ensemble de cette rencontre, que se tournant vers son écuyer, il lui dit : — Où je me trompe fort, mon cher Sancho, ou voici bien l'une des plus fameuses aventures qu'on ait encore vues. Ces noirs personnages que tu vois là, montés sur des dromadaires, doivent être et sont indubitablement des enchanteurs qui auront enlevé quelque princesse, et qui la traînent prisonnière dans ce carrosse; mais ils ne s'attendaient pas à me trouver sur leur chemin, ils ignoraient que sûrement je ne souffrirais pas une semblable oppression.

— Morguienne! reprit Sancho, ceci ressemble comme deux gouttes d'eau à nos moulins à vent d'hier. Tenez, monseigneur, vos enleveurs de princesses m'ont tout l'air de deux bons moines qui s'en vont leur chemin sans penser à mal; et je parierais que les gens du carrosse sont tout uniment des voyageurs qui vont à leurs affaires. Croyez-moi, regardez-y à deux fois, et prenons garde que le démon ne nous joue encore ici quelque tour de sa façon.

— Je t'ai déjà dit, répliqua Don Quichotte, et je te répète que tu ne te connais point encore en aventures; je vais te faire voir que je ne m'y trompe jamais, moi.

Tout en répondant ainsi, Don Quichotte pousse Rossinante quelques pas en avant, et se campe en bataille au milieu du chemin, pour en fermer le passage aux moines, qui approchaient toujours. Quand il les vit à portée de l'entendre, il ramassa toutes les forces de ses poumons, et, d'une voix menaçante, il s'écria : — Noirs enchanteurs, je vous somme de remettre en liberté les hautes et malheureuses princesses que vous emmenez de force dans cette voiture; sinon, préparez-vous à recevoir de ma main, et à l'instant même, la juste punition de vos détestables œuvres.

Les moines, surpris et effrayés de l'apostrophe, de la bizarre structure, et surtout de la posture hostile de Don Quichotte, s'arrêtèrent pour se décliner avec douceur. — Seigneur chevalier, répondit l'un d'eux, vous devez voir, à notre habit, que nous ne sommes ni des diables ni des enchanteurs. Nous ignorons si, dans cette voiture, il se trouve, en effet, quelque princesse violentée, et nous vous conjurons, au nom de Dieu, de nous laisser passer en paix.

— Ho! que je ne me paye point de patelinage, artificieuse canaille, répliqua Don Quichotte en fureur. Je connais toutes vos ruses, et ce n'est point à moi que vous en imposerez.

Et, sans attendre plus ample explication, il serre les flancs de Rossinante, et fond, la lance au corps, sur celui des deux religieux qui se trouvait le plus à sa portée, avec tant d'impétuosité et d'envie de bien faire, que si celui-ci, voyant venir le coup, n'eût pas eu l'adresse de l'éviter, en se précipitant à bas de sa mule, il n'aurait sûrement mis pied à terre que grièvement blessé, ou peut-être sans vie.

Le second religieux, témoin du terrible assaut qu'essuyait son confrère, et frémissant pour lui-même, s'éloigna au grand galop; en sorte que Don Quichotte, voyant l'un en fuite, l'autre mort ou renversé, courut au carrosse pour annoncer à la princesse qu'elle était délivrée de ses oppresseurs, et absolument libre de sa personne. Quant à Sancho, sitôt qu'il vit l'ennemi à bas, il sauta lestement de son âne à terre, et il se jeta sur le vaincu pour le dépouiller. Mais, avant qu'il pût en venir à bout, parce que le moine, quoique à demi mort de frayeur, opposait une certaine résistance, arrivèrent les deux muletiers qui suivaient leurs Révérences, et que Don Quichotte, en les croisant, n'avait pas daigné arrêter. Ils demandèrent d'abord fort doucement à Sancho pourquoi il voulait déshabiller ce bon Père. — Pourquoi? répondit fièrement Sancho, sans faire attention que son maître était trop éloigné pour lui prêter main forte en cas de besoin, parce que cela me plaît, et parce que le butin des batailles que gagne monseigneur Don Quichotte, mon maître, n'appartient à personne qu'à moi, j'espère.

Pour toute réplique, les deux muletiers empoignèrent l'écuyer, et à force de coups de poings, ils lui firent lâcher prise. Malgré sa belle défense, il lui en coûta une partie de sa barbe et de ses cheveux; mais il eut la satisfaction d'en arracher aussi quelques poignées à ses agresseurs. Pendant que Sancho bataillait ainsi, le moine renversé, se voyant secouru, profita du moment pour remonter sur sa mule et rejoindre son confrère; ils continuèrent à fuir à toutes jambes, en remerciant le ciel d'en être quittes pour la peur.

Don Quichotte, comme je l'ai dit, après avoir tout renversé ou mis en fuite, avait couru au carrosse. Il l'avait fait arrêter fort brusquement; et sa tête presque totalement passée par la portière, en s'adressant à la dame qui occupait le fond, il avait dit : — Vous êtes libre, Madame : vous pouvez, dès ce moment, disposer de votre personne comme bon vous semblera. Mon bras vous a fait justice de vos odieux ravisseurs. Ils mordent la poussière du champ de bataille, et désormais ils ne peuvent rien contre vous. Je crois devoir vous épargner la peine de chercher plus longtemps le nom de votre libérateur; il ne vous est peut-être pas aussi inconnu que ma personne. Je suis Don Quichotte de la Manche, Madame, chevalier errant. L'unique récompense que j'exige du service important que j'ai eu le bonheur de vous rendre, est que de ce pas vous alliez au Toboso raconter comment je viens de vous remettre en liberté.

Un cavalier de l'escorte, Biscayen de nation, et aussi peu endurant que puisse l'être un Biscayen, ennuyé de la longueur de la harangue, et choqué surtout de ce que Don Quichotte, non content d'avoir fort impertinemment fait arrêter la voiture, voulait encore l'envoyer au Toboso, s'avança sur le harangueur, et le saisissant par le milieu de sa lance, qu'il secoua rudement, il lui dit, en mauvais patois : *Passa ton chimin, chevalier de malhour ; si tou ne laisse aller le voiture, jé té joure sour mon Diou, y sur mon parole de Viscayen, qué moi t'envoie ton âme à tous les diablos.*

Don Quichotte, surpris et irrité, se modéra cependant par égard pour la dame, et se contenta, en dégageant sa lance de la main du Biscayen, de lui répondre d'un ton dédaigneux : — Insolent ! si tu étais chevalier, si tu n'étais pas un méprisable rustre, je t'aurais déjà châtié de ta brutale audace !

— *Moi, non chevalier ; moi, insolent !* répliqua le Biscayen en rugissant de colère; *toi, mentir comme un mécréant; chette ton lança, toi; tira ton espada, y tou verras : mort d'oun diable! moi Viscayen, chentil-homme par tout : y toi, mentour oune autra fois, si tou dis lo contrairo.*

— Ah!... c'en est trop, reprit Don Quichotte, en faisant deux pas en arrière; tu ne m'insulteras pas davantage, ni moi ni d'autres.

Il jette en même temps sa lance, met l'épée à la main, se couvre de son écu, pousse Rossinante en avant, et fond sur le Biscayen, bien résolu de le pourfendre, sans miséricorde, du premier coup.

Le Biscayen, à l'exclamation et aux mouvements menaçants de Don Quichotte, s'apprêta, de son côté, à en découdre de toutes ses forces. Il pensa d'abord à mettre pied à terre, parce qu'il se sentait monté sur une mauvaise mule de louage, qu'il jugeait d'un service dangereux en pareille occurrence. Mais notre chevalier n'était pas homme à lui donner le temps de faire des évolutions : le Biscayen n'eut que celui de mettre l'épée à la main bien vite, et de demander par la portière un des coussins de la voiture, qu'on lui passa précipitamment; il l'empoigna de la main gauche, il s'en couvrit adroitement en manière de bouclier, et ainsi retranché, l'épée haute de toute l'étendue de son bras, il attendit fièrement Don Quichotte, qu'il se promettait aussi de décapiter du premier revers.

Les autres cavaliers de l'escorte voulurent se jeter entre eux; mais personne n'osa s'y exposer. La bataille commença par un effroyable coup de tranchant, que le Biscayen dirigea sur l'épaule gauche de Don Quichotte, qui le reçut adroitement sur son écu; mais il fut si vigoureusement appliqué que, malgré le bouclier, l'épaule en fut sinon entamée, du moins assez rudement choquée, pour que notre chevalier jugeât que, sans son armure, il en aurait été infailliblement pourfendu, au moins jusqu'à la ceinture. À cette triste réflexion, à cette épouvantable apostrophe, Don Quichotte pousse un hurlement de fureur, plie un pas en arrière, et puis revient sur l'ennemi, résolu encore une fois de tout risquer pour achever l'aventure d'un seul coup. De son côté, l'intrépide Biscayen, les yeux étincelants, et couvert de son coussin, attend l'épée haute, en enrageant de ne pouvoir fondre sur Don Quichotte. En effet, soit fatigue, soit frayeur, soit aversion naturelle pour les batailles, sa mule, l'oreille basse, se bornait opiniâtrément à ne pas reculer.

Voilà donc nos deux combattants furieux, prêts à se décharger de si terribles fendants, qu'on s'attendait à voir s'ouvrir du haut en bas, avec autant de facilité qu'une grenade, celui des deux qui serait assez maladroit ou assez malheureux pour recevoir le premier coup. Voilà tous les spectateurs qui frémissent dans la plus cruelle anxiété; voilà surtout la dame de la voiture et ses suivantes, demi-mortes de frayeur, les yeux fixés sur les deux tranchants redoutables, et qui, les mains jointes, vouent des cierges à toutes les chapelles d'Espagne.

Celui des deux combattants qui déchargea le premier coup, fut le colère Biscayen. Il le porta si furieux sur la tête de son ennemi, que s'il y fût tombé à plein, c'en était fait du héros de la Manche; il était inévitablement pourfendu du haut en bas. Mais la Fortune, qui le réservait pour tant de grandes choses, voulut et fit qu'en tombant, la redoutable épée du Biscayen se dévoyât assez pour n'attaquer que de biais le côté gauche de la tête du chevalier, et pour n'emporter qu'une partie de l'armet de carton, en passant cependant assez près de l'oreille pour en enlever le petit bout, qui vola avec les débris de la salade à plus de vingt pas du champ de bataille.

Je n'entreprendrai pas de peindre le redoublement de rage et de fureur dont le foudroyant Manchois se sentit transporté à ce coup terrible et piquant. Je dirai seulement que, pénétré de l'importance du moment, il se souleva sur ses étriers, et riposta de toute sa force un coup de taille si lourd, si vigoureusement asséné, et si adroitement dirigé sur le plein milieu de la tête du Biscayen, que, quoique couverte du coussin, qui la sauva de l'effet du tranchant, rien ne put la garantir de l'effet de l'irrésistible pesanteur du coup. A l'instant même, le sang s'échappa par le nez, par la bouche et par les oreilles du cavalier; il chancela, et parut faire pour tomber des dispositions qui lui évitèrent un second coup, que Don Quichotte retint noblement, quand il le vit se porter en avant sur le cou de sa mule, et s'y cramponner de ses deux bras déployés et désarmés. Mais c'était machinalement que le Biscayen, à demi assommé, se débattait encore pour rester en selle : ses pieds abandonnèrent l'étrier; et sa mule, jusqu'alors immobile et impassible, ébranlée enfin par le contre-coup, ayant fait quelques mouvements pour se tirer de la mêlée, jeta son cavalier sur la poussière.

Don Quichotte le regardait faire, et attendait le bras levé s'il y aurait lieu, ou non, à une seconde attaque. Quand il le vit décidément tombé et désarmé, il sauta lui-même à terre, et courut lui poser le tranchant de l'épée sur la gorge, en lui criant de se rendre, s'il ne voulait avoir à l'instant la tête enlevée de dessus les épaules. Le Biscayen, qui ne voyait ni n'entendait, ne pouvant répondre, c'en était fait de lui, tant Don Quichotte était piqué au jeu, si la dame du carrosse ne fût accourue, avec les autres cavaliers, implorer la miséricorde du vainqueur. — Qu'il vive, Madame, répondit gravement Don Quichotte, j'y consens, en votre considération; et je suis très-aise de vous prouver, en cela, mon obéissance. Mais ce ne peut être que sous la condition expresse qu'il ira de ce pas en la cité du Tobcso.

La dame, tremblante, sans demander plus ample indication, se pressa de tout promettre au nom du vaincu. — En ce cas, Madame, tout est fini, répondit Don Quichotte. Je le pardonne sur votre parole, quoique assurément il ait mérité quelque chose de plus, ajouta-t-il en se portant la main à l'oreille, et en retournant à Rossinante.

XI. — Conversation intéressante entre Don Quichotte et Sancha Pansa, son écuyer.

Sancho Pansa laissé, moulu de coups de poings, sur le champ de bataille, par les valets muletiers de la suite des bénédictins, s'était relevé pendant que Don Quichotte était aux prises avec le Biscayen. Persuadé que, d'une si furieuse bataille, il résulterait enfin la conquête de quelque royaume, et que le moment était arrivé de mettre la main sur son île, il oublia la petite disgrâce qu'il venait d'essuyer : qui sème doit récolter, se disait-il; après la pluie doit venir le beau temps; patience donc!

Quand le généreux battu vit l'ennemi à terre, et Don Quichotte prêt à lui couper la tête, il accourut pour faire son office d'écuyer. Il arriva au moment où le chevalier, après avoir pardonné si généreusement, se disposait à remonter à cheval. Sancho saisit cet instant pour se jeter à

deux genoux devant lui, et, en lui prenant la main, que
d'abord il baisa très-respectueusement, il lui dit : — S'il
vous plaisait, monseigneur Don Quichotte, me bailler, de
votre grâce, le gouvernement de l'île que vous venez de
gagner... Je m'en tirerais, je vous promets, aussi bien
qu'aucun gouverneur d'îles qu'il y ait dans le pays.

— Mon enfant, répondit affectueusement Don Quichotte,
cette aventure n'est point de celles qui produisent des îles ;
c'est, tout uniment, une de ces aventures de grand chemin,
où l'on ne gagne guère que des coups, et quelquefois une
oreille de moins. Mais, prends patience, il en viendra enfin
de bonnes. Compte que tu ne perdras rien pour attendre.

Sancho, touché presque jusqu'aux larmes des obligeantes
nouvelles promesses de son maître, lui en témoigna sa reconnaissance, en lui baisant une seconde fois la main, et
puis le genou. Ensuite il se releva pour lui tenir l'étrier ;
lui-même il remonta lestement sur son âne ; et, sans faire la
moindre politesse de départ à la dame du carrosse, ils s'en-
foncèrent brusquement dans un bois voisin du champ de
bataille.

Après quelques minutes de silence et de réflexion, le prévoyant Sancho, se sentant des inquiétudes sur les suites de
la bataille, se rapprocha de son maître et lui dit à demi-
voix : — Il me semble, monseigneur, sauf votre meilleur
avis, que nous ferions sagement d'aller d'abord nous mettre en sûreté dans la première église que nous pourrons
trouver. Le cavalier que vous venez de si bien combattre
est si mal dans ses affaires, que, s'il n'est pas mort à l'heure
qu'il est, toujours est-il qu'il ne peut aller loin. Il ne manquera pas de jaseurs pour en rendre compte à la justice ; et,
si une fois elle nous happe, elle pourrait bien nous coffrer ;
et, si une fois nous étions *in castu*, qui sait comment et
quand nous nous en tirerions ?

— Pauvre innocent ! répondit Don Quichotte, où as-tu vu,

où as-tu lu que jamais la justice se soit avisée de se mêler des coups partis de la main d'un chevalier errant?

— Monseigneur, je ne sais que vous dire... Tout ce que je sais, c'est que la justice n'entend pas qu'on se tue sur les grands chemins. Du reste, si j'ai tort, prenez que je n'ai rien dit.

— Va, va, ne t'inquiète pas, reprit Don Quichotte, songe que, sous la protection de mon bras, tu n'as rien à craindre ni de la justice, ni du reste de la terre... Mais, revenons à nos affaires. Mon cher Sancho, dis-moi, as-tu jamais vu, sous le soleil, un chevalier aussi vaillant que ton maître?

— La vérité, monseigneur, répondit Sancho, est que je n'ai jamais rien lu de tel dans aucune histoire, d'autant que je ne sais ni lire ni écrire; mais je jurerais bien que de ma vie je n'ai été écuyer d'un maître qui se batte aussi bien que vous. En attendant, puisque heureusement j'ai dans notre bissac de la charpie et de l'onguent blanc, je crois qu'il faudrait panser une de vos oreilles, qui m'a l'air d'avoir été rudement touchée, car elle est toute en sang.

— Peste soit des mémoires courtes! s'écria Don Quichotte. C'est bien ma faute! si je n'avais pas oublié de faire une bouteille de mon baume de *Fier-à-bras,* avec une seule goutte tout serait dit, et je n'aurais pas besoin de tous tes ingrédients.

— Quelle bouteille donc, et quel baume? demanda Sancho.

— C'est un baume dont je sais la recette par cœur, répondit Don Quichotte. Il est si souverain, que quiconque en a peut se moquer de toutes sortes de blessures, sans craindre d'en mourir, pas même d'en être incommodé pendant plus de temps qu'il n'en faut pour avaler la dose convenable. Quand une fois j'en aurai, tu le tiendras toujours prêt pour l'occasion; et si jamais tu me vois coupé en deux, par le milieu du corps, comme cela arrive parfois dans nos batailles, tu n'auras autre chose à faire qu'à ramasser bien délicatement le tronçon qui sera tombé à terre, le remettre sur l'autre, avant que le sang soit refroidi, en observant surtout de les raccorder exactement, c'est-à-dire de ne pas mettre le devant de l'un sur le derrière de l'autre; me faire ensuite avaler promptement une ou deux gorgées de mon baume; et, dans la minute, tu me reverras aussi frais, aussi entier, aussi sain qu'une reinette, sans qu'il me reste la moindre douleur, perte de force ni cicatrice.

— En ce cas-là, monseigneur, reprit Sancho en ouvrant de grands yeux, je vous tiens quitte du gouvernement d'île que vous m'avez promis, si vous voulez le troquer contre la recette de ce baume merveilleux, et je ne vous demande pas d'autre récompense de mes longs et loyaux services. Selon que je le vois, il vaudrait toujours couramment deux réaux l'once; et, ou je ne m'y entends pas, ou il y aura là de quoi me mettre en état de passer agréablement le reste de mes jours en repos. Le tout n'est que de savoir à présent s'il coûte beaucoup à faire.

— Mais... répondit Don Quichotte, avec trois réaux je me ferais fort d'en fabriquer au moins quatre pintes, qui pèseraient toujours bien huit à dix livres.

— Quatre pintes, s'écria Sancho; huit à dix livres, pour trois réaux! quelle fortune! Eh! monseigneur, qu'attendez-vous donc pour en faire une bonne barrique, et pour m'en apprendre la recette?

— Patience, Sancho, mon ami, patience, répondit Don Quichotte. J'ai bien d'autres secrets encore à t'apprendre, et d'autres cadeaux à te faire... Pour le présent, continua-t-il en s'arrêtant et en mettant pied à terre, voyons à guérir mon oreille; car, je t'avoue que j'ai beau ne pas vouloir y penser, je sens qu'elle me fait souffrir un peu plus que je ne voudrais.

Sancho, là-dessus, se coula lestement à bas de son âne, et tira du bissac les ingrédients nécessaires. Il fallut, pour cette opération, que Don Quichotte quittât sa salade : mais à peine l'eut-il envisagée, qu'il pensa devenir furieux de la voir encore plus maltraitée que son oreille, du terrible coup du Biscayen. — Il en manque la moitié! s'écria-t-il en mettant l'épée à la main ; et le téméraire, peut-être, respire encore!... Je jure, continua-t-il d'une voix foudroyante, en levant les bras, l'épée et les yeux vers le ciel, et par les quatre saints évangiles les plus longs que je connaisse, d'imiter en cette occasion le grand marquis de Mantoue, lorsqu'il fit serment de venger la mort de Baudouin, son neveu. Il jura de ne point manger pain sur nappe, de ne point se déshabiller, etc., jusqu'à ce que sa vengeance fût pleinement satisfaite. Je jure donc de faire ou non faire toutes les susdites choses suivant qu'à chacune il appartient, même celles que je ne me rappelle point, et que je n'en tiens pas moins pour dûment comprises dans mon serment, jusqu'à ce que j'aie fait rouler à mes pieds la tête de l'audacieux qui osa m'affliger de ce sanglant déplaisir.

Sancho, alarmé de la colère de son maître et des suites que pouvait avoir un pareil serment, observa que si le cavalier vaincu, conformément à la promesse faite en son nom, allait se présenter à Toboso, à moins d'une nouvelle offense, en honneur, conscience et probité, il ne convenait pas de tirer de lui nouvelle vengeance, après lui avoir pardonné tout le passé en bloc.

— Tu as raison, mon enfant, répondit Don Quichotte, et j'avais tort. Partant, je casse et annule le serment en ce qui concerne le cavalier qui a cassé mon armet, pourvu, toutefois, qu'il tienne la parole donnée en son nom : mais je refais, renouvelle et confirme ledit serment, c'est-à-dire je jure de mener la vie du marquis de Mantoue, jusqu'à ce que j'aie enlevé à la pointe de l'épée, à un autre chevalier, une autre salade aussi bonne que l'était celle-ci : et n'imagine point que j'en agisse ainsi sans d'excellentes raisons ; je sais, à n'en pouvoir douter, que pareille chose, exactement, est arrivée pour ce fameux armet de Manbrin, qui coûta si cher à Sacripan.

— Monseigneur, reprit Sancho avec un peu d'humeur, je ne vois pas ce qu'il y a de bon à gagner à tous ces serments-là. A votre place, moi, je n'en ferais point, d'autant qu'ils sont au préjudice de la santé. Car, enfin si, d'ici à quelques semaines, nous allions ne point rencontrer chevalier coiffé d'une salade, il nous faudrait donc passer tout ce temps-là à la belle-étoile, sans nous mettre à table. J'ai beau pressurer ma mémoire, je ne me rappelle pas d'avoir jamais rencontré, sur les grands chemins, un seul homme qui fût armé comme il nous le faudrait ; et je meurs de peur que, de longtemps, il ne passe par ici d'autres salades que des chicorées ou des laitues.

— Pauvre Sancho! reprit Don Quichotte, que tu es encore neuf! Et moi, je te certifie que, dans un canton comme celui-ci, nous ne serions pas deux jours sans rencontrer plus de gendarmes qu'il ne s'en réunit devant la forteresse d'Albraque.

— Ainsi soit-il donc, dit Sancho. Encore si cela pouvait faire venir plus vite cette chienne d'île qui m'a déjà fait tant suer!

— Quant à ton île, Sancho, reprit Don Quichotte, je te répète que c'est comme si tu la tenais. En supposant d'ailleurs qu'il ne s'en rencontre pas bientôt une qui te convienne, nous avons toujours sous la main le royaume de Danemark ou celui de Sobradise, qui ne peuvent nous manquer, et qui peut-être feraient d'autant mieux ton affaire, qu'ils n'ont pas, comme une île, l'inconvénient d'être tout-à-fait environnés d'eau... Mais chaque chose en son temps, continua Don Quichotte ; quant à présent, voyons si dans ton bissac il y a de quoi manger bien vite un morceau. Nous chercherons ensuite quelque château où nous puissions passer la nuit... et faire notre baume; car, dans le vrai, mon oreille me fait grand mal.

— J'ai, dit Sancho, trois ou quatre gousses d'ail, un morceau de vieux fromage et quelques croûtes de pain : mais ce ne sont pas là des ragoûts à présenter à un chevalier de votre condition.

— Donne toujours, reprit Don Quichotte. Tu ne sais donc pas, cher Sancho, qu'une des qualités essentielles des dignes chevaliers errants, est de pouvoir passer des semaines entières sans manger; ou que, du moins, quand la faim les surmonte, ils doivent, dans tous les cas, savoir se contenter de ce qui se trouve? Si tu avais, comme moi, lu toutes leurs histoires, tu aurais vu qu'à l'exception des banquets de cérémonie, dont les rois ou les empereurs les régalaient quelquefois, on ne voit nulle part où et quand ils mangeaient. Ce n'est pas que je croie, cependant, qu'ils vivaient de l'air du temps, ou de leurs seules hautes pensées; mais j'infère du silence de l'histoire, sur cet article, que, réellement ils pouvaient subsister sans nourriture beaucoup plus longtemps que d'autres; ou, qu'au moins, quand la faim les surprenait au milieu des forêts ou des déserts, ils y pourvoyaient, sans façon, avec les végétaux que la nature libérale prodigue partout, ou avec des mets du genre, ou à peu près, de ceux que tu m'offres. C'est, d'après leur exemple, qu'en général je mange rarement, et que, dans ce moment, j'accepte avec grand plaisir le repas frugal que tu sembles ne me proposer qu'avec peine, dans la crainte qu'il ne soit trop au-dessous de mon rang.

— A votre volonté, monseigneur, répondit Sancho : c'est à moi de vous obéir; mais comme, encore une fois, je n'ai de ma vie su lire, je ne pouvais pas deviner tout ce que vous avez appris dans vos livres. A l'avenir, donc, j'aurai soin de fournir le bissac de quelques friandises végétales, telles qu'il vous les faut; sauf que, comme je ne suis point armé chevalier, je ferai, avec votre permission, cuisine à part, et que j'y mettrai, quand cela se pourra, quelques volatiles de résistance pour moi.

— Je ne prétends pas te dire, reprit Don Quichotte, qu'un chevalier errant ne puisse absolument manger que des racines ou des fruits ; mais seulement que c'était la nourriture ordinaire de mes prédécesseurs, qui même, pour la plupart, connaissaient à merveille, comme moi, toutes les plantes sauvages bonnes à manger.

— Tant mieux si vous les connaissez, monseigneur, dit Sancho ; cela nous sera peut-être utile plutôt que nous ne voudrons. En attendant, continua-t-il en déblayant le bissac, voici tout ce que nous possédons à l'heure qu'il est.

Nos aventuriers expédièrent promptement leur maigre repas, parce que Don Quichotte pressait, pour se remettre en marche. Bientôt ils remontèrent, l'un sur son cheval, l'autre sur son âne, et ils doublèrent le pas, en cherchant des yeux, de tous côtés, quelque habitation où ils pussent arriver avant la nuit. Mais le soleil se coucha, et les laissa au milieu des champs, sans espérance de trouver mieux que quelques cabanes ambulantes de chevriers, qu'ils aperçurent enfin à peu de distance, et où ils se déterminèrent à aller demander l'hospitalité : Sancho pestant dans son âme d'une si mince trouvaille, et Don Quichotte en remerciant intérieurement la fortune de ce qu'elle lui présentait encore cette occasion de passer une nuit de véritable chevalier errant, sans dormir, et à peu près à la belle étoile.

X. — De ce qui se passa entre Don Quichotte et les chevriers.

L'accueil gracieux des bergers habitants des cabanes n'aurait que faiblement consolé Sancho, si, en mettant pied à terre, il n'eût senti son odorat réjoui par le fumet savoureux de quelques morceaux de chèvre salée, qui cuisaient dans un chaudron suspendu sur un grand feu, au pied d'un vieux chêne. Après avoir pourvu aux besoins de Rossinante et du grison aussi bien que le local et les circonstances pouvaient le permettre, il se rapprocha du foyer d'où partait l'appétissante odeur, afin de pouvoir la respirer plus épaisse, en attendant mieux; et, au risque évident de se brûler les doigts, ou d'être surpris en flagrant délit, il avisait déjà aux moyens de calmer les mouvements d'impatience et de convoitise qu'excitaient, dans son estomac, la vue, le voisinage et les séduisantes émanations du vase précieux, quand un chevrier vint décrocher la marmite, pendant que d'autres étendaient sur le gazon des peaux de mouton, sur lesquelles ils dressèrent leur rustique couvert. Les compliments d'invitation aux deux étrangers ne furent ni verbeux ni élégamment tournés; mais ils furent présentés de bon cœur. On apporta une petite auge, que l'on retourna pour faire à notre chevalier un siége de distinction, qu'il n'accepta néanmoins qu'après s'en être convenablement défendu; et, sitôt qu'il fut placé, les six bergers qui composaient toute la bande se réunirent, les uns à genoux, les autres assis à terre autour du chaudron, en engageant gaiement leurs convives à manger de bon appétit le peu qu'on avait à leur offrir.

Sancho Pansa s'était d'abord posé respectueusement, debout derrière son maître, pour lui servir à boire dans une belle tasse de corne, que les chevriers avaient eu l'attention de destiner aux deux étrangers. Mais Don Quichotte jugeant à propos de se relâcher en ce moment de la rigueur de l'étiquette, lui dit avec bonté qu'il le dispensait, pour ce soir, du service de table. — Et afin que tu sentes, mon enfant, continua-t-il, combien d'honorables avantages sont attachés aux moindres fonctions inhérentes à la chevalerie errante, je prétends t'élever, pour aujourd'hui seulement, au rang de mon égal; que tu te places à mon côté; qu'en un mot, tu y siéges, manges et boives comme moi, sans la moindre prééminence, quoique tu ne sois que mon écuyer. La chevalerie errante, mon enfant, se plaît parfois à se jouer de la hiérarchie des conditions. Allons, mets-toi là.

— Grand merci, monseigneur, répondit Sancho en s'inclinant et en résistant. Pourvu que j'aie de quoi manger, je m'en acquitte tout aussi bien sur mes jambes, et seul de ma bande, qu'assis dans un fauteuil, à côté d'un monarque ; je m'accommode même mieux d'un honnête morceau de pain, avec un ognon cru, que j'ai la liberté d'avaler à ma guise, dans un coin, sans gêne et sans cérémonie, que d'un coq d'Inde que je serais obligé de manger en belle table, où il me faudrait faire la petite bouche, boire à petits coups, soif ou non, m'essuyer la barbe à tout bout de champ ; et où, par dessus le marché, il ne me serait pas permis ni de tousser ni d'éternuer, si j'en avais envie ; encore moins de prendre toutes les petites aises qui viennent toujours en fantaisie quand on est seul, et quand on croit que personne ne peut entendre. Ainsi, monseigneur, continua-t-il en lorgnant le chaudron, si vous voulez troquer, contre quelque chose de solide, la faveur que vous dites que je mérite, en tant que membre et adjoint de la chevalerie errante, je vous avertis que vous ne devez pas vous gêner pour moi. Je vous tiens quitte, *per omnia secula seculorum*, de ces honorables générosités-là. Outre que je n'en vaux pas la peine, elles ne feraient que me mettre à la presse.

— Ta modestie mérite récompense, mon fils, reprit Don Quichotte en le prenant par l'épaule et en le forçant de s'asseoir : *et exaltavit humiles;* ainsi, je veux que tu te mettes là.

Les chevriers ne comprenant rien ni à ce qu'ils entendaient ni à ce qu'ils voyaient, mangeaient, sans dire mot, en ouvrant de grands yeux sur leurs convives, qui, à la fin, se mirent de la partie en bonne intelligence, et avalèrent, à qui mieux mieux, des morceaux gros comme le poing, en sorte que bientôt il ne resta plus que des os. Alors, le chevrier maître d'hôtel servit, en place du chaudron, une grande corbeille de glands doux, sur laquelle on donna, ainsi que sur la plus grosse de deux outres bien arrondies, qui ne cessa de passer de main en main, tant qu'elle fut en état de fournir.

Quand Don Quichotte en eut pris ce qu'il crut que pouvait se permettre un chevalier errant, il s'écria d'un ton grave et onctueux, en contemplant fixement une poignée de glands qu'il tenait encore dans sa main : « Hélas! c'en est donc fait? ils sont passés ces temps heureux que nos pères appelèrent à si juste titre l'*âge d'or!* Non que ce métal empoisonneur dont présentement, en ce siècle de fer, on fait tant de cas, fût plus commun ou plus facile à obtenir qu'aujourd'hui; mais parce qu'on ne connaissait point encore ces deux mots funestes, le *tien* et le *mien*, qui depuis ont constamment armé la moitié du genre humain contre l'autre. Tout était commun dans ces siècles paisibles et fortunés. Les besoins de l'homme, bornés à sa seule nourriture, ne lui coûtaient que la peine de détacher les fruits délicieux que la nature lui offrait de toutes parts. L'eau des fontaines, celle des rivières, le désaltéraient partout sans frais, sans travail, sans danger pour sa santé, sans troubler ses sens, sans y exciter cette ignoble ivresse qui maintenant le ravale si souvent jusqu'au-dessous de la brute : les fentes des rochers, les troncs d'arbres creusés par la main du temps, étaient autant de magasins toujours fournis, où l'industrieuse abeille venait sans cesse déposer le tribut des fleurs qui couvraient alors la surface de la terre. Au lieu de ces palais scandaleux, cimentés du sang, des larmes et des sueurs de tant de milliers d'infortunés, de simples cabanes, recouvertes de la feuille ou de l'écorce des arbres, suffisaient à l'homme pour le garantir de la fraîcheur des nuits ou des ardeurs du midi. L'innocence, la paix, la douce amitié, le bonheur y habitaient avec lui. La sombre inquiétude, les soucis turbulents, les chagrins dévorants n'y pénétraient jamais. Le bras de l'homme ne se levait ni contre son semblable, ni contre l'animal qui partageait avec lui le céleste bienfait de l'existence. La terre même, notre antique et respectable nourrice, ne se voyait pas encore déchirer par des mains avides, armées du soc meurtrissant; et cependant elle prodiguait alors ce qu'aujourd'hui elle ne semble accorder qu'à regret aux laborieuses importunités, aux violences continuelles de ses ingrats nourrissons.

» Les noms de *lois*, de *police*, de *justice*, de *tribunaux*, étaient inconnus : tout cela était inutile entre amis, entre frères, qui d'ailleurs n'avaient rien à désirer, rien à s'envier. L'ambition, la cupidité, la dissimulation, l'intrigue ne s'introduisirent parmi les hommes qu'à mesure que le plus fort se permettait d'abuser de sa force : bientôt il fallut des autorités pour la réprimer, et contenir le torrent de vices qui menaçait de submerger la pauvre humanité; mais, hélas! combien de fois, pour combien de faibles victimes, le remède n'a-t-il pas été pire que le mal!

» Enfin les désordres de tout genre, croissant de jour en jour, à mesure que l'espèce humaine dégénérait de sa première innocence, des personnages vertueux, ou revenus des erreurs du temps, imaginèrent enfin, très-sensément, mais trop tard sans doute, d'opposer une digue au torrent de la corruption, en instituant l'ordre de la chevalerie errante, pour redresser toute espèce de torts ou offenses entre parties inégales. Je suis, mes bons amis, membre de ce fameux ordre-là : c'est à un chevalier errant et à son écuyer que vous avez si obligeamment donné l'hospitalité. Quoiqu'en bonne règle toutes personnes soient tenues d'accueillir, aider et héberger les chevaliers errants, comme vous ignoriez qui j'étais, votre générosité à mon égard est infiniment louable; et je ne dois pas moins de reconnaissance que d'éloges à vos bons et honnêtes procédés. »

Les auditeurs ne comprirent rien, et il avait déjà cessé de parler depuis plus d'un moment, que les chevriers écoutaient encore sans dire mot, croyant toujours qu'à la fin il dirait plus clairement où il en voulait venir. Sancho avait aussi ouvert de grandes oreilles, tant que son maître avait discouru; mais il ne l'avait guère mieux compris que les autres, parce que d'ailleurs il n'avait cessé de se distraire à croquer des glands et à se verser à boire à la dérobée. En sorte que, pour toute réponse, un des chevriers, voyant qu'on ne disait plus rien, s'en alla prendre une mauvaise guitare dont il s'accompagna en chantant une romance champêtre. Notre chevalier l'entendit avec tant de plaisir, qu'immédiatement après il allait en demander une seconde, si Sancho, qui aurait donné toutes les romances de la Manche pour un quart d'heure de sommeil de plus, n'eût paré le coup en se levant, et en disant assez brusquement : — Il faudrait pourtant laisser reposer ces bonnes gens, monseigneur, et voir où votre seigneurie compte passer la nuit; cela vous travaille toute la journée comme des nègres, et quand le soir arrive, ils ont, je parie, bien plus besoin de dormir qu'envie de chanter.

— Je vous entends, reprit Don Quichotte. Cependant, si, au lieu de musique, on vous proposait de vider une troisième outre, vous ne calculeriez pas s'il est l'heure de dormir, n'est-ce pas?

— Je ne dis pas le contraire, monseigneur, répondit Sancho. Mais, je dis qu'il y a temps pour tout; sans reproches, nous avons tous bu, chacun notre bonne part; on a bien assez harangué; on a chanté pas mal longtemps, ainsi...

— Ainsi, interrompit Don Quichotte, va te coucher, et où tu pourras; ne t'inquiète pas de moi, tu sais que le sommeil, surtout en rase campagne, n'est pas ce que j'y cherche. Seulement, mon enfant, je voudrais qu'avant de t'endormir, tu pansasses mon oreille, qui semble aller de mal en pis.

Sancho, sans répliquer, se mit en devoir d'obéir sur-le-champ, et leva l'appareil ; un des chevriers, témoin de l'opération, après avoir examiné la blessure, offrit de la guérir en très-peu de temps ; et Don Quichotte l'ayant accepté, le chevrier y appliqua une pincée de romarin broyée avec du sel. Ce topique, en effet, cicatrisa promptement la plaie ; et depuis ce pansement Don Quichotte ne se plaignit plus.

XI. — De la désagréable aventure qui arriva à Don Quichotte, avec des muletiers Yanguois.

Le matin, dès le lever de l'aurore, Don Quichotte, suivi de son écuyer, entra dans un bois, et puis dans une jolie prairie, où, invités par l'herbe fraîche et touffue des bords d'un clair ruisseau, qui serpentait tout doucement à l'ombre de la lisière du bois, ils mirent pied à terre pour faire leur sieste à l'abri du soleil, qui commençait à être très-piquant. Rossinante et le grison, débarrassés de tout ce qui pouvait gêner le jeu de leurs mâchoires, furent mis en pleine liberté de profiter, à leur gré, des utiles agréments du lieu ; enfin, tout en rôdant par-ci, par-là, pour choisir l'herbe la plus tendre ou la plus savoureuse, les deux bêtes s'écartèrent à quelque distance, pendant que Don Quichotte et Sancho, assis au frais, l'un à côté de l'autre, plutôt en bons frères qu'en maître et valet, mangeaient amicalement chacun sa part de ce qui se trouva dans le bissac.

La fortune, ou pour mieux dire le diable, car il est des événements qui semblent amenés par la malice la plus réfléchie, et certes la fortune ne serait plus *la fortune*, si elle cessait d'agir sans réflexion ; le diable donc arrangea si diaboliquement les choses, que vers midi il passa par là un convoi de jeunes chevaux galiciens, que conduisaient on ne sait où, quinze à vingt muletiers Yanguois. L'usage de ces gens, en route, est de s'abriter et de se reposer pendant les trois ou quatre heures les plus chaudes du jour. Trouvant là de l'ombre, de l'herbe excellente et de l'eau, ils s'y arrêtèrent aussi, à quelque distance du canton qu'avait choisi notre chevalier, et ils y lâchèrent leurs bêtes, les jambes dûment entravées, mais avec la liberté nécessaire pour pouvoir brouter à l'aise.

L'idée n'était point venue à Sancho d'entraver Rossinante, qu'il connaissait extrêmement docile et point hargneux. Il avait d'ailleurs si haute opinion de ses bonnes mœurs, qu'il ne l'aurait point soupçonné de la plus légère méchanceté. Mais il eut à peine aperçu les jeunes galiciens, que l'envie lui prit d'aller faire l'aimable; sans demander la permission à personne, sans même consulter son camarade le grison, il s'en vint au petit trot, et en se rengorgeant. Ceux-ci l'accueillirent maussadement à grands coups de pieds de derrière, et à coups de mâchoire, avec tant d'emportement et de brutalité, qu'en un instant le malavisé Rossinante se trouva dessanglé, dessellé, nu comme la main, très-embarrassé de sa personne, et fort honteux sans doute de l'aventure. Pour comble de malheur, les muletiers, irrités de l'attentat, s'élancèrent armés chacun de son gourdin, et joignirent le malheureux Rossinante, qu'ils auraient probablement assommé de la première volée si, dès le premier coup, il ne se fût dépêché bien vite de tomber à leurs pieds, les quatre fers en l'air.

Dès le moment que Don Quichotte et Sancho avaient vu les bâtons levés sur Rossinante, ils avaient précipitamment quitté leur poste pour courir à son secours. — Ce ne sont point des chevaliers, Sancho, s'écria Don Quichotte en accourant; ce n'est que de la canaille, ce sont des rustres : ainsi rien ne t'empêche ici de te servir de ton épée, pour m'aider à tirer vengeance de l'insulte qu'ils osent me faire à moi-même, en traitant aussi ignominieusement mon cheval en ma présence.

— Hé! comment pouvez-vous vous fourrer en tête de tirer vengeance de ces gens-là? répondit Sancho, haletant sur les pas de son maître. Ils sont au moins vingt, et nous ne sommes que deux; encore je vous avertis, il ne faut me compter ici que pour la moitié d'un, tout au plus.

— Et moi j'en vaux cent, reprit vaillamment Don Quichotte en se précipitant sur les muletiers l'épée à la main.

Ce début vigoureux mit le cœur au ventre au fidèle écuyer. Pour la première fois de sa vie, il tira son épée hors du fourreau, et les yeux fermés, il commença à en bâtonner de toutes ses forces tout ce qui se trouva sous sa main. Quant à Don Quichotte, du premier fendant qu'il déchargea, il aurait massacré un ennemi, sans un épais gilet de cuir qui amortit le coup, de manière qu'il n'en résulta qu'une estafilade dans les chairs de l'épaule. Les muletiers, furieux du coup, et honteux de se voir aussi impudemment attaqués, tombèrent en foule à grands coups de bâton sur les derrières de nos deux braves. L'affaire ne pouvait être longtemps indécise entre deux simples épées et une vingtaine d'énormes gourdins, maniés par des rustres vigoureux, et piqués au jeu. Sancho, dès la première décharge, fut mis hors de combat, et jeté sur l'herbe, plus mort que vif, d'au moins quinze coups qu'il reçut presque en même temps. Son maître, quoique incomparablement plus vaillant, ne tarda pas à le suivre; malgré des prodiges de force, d'audace et d'adresse dignes d'un tout autre théâtre, il fut abattu, presque entièrement assommé, aux pieds de Rossinante qui, de son côté, ne donnait aucun signe de vie.

Les muletiers, croyant avoir tout tué, et effrayés eux-mêmes du mauvais coup qu'ils venaient de faire, en ne voulant pourtant que se défendre, décampèrent au plus vite, pour ne pas être surpris en flagrant délit, et laissèrent nos deux aventuriers devenir ce qu'il plairait à la Providence.

On juge aisément qu'ils étaient dans un triste état, et d'une triste humeur. Ils restèrent longtemps sur place, sans trop savoir s'ils étaient encore de ce monde. Celui qui le premier se sentit vivant fut Sancho Pansa. Il était posé sur le champ de bataille, de manière qu'en ouvrant les yeux il aperçut, à deux pas, son maître étendu sans mouvement; et ce spectacle le détermina enfin à essayer de parler. — Ho!... ha!... hé!... monseigneur!... monseigneur Don Quichotte, s'écria-t-il d'une voix d'agonisant, m'entendez-vous? Ah!... ahi!... monseigneur!...

— Hé bien! mon pauvre Sancho, répondit Don Quichotte, que me veux-tu?

— Ah! monseigneur, reprit Sancho, si vous vouliez me donner à boire deux ou trois coups de votre baume de *fièvre-à-bas!* peut-être qu'il est aussi bon pour raccommoder les os cassés que pour recoller les coupures.

— Eh! mon enfant, répondit Don Quichotte, si j'en avais eu, déjà je t'en aurais administré, et déjà nous serions l'un et l'autre bien portants; mais tranquillise-toi, je te jure, foi de chevalier errant, que sous deux jours nous en aurons, si la fortune ne me paralyse pas les deux bras.

— Et les deux jambes, monseigneur, reprit Sancho, toujours du ton le plus lamentable; dans combien de jours pensez-vous que nous pourrons les poser l'une devant l'autre?

— A cela, mon enfant, je ne puis te répondre bien précisément, dit le chevalier brisé; tu dois sentir que cela est à la volonté de Dieu, sauf à nous à prendre courage et patience. Cependant, ce qui me fâche infiniment dans cette disgracieuse aventure, c'est que le mal que j'ai, ma conscience me reproche de l'avoir réellement mérité, en me permettant de mettre l'épée à la main contre des gens qui ne sont point armés chevaliers ; c'est que je ne puis me dissimuler que le Dieu des batailles n'a ordonné tout ceci que pour me punir d'avoir transgressé les lois de la chevalerie errante. D'où tu vois, Sancho, qu'il importe essentiellement à notre commune postérité qu'à l'avenir je ne retombe plus dans la même faute. Tiens-toi donc pour averti de ce que je vais te dire, mon enfant, et ne l'oublie jamais : c'est que, si nous sommes encore offensés par de semblable canaille, ne compte plus que je me mêle de la châtier. Je ne puis en aucune manière me le permettre, et c'est toi seul que cela regardera. Ainsi, dorénavant, en pareille occurrence, mets l'épée à la main, et traite-moi les coquins comme ils l'auront mérité. Bien entendu néanmoins que dans le cas où quelques chevaliers surviendraient pour se mettre de la partie contre toi, alors je me charge d'eux à moi seul; tu peux d'avance être assuré que c'est autant de vaincu. Rappelle-toi ce que tu m'as vu faire hier, et tu comprendras avec quelle facilité mon bras peut tout ce que je te promets ici.

— Monsieur, reprit Sancho en fronçant le sourcil, moi, je vous dirai franchement mon sentiment et mon naturel. Je suis bon diable, point rancunier, et je ne trouve rien de si beau sur la terre que le pardon des injures; d'autant que celui qui a femme et enfants ne doit risquer sa peau que le moins qu'il peut. J'avertis donc votre seigneurie, sauf le respect que je lui dois, que ma ferme résolution est, avec l'aide de Dieu, et à commencer de l'heure qu'il est, de laisser se rouiller tant qu'elle voudra mon épée dans sa gaîne, quoi que puissent me faire jusqu'à présent marauds, coquins, canailles, chevaliers, petits, grands, moyens, riches, pauvres, nobles, roturiers, paysans et autres, sans aucune exception de race, âge et condition.

— Pusillanime écuyer! répliqua Don Quichotte en haussant un peu la voix! Malheureux Pansa! Ah! si je ne craignais que l'haleine me manquât, et si je n'étais trop souffrant d'une de mes côtes, qui me fait véritablement un mal horrible, comme je t'aurais bientôt fait sentir par d'excellents raisonnements combien ta faiblesse, ton peu de courage sont déplacés. En attendant que je puisse te prêcher plus longuement, dis-moi, pauvre Sancho, si la fortune jusqu'à présent contraire, nous devenant enfin propice, nous conduisait le vent en poupe à l'une de ces excellentes îles que je t'ai promises; si, en un clin d'œil, je venais à te la conquérir, et à la remettre entre tes mains, comme chose à toi appartenante; parle, comment donc ferais-tu pour la posséder ou la gouverner? Impossible à toi, chétif écuyer, si tu es impropre aux œuvres de chevalerie; si tu manques de la vigueur et de la résolution nécessaires pour repousser les injures, ou soutenir tes justes droits. Persuade-toi, mon enfant, que, dans tout pays nouvellement conquis, les naturels ont toujours l'esprit porté à la rébellion : toujours quelques brouillons, quelques ambitieux, mécontents de la dernière révolution, cherchent à en exciter une nouvelle. Il faut donc, au nouveau maître, non-seulement une profonde perspicacité pour prévoir les dangers, afin de les prévenir autant que faire se peut; mais aussi une valeur vigoureuse pour écraser l'ennemi, quel qu'il soit, quand il ose se déclarer ouvertement.

— Je sens très-bien que vous avez raison, monseigneur, répondit Sancho, et que si j'avais été un peu plus fin, j'aurais deviné ce qui vient de m'arriver assez à temps pour ne pas me fourrer dans la mêlée, ou qu'une fois dedans, puisque j'y étais à ne pouvoir plus reculer, j'aurais beaucoup mieux fait de donner les coups que de les recevoir. Mais, à présent que je les tiens, je crois que, pour mon compte, des emplâtres m'iraient mieux que des remontrances. Pour ce qui est de l'avenir, monseigneur, voyez si vous pouvez vous relever; nous tâcherions à nous d'eux d'aider Rossinante à se remettre sur ses quatre jambes... Mais, au moins, je l'avertis que ce ne sera pas pour ses beaux yeux si je lui rends ce service. Le drôle ! je lui en veux trop; c'est bien sa pure faute si je suis roué de coups. On a bien raison de dire que les plus habiles s'y trompent, et qu'il faut vivre plus d'un jour avec les gens pour les connaître à fond... Ce que c'est pourtant que ce monde, monseigneur, et comme tout y change du blanc au noir, d'un moment à l'autre! Qui diable aurait deviné hier, quand vous allongiez ces fières estocades sur la figure du pauvre cavalier errant que nous avons envoyé au Toboso, qu'aujourd'hui il nous faudrait endosser sur nos épaules et partout une si rude grêle de coups de bâton !

— Passe pour toi, mon enfant, reprit Don Quichotte; du moins, l'habitude de ces sortes d'orages doit te donner pour les supporter une certaine force. Mais moi ! moi qui assurément n'y suis rien moins qu'accoutumé, je dois m'en sentir bien plus longtemps, et beaucoup plus douloureusement que toi ! Oui, dans l'honneur que me donne cette désagréable aventure, je crois que je serais homme à me laisser mourir ici de dépit, si je n'avais, pour soutenir ma constance, l'observation que le métier que je fais a été de tout temps fort exposé à de semblables revers.

— Ce sont donc là, monseigneur, les revenus de la chevalerie errante ! reprit le dolent écuyer. Encore, si cela ne venait qu'une fois dans la vie ! Mais, par ma foi, si Dieu n'y met la main, une autre récolte pareille nous mettra hors d'état d'en ramasser une troisième.

— Il est vrai, cher Sancho, répondit Don Quichotte, que les chevaliers errants courent continuellement de cruelles chances; mais aussi ils sont continuellement à la veille de la plus éminente fortune. Si je n'étais pas en si mauvais état, je te citerais l'histoire de plusieurs, que leur valeur a élevés au rang suprême, et qui, avant et après, n'en ont pas moins tâté de toutes les misères du métier. Le vaillant Amadis de Gaule, par exemple, ne s'est-il pas vu à la discrétion de l'enchanteur Archalaüs, son plus mortel ennemi, et si mortel, qu'il le lia à une colonne pour lui donner deux cents coups d'étrivières, que le chevalier fut forcé de recevoir, quoique ce fût avec les sangles de son propre cheval? De si grands exemples, mon enfant, sont bien consolants pour nous. Nous ne valons pas mieux que ces fameux personnages; et cependant notre disgrâce actuelle n'est pas comparable à celle que je viens de te citer; du moins n'y a-t-il pas dans notre affaire de coups d'étrivières. Observe de plus qu'il n'y a pas le moindre affront à être frappé dans un combat avec quel instrument que ce soit, pourvu qu'il se soit trouvé dans la main de l'ennemi, au moment de l'attaque, et qu'il n'en ait pas eu d'autre pour se défendre. La loi des duels l'articule en termes exprès. En sorte que si un savetier, en cas de rixe, frappe quelqu'un avec sa forme, encore qu'elle soit de bois comme un bâton, ce quelqu'un ne sera pas réputé avoir reçu des coups de bâton, si ledit savetier n'avait pas d'autres armes lorsque l'affaire a commencé. En appliquant donc ce principe à notre cas, tu verras, mon enfant, sans doute avec le plus grand plaisir, que quoique grièvement bâtonnés, notre honneur n'est pas même légèrement touché, puisque ces assommeurs n'avaient d'autres instruments que leurs gourdins : du moins puis-je assurer en conscience que je ne leur ai vu ni sabres, ni cimeterres, ni coutelas, ni épées, ni poignards.

— Ni moi non plus, dit Sancho, car à commencer du moment que j'ai mis ma maudite rouillarde en l'air, je n'ai plus rien vu, parce que je me jetai dans la mêlée les yeux fermés. Tout ce que je sais, c'est que je n'y fus pas longtemps sans me sentir assassiné de plus de quinze coups, gros comme des montagnes, qui me tombèrent tous ensemble sur le corps, et qui me firent tomber ici, où je suis encore, Dieu merci, et où je ne me soucierais guère qu'ils aient touché ou non mon honneur, si je ne les sentais pas imprimés sur mes côtes et sur mes épaules, de manière à m'en souvenir pendant toute une éternité.

— Oh! Sancho, toute une éternité! reprit Don Quichotte. C'est trop dire, mon enfant; il n'y a pas de souvenir que les années n'effacent, pas de douleur que la mort n'apaise.

— Belle consolation, vraiment! dit Sancho. Voilà de bons emplâtres, la mort et les années!

— Laisse là toutes tes inutiles doléances, reprit Don Quichotte. Fais de nécessité vertu; tâche de te relever, et voyons comment se porte Rossinante. Le pauvre animal! il a l'air d'en avoir eu sa bonne part.

— Pourquoi pas, donc? dit Sancho; pourquoi en aurait-il été quitte à meilleur marché que les autres? est-ce qu'il n'est pas membre de la chevalerie errante aussi bien que moi?... Mais ce qui m'étonne, c'est mon grison; il ne lui en coûte pas un poil, tandis qu'à nous trois il ne reste pas une seule côte en état.

— Toujours, reprit Don Quichotte, dans les plus fâcheuses extrémités, la fortune ménage, à ceux qui savent en profiter, une issue pour sortir d'embarras. Il ne s'agit donc que de me mettre sur le dos de ta petite bête, et de me conduire au plus prochain château pour me faire panser mes blessures. Outre qu'en ce moment je ne vois pas d'autre parti à prendre, mon honneur ne répugne nullement à ce que je sois monté de la sorte; car je me rappelle que c'était aussi sur un fort bel âne qu'était monté le vieux Silène, quand il fit son entrée dans la ville aux cent portes.

— Oui, dit Sancho, cela se peut bien; mais il y a apparence que lui c'était à califourchon qu'il était sur son âne, au lieu que vous, vous ne pourrez sûrement vous y tenir qu'en travers, comme un sac de chiffons, et cela doit faire une grosse différence pour l'honneur.

— Apprends, Pansa, reprit fièrement Don Quichotte, qu'il n'est pas de posture humiliante pour un guerrier, qui n'y est forcé ou réduit que par l'événement d'une bataille. Plus d'objections; vois à te relever; mets-moi sur ton âne, n'importe comment, pourvu que je puisse m'y tenir, et tire-moi d'ici avant que la nuit nous y surprenne.

— Hé bien! quand elle viendrait, la nuit? reprit Sancho, qui frémissait à la seule idée de remettre en mouvement ses membres brisés, ne vous ai-je pas souvent entendu dire que passer les nuits à la belle étoile était un véritable régal pour les chevaliers errants.

— Oui, répondit Don Quichotte; mais, mon fils, ce qui nous importe en ce moment, c'est de plier promptement bagage, et de décamper avant qu'un nouveau malheur vienne aussi tomber sur ton âne.

— Sur mon âne? s'écria Sancho alarmé, ce serait bien le diable!

Et aussitôt il commença à se remuer. Enfin, moyennant le secours d'une centaine de houfs, de ahis, de grincements de dents, entrelardés d'autant de cris, d'injures et d'imprécations contre qui l'avait mis là, il parvint à se remettre sur ses deux jambes; mais quand une fois il y fut, il se sentit tant de douleurs prêtes à l'assaillir, pour peu qu'il tentât de se redresser entièrement, qu'il resta courbé comme un arc, et tremblant de se casser au moindre mouvement. Il ne lui en fallut pas moins débuter par arpenter de droite et de gauche plusieurs longs bouts de chemin pour joindre le grison. Le petit animal s'en était tant donné, et y avait pris tant de plaisir, qu'il était d'une gaîté folle; et il ne paraissait pas plus intimidé des menaces, que touché des prières amicales de son maître, qu'il s'amusait à faire trotter. A la fin cependant, Sancho le saisit par une oreille et le ramena à son devoir. Il entreprit ensuite le pauvre Rossinante, qui sûrement n'en aurait pas dit de moins lamentables que ses maîtres, s'il eût pu rendre comme eux tout ce qu'il pensait, et il le releva. Finalement, à force de suer et de souffler, il réussit à poser Don Quichotte en travers sur le grison, à la queue duquel il attacha le cheval écloppé. Il s'attela lui-même au licol de l'âne, et il partit au petit pas, traînant après lui tout le convoi, du côté où il imagina qu'était le grand chemin, qu'effectivement il trouva au bout d'une heure de marche. Et comme un bonheur vient rarement seul, Sancho, presqu'au même instant, découvrit à peu de distance une hôtellerie qu'il annonça joyeusement à son maître. Don Quichotte s'étant un peu soulevé pour la reconnaître, répondit que c'était un bon château : l'écuyer soutint que non, le chevalier persista, chacun en appuyant son sentiment du témoignage de ses yeux ; de sorte qu'avant qu'il y eût rien de décidé entre eux sur ce point, ils entrèrent sous le porche de la maison, où Sancho fit halte avec tout son convoi, en appelant de toutes ses forces maîtres et valets.

XII. — De ce qui arriva à notre chevalier, dans l'hôtellerie qu'il prenait pour un château.

Celui qui parut le premier, fut l'hôtelier lui-même. Surpris et alarmé de voir un homme posé en travers sur un âne, il crut d'abord que c'était un cadavre qu'on apportait chez lui, et il s'empressa de demander à Sancho quel malheur était donc arrivé.

— Ce n'est qu'une bagatelle, une misère, répondit Sancho ; ne vous effrayez pas, monseigneur n'est pas plus mort que nous ; seulement, c'est qu'en roulant du haut en bas d'une montagne, il s'est un tant soit peu démantibulé les os.

Pendant ce colloque, survinrent aussi l'hôtesse, sa fille et sa servante. L'hôtesse, contre l'ordinaire des femmes de son état, était naturellement bonne et complaisante ; elle accourut obligeamment, les bras tendus, en ordonnant à sa fille, jeune personne d'une tournure engageante, et à sa servante, de l'aider à descendre ce pauvre monsieur, pour le transporter au lit.

La servante était une épaisse montagnarde des Asturies. Elles transférèrent, à elles trois, Don Quichotte dans une grande chambre borgne, qui servait parfois de grenier à paille; et l'on s'empressa de lui dresser un lit, à deux pas d'un autre lit qui déjà y était disposé pour un muletier d'importance, arrivé depuis environ une heure, à la tête de douze vigoureux mulets bien équipés. Soit que ce fût pour avoir plus tôt fait, soit que cette hôtellerie ne fût pas mieux fournie que beaucoup d'autres, on se borna, pour le lit de Don Quichotte, à poser, sur deux tréteaux d'inégale hauteur et à moitié vermoulus, quatre mauvaises planches d'inégale épaisseur, sur lesquelles on étendit un mince matelas hérissé de durillons internes, qu'on aurait infailliblement pris pour autant de cailloux, si, à travers les nombreuses crevasses de l'enveloppe, on n'eût été à portée de voir que ce n'étaient que des petits paquets d'étoupes fortement condensées; et ensuite deux draps, plus épais, plus inflexibles qu'un cuir, qu'on recouvrit d'un vieux coupon de grosse serge verte, aussi lisse et aussi pelée qu'un parchemin.

Ce fut sur ce misérable grabat que l'hôtesse et sa fille, à la lueur d'une lampe que tenait l'officieuse Maritornes (ainsi se nommait la servante), pansèrent, oignirent et frottèrent, de leurs propres mains, les contusions de notre aventureux chevalier. La compatissante hôtesse, étonnée de trouver le dos et les épaules du chevalier parsemés d'une aussi grande quantité de noirs, beaucoup plus longs que larges, n'ayant pu s'empêcher d'observer, d'un petit air de finesse, que cette bigarrure paraissait plutôt l'effet d'une grêle de coups de bâton que celui d'une simple chute, Sancho, qui était présent, se sentit monter le rouge au visage; cependant il ne se déferra point tout-à-fait, et il répondit que pourtant c'était une véritable chute; mais que, comme la montagne que monseigneur avait dégringolée était hérissée de pointes de rochers, chacune apparemment avait fait sa marque. — Au reste, ma bonne dame, ajouta-t-il, tâchez de vous arranger de manière à ne pas user là tout votre onguent et toutes vos étoupes; il y a ici quelqu'un qui s'accommodera du reste, car je me sens aussi quelques petites mortifications, par-ci par-là, du côté du dos et des reins.

— Comme cela, reprit l'hôtesse, vous avez donc dégringolé aussi, vous?

— Non, répondit Sancho, je n'ai pas roulé, moi; mais cela m'a fait tant de peine de voir rouler monseigneur, qu'il m'en a pris un certain je ne sais quoi par tout le corps, comme si l'on m'avait roué de coups de bâton.

— Oui, dit la fille de l'hôtesse, je connais ces singuliers accidents-là : il m'est arrivé une fois de rêver, en dormant, que je tombais du haut en bas d'une maison, et quand je me suis réveillée, j'avais mon pauvre corps aussi endolori que si j'eusse tombé tout de bon.

— Précisément, reprit Sancho, c'est cela même; la demoiselle a mis le nez dessus, avec la différence seulement que moi c'est sans avoir rêvé ni dormi, que je me trouve peut-être aussi bigarré que monseigneur Don Quichotte.

— Comment dites-vous qu'il s'appelle, ce monsieur? dit Maritones.

— Est-ce que vous êtes sourde, vous? répondit Sancho. Don Quichotte, je vous dis, et de la Manche encore; et c'est un chevalier errant, même, et des plus forts, et des meilleurs, et des plus fameux qu'on ait vus dans ce monde depuis je ne sais combien d'années.

— Qu'est-ce que c'est donc qu'un chevalier errant? demanda Maritornes.

— Vous êtes donc faite d'aujourd'hui, la grosse fille? répondit Sancho. Hé! pardienne, un chevalier errant, c'est...

c'est... c'est, en deux mots, comme qui dirait une chose qui est toujours au moment d'être rouée de coups de bâton. Aujourd'hui, cela vous est sans pouvoir remuer ni pieds ni pattes, sans sol ni maille, mais demain cela vous aura deux ou trois couronnes de royaume à donner à choisir à son écuyer.

— Des couronnes! se récria l'hôtesse en souriant; vous n'avez pourtant pas l'air d'être bien grand seigneur, mon cher; cependant vous êtes écuyer, ce me semble?

— Oui, répondit Sancho. Mais c'est que, comme disait l'autre, il est encore bon matin; il n'y a pas longtemps que nous courons les aventures; et, à vous parler vrai, nous n'en avons pas encore rencontré une seule à couronnes. Vous savez bien, ma chère dame, qu'on ne trouve pas toujours ce qu'on cherche, et qu'on ne cherche pas toujours ce qu'on trouve. Malgré cela, je vous promets que si une fois monseigneur Don Quichotte guérit de celle-ci, pourvu aussi que je n'en reste pas défiguré, contrefait ou disloqué, je ne troquerais pas mes espérances contre le meilleur titre de toute l'Espagne.

Jusque-là Don Quichotte avait écouté sans desserrer les lèvres. Voyant enfin qu'il était nommé, et connu pour ce qu'il était, et que toute modestie était inutile, il crut convenable de ne pas tarder plus longtemps à faire montre de sa courtoisie à ces dames. Il se mit donc sur son séant, le mieux qu'il put, sitôt qu'on eut fini de le panser; et en prenant affectueusement la main de l'hôtesse, il lui dit : — Croyez, belle et illustre dame, que vous n'avez qu'à vous féliciter de m'avoir si obligeamment accueilli en votre noble château. Je ne me permettrai pas de me vanter moi-même, parce que cela ne sied à personne; mais mon fidèle écuyer est en état de satisfaire votre curiosité sur mon compte, s'il vous en reste. Tout ce que je puis vous dire, c'est que le service que vous m'avez rendu restera perpétuellement imprimé dans ma mémoire; que, tous les jours de ma vie, je ferai le vœu de trouver les occasions de vous prouver mon éternelle gratitude.

La mère et la fille, la Maritornes surtout, totalement dépaysées par les belles phrases de Don Quichotte, ne savaient trop quelle langue il parlait, ni ce qu'il convenait de lui répondre; elles le regardaient; elles se regardaient, et se disaient des yeux qu'apparemment les chevaliers errants n'étaient pas des hommes de la même espèce que les autres. Jugeant néanmoins à l'expression affectueuse de son ton, de ses gestes et de ses yeux, que c'étaient pour le moins des compliments qu'il venait de débiter, elles le remercièrent civilement, quoiqu'en style de cabaret de campagne, et elles le laissèrent, en lui souhaitant un bon somme.

Il faut savoir maintenant que le muletier avait son lit disposé à côté de celui de Don Quichotte; il faut se faire une idée topographique bien exacte de la position des dormeurs dans le galetas. D'abord, le dur, l'étroit, le mince lit de Don Quichotte était situé au milieu du large fond de la pièce, opposé à la porte d'entrée. Dans le coin, à gauche, Sancho avait lui-même dressé le sien à terre, sur une bonne double natte de joncs, et s'était accommodé d'une vieille tapisserie en lambeaux, qui devait lui servir en même temps de draps et de couverture. Dans le coin, à droite, était le lit du muletier, posé aussi sur planches et tréteaux, comme celui de Don Quichotte, mais moins mauvais, parce que le galant égrillard avait eu soin de renforcer le faible contingent de l'auberge des meilleures couvertures de ses mulets; et ce n'était pas peu de chose que ce renfort, car le muletier en question était peut-être le plus cossu qu'on eût vu depuis longtemps en Espagne.

La nuit était à un peu plus de moitié chemin de sa carrière. Le muletier, après avoir rempli envers ses bêtes tous les devoirs d'un bon maître, s'en était venu palpitant d'aise et d'impatience, se mettre dans ses draps. Sancho, après s'être appliqué le mieux qu'il avait pu, par-ci par-là, sur les côtes et aux environs, les restes de l'onguent qui avait servi à panser son maître, s'était couché, et attendait impatiemment quand il plairait à ses douleurs de le laisser dormir. Don Quichotte, sur son grabat, les deux yeux ouverts comme un lièvre, souffrait, faisait des grimaces, pensait à sa grandeur, à ses exploits. Un silence universel régnait depuis plus d'une heure; l'obscurité partout était totale, à la réserve d'une sombre petite lampe qui, suivant l'usage, brûlait suspendue dans un coin du porche. Tout invitait notre héros à ses rêveries favorites; aussi son imagination feuilletait-elle avec avidité ses romans de chevalerie. Et le voici qui se lève, apostrophant les ombres de la nuit.

Le fougueux muletier s'élance et saute sur le lit. Heureusement pour notre héros, les fondements de son lit étaient mal assurés et vermoulus; il en résulta que la charpente, trop faible pour soutenir la surcharge des premiers sauts à pieds joints, que fit le lourd muletier sur le ventre de Don Quichotte, plia, craqua, s'effondra, et que tous les deux tombèrent ou roulèrent avec fracas l'un sur l'autre, en jetant chacun ses cris de fureur, de douleur ou de frayeur.

Ce tintamarre réveilla l'hôtelier, qui couchait dans une chambre voisine, et qui tomba sur Sancho à bras raccourcis; mais, par un heureux hasard, la lampe que l'hôtelier avait posée à terre, à quelques pas du champ de bataille, s'éteignit, et l'obscurité soudaine ajoutant encore à l'animosité des combattants, le chamaillis devint si bruyant, les cris si perçants, qu'un huissier de la Sainte-Hermandad, qui dormait dans une chambre voisine, en fut réveillé en sursaut, et qu'il accourut au bruit, muni de sa baguette et de la petite boîte de ferblanc qui renfermait la patente de son office, dans l'intention d'interposer son autorité, le cas échéant. — De par le roi et la Sainte-Hermandad, s'écria-t-il d'une voix de tonnerre, en entrant dans le galetas, qu'on se tienne tranquille!

Cet ordre imposant pétrifia subitement les combattants : à l'instant, le bruit cessa tout-à-fait; personne ne fit plus le moindre mouvement. Don Quichotte était encore étendu sans connaissance sur son dos, la bouche entr'ouverte, dans le même état où l'avait mis le muletier. Ce fut précisément aux débris de son lit que vint aboutir l'huissier, qui s'était avancé malgré l'obscurité et le silence. Sentant que ses genoux touchaient à quelque chose, il se baissa pour tâter ce qui le touchait, et trouvant des pieds nus, ils lui servirent d'indication pour, en coulant lestement sa main le long du corps du chevalier, arriver à son menton, qu'il empoigna fortement, en s'écriant : *J'en tiens un; secours à la justice!* Mais s'apercevant bientôt que celui qu'il tenait était sans mouvement sensible, il crut avoir trouvé un mort.

— On a tué un homme, s'écria-t-il de nouveau; qu'on ferme toutes les portes de la maison, et que personne ne bouge.

A cette effrayante nouvelle, chacun, en dépit de l'ordre, ne pensa plus qu'à profiter bien vite de l'obscurité pour se tirer d'affaire : le muletier gagna l'écurie et ne reparut plus; l'hôtelier son lit; il ne resta dans le galetas que nos deux aventuriers, qui n'étaient ni l'un ni l'autre en état de songer à s'évader. L'huissier, entendant déguerpir tous les vivants, lâcha le menton du mort, pour aller chercher de la lumière, et revenir dresser, vaille que vaille, procès-verbal du meurtre.

XIII. — Suite des tribulations que le valeureux Don Quichotte et son digne écuyer souffrirent dans l'hôtellerie.

Comme la seule lumière qui se trouvât dans l'hôtellerie s'était éteinte pendant la violente escarmouche qu'on vient de raconter; comme, d'ailleurs, au lieu de s'empresser de fournir à l'huissier celle qu'il cherchait de tous côtés, les délinquants auraient voulu pouvoir lui arracher les yeux, ou du moins le savoir bien loin; il lui fallut plus d'une heure avant de parvenir à rallumer une autre lampe. Pendant ce temps-là, Don Quichotte revint enfin de l'étourdissement que lui avait causé le terrible assaut du muletier, et sa première idée fut d'éveiller son fidèle écuyer, pour lui apprendre ce qui venait de se passer. — Dors-tu, Sancho? lui dit-il piteusement; mon ami Sancho, dors-tu?

— Eh! quel enragé de dormeur pourrait dormir dans ma misérable peau! répondit Sancho, tout essoufflé encore d'humeur et de colère. Est-ce que depuis que je suis ici, tous les diables de l'enfer ont fait autre chose que me peloter et me sabouler!

— Tu l'as à peu près deviné, mon enfant, reprit Don Quichotte. A coup sûr, ce château est rempli sinon de diables, du moins d'enchanteurs très-malfaisants; car, je te dirai, mais avant que je te le dise, il faut que tu me jures de n'en jamais ouvrir la bouche à qui que ce soit, tant que je vivrai.

— J'en jure, dit Sancho.

— Je prends cette précaution, mon fils, continua Don Quichotte, parce que je ne voudrais pas, pour un empire, avoir à me reprocher la moindre indiscrétion qui pût compromettre la réputation d'une personne que...

— Je vous répète que j'en jure, interrompit Sancho du ton de l'impatience; je jure de n'en rien dire tant que l'âme vous battra dans le corps; et plût à Dieu que dès demain je puisse en jaser à mon aise!

— Comment, Sancho! reprit Don Quichotte, c'est toi qui formes un pareil vœu contre moi! Eh! mon enfant, quel mal te fais-je donc, qui t'excite à désirer que je meure si promptement?

— Vous n'y êtes pas, monseigneur, répondit Sancho. Dieu

merci, ce n'est pas cela que je veux dire; mais seulement que, quand j'ai des secrets sur l'estomac, je tremble toujours qu'ils n'y pourrissent faute d'air; et que, par cette raison, je m'impatiente toujours, quand je suis gêné pour les rendre.

— Quoi qu'il en soit, mon bon ami, reprit Don Quichotte, je m'en fie à ton attachement pour ma personne et à ta probité.

Là-dessus, il se mit à lui raconter qu'une fée bienfaisante et amie des chevaliers errants, était venue le visiter pour mettre à sa disposition des trésors immenses; mais qu'un malin enchanteur maure s'était opposé violemment à la réalisation de ces brillantes promesses; qu'enfin, il en concluait que ces richesses ne lui étaient pas destinées.

— Ce n'est pas pour moi non plus que le four chauffe, reprit Sancho; car cette nuit, plus de quatre cents enchanteurs maures, de race de géants, m'en ont tant donné, et si rudement, que la décharge des gourdins d'hier n'était que du sucre en comparaison. Je n'ai attrapé que des coups, et encore des coups comme de ma vie je n'en avais vus : c'étaient de véritables coups de massue. C'est être, par ma foi, trop enguignonné. Je ne suis qu'un simple écuyer errant; je mettrais bien ma main au feu que jamais il ne me prendra fantaisie de me faire chevalier, et cependant il me faut toujours avaler les plus gros morceaux des mauvaises aubaines de chevalerie errante qui nous tombent! N'y a-t-il pas de quoi enrager, se donner au diable?

— Tu es donc bien maltraité, mon pauvre Sancho! dit Don Quichotte. Hé bien! mon enfant, calme-toi, prends courage; je vais, sans plus tarder, faire mon baume de Fier-à-bras; et quand une fois nous le tiendrons, ce ne sera plus que l'affaire d'une minute ou deux pour nous guérir radicalement.

Sancho allait répondre, pour presser son maître de hâter

leur guérison, quand il vit rentrer l'huissier qui, à la fin était parvenu à rallumer une lampe. Il était en chemise, et il avait la tête enveloppée d'un énorme chiffon noir, arrangé en forme de bonnet de nuit; ce qui, joint à une haute taille et à une assez mauvaise physionomie, lui donnait un air vraiment *fantomatique* qui fit frissonner Sancho.

— Ah! monseigneur! s'écria tout bas l'écuyer, et en tremblant de tous ses membres, voici le terrible enchanteur maure; il revient sûrement pour nous donner notre reste.

— Cela ne se peut, répondit froidement Don Quichotte; jamais les enchanteurs ne sont visibles quand ils opèrent.

— Eh! comment donc se font-ils si bien sentir? dit Sancho.

— Ne t'effraye point, te dis-je, reprit Don Quichotte en haussant un peu le ton; je te répète que ce ne peut être l'enchanteur maure.

En arrivant entre les deux lits, l'huissier fut d'autant plus étonné d'entendre parler là où il s'était attendu à ne trouver qu'un cadavre, qu'il apercevait Don Quichotte toujours étendu sans mouvement, la tête plus basse que les pieds, et la figure ensanglantée. Il se baissa pour le palper, et il lui prit la main. — Hé bien! bonhomme, lui dit-il en la lui secouant fortement, comment vous en va?

— Si j'étais à votre place, répondit Don Quichotte en retirant brusquement sa main, j'interrogerais plus civilement mon monde. Parlez donc, grossier que vous êtes; est-ce ainsi que vous avez appris à traiter les chevaliers errants.

Indigné de tant d'arrogance, de la part d'un homme de si mince apparence, l'huissier ne put s'empêcher d'y répondre par un soufflet; mais, emporté par le premier mouvement, il oublia qu'il tenait une lumière de la main dont il avait coutume de se servir pour souffleter son monde; en sorte qu'au lieu d'un soufflet, ce fut la lampe qu'il lança droit à la figure du malencontreux chevalier. Après quoi, tout stupéfait lui-même de se trouver subitement dans les ténèbres, il prit le parti de faire retraite, sans rien dire, du côté de la porte.

Sancho, que ce coup brutal confirma dans l'opinion que le fantôme en chemise ne pouvait qu'être l'enchanteur maure, se tapit sous sa ruelle et sous sa couverture, s'imaginant qu'infailliblement son tour allait venir. Ce ne fut qu'après avoir longtemps écouté sans oser souffler, et s'être bien assuré qu'il n'entendait plus rien, qu'enfin il hasarda de parler.

— Oh! hé! monseigneur! s'écria-t-il à voix basse, monseigneur! ne vous l'avais-je pas bien dit, moi, que c'était l'enchanteur maure? Le voyez-vous, à présent, qu'il n'y a que des coups de lampe à gagner ici pour nous?

— Cela n'est que trop vrai, Sancho, repartit tristement Don Quichotte. Mais qu'y faire? Prendre patience; car, au bout du compte, dans toutes ces affaires d'enchantement, il n'y a pas moyen de se venger, ni même de se défendre. Ce sont tous fantômes, ou invisibles, ou impalpables, qu'on ne peut ni joindre ni combattre; le plus sage est de ne pas même faire attention à leurs insultes. Laissons-les pour ce qu'ils sont, mon enfant, et pensons à nous. Lève-toi, si tu le peux; tu iras trouver de ma part le gouverneur de la forteresse, et tu le prieras de me procurer, le plus tôt possible, de l'huile, du vin, du sel, du romarin, une bonne casserole et un réchaud allumé. Je veux absolument faire mon baume, d'autant que je perds beaucoup de sang par la dernière blessure que je viens de recevoir à la tête.

Sancho se leva, quoique fort à contre-cœur, et sortit à tâtons. Il rencontra presqu'à la porte, en-dehors, l'huissier, qui n'étant pas sans inquiétude sur les suites du coup de lampe qui venait de lui échapper, rôdait aux environs pour tâcher de savoir à quoi s'en tenir. Quoique l'obscurité empêchât Sancho d'y voir, il lui avait suffi de ses oreilles pour reconnaître qu'il y avait là quelqu'un; et il ne se sentit pas assez intrépide pour oser, dans les ténèbres, porter plus loin le message dont il était chargé. — Seigneur, dit-il à tout hasard, qui que vous soyez, puisque vous vous trouvez là, pour l'amour de Dieu et du prochain, faites-moi le plaisir de me donner un réchaud, une grande casserole, du romarin, du sel, du bon vin et de l'huile. C'est pour guérir les blessures d'un chevalier errant, le plus fameux qu'il y ait sur terre, qui vient de passer par les mains de l'enchanteur maure de ce cabaret, et qui n'en peut plus.

L'huissier, à ce propos, comprit aisément qu'il n'avait affaire qu'à des fous; et moitié par compassion, moitié pour mieux dissimuler la part qu'il avait prise à l'aventure, il appela lui-même l'hôte et lui exposa la demande de Sancho. L'hôte ne se fit pas presser. On disposa promptement tout ce que désirait Don Quichotte, et on le lui porta. On le trouva le front dans les deux mains, et se plaignant fortement du coup de lampe. Cependant il en était quitte pour une bosse; il n'y avait pas de plaie; et ce qu'il prenait pour du sang, n'était que l'huile de la lampe, qui lui découlait encore sur la figure.

Don Quichotte, sur-le-champ, composa sa mixtion, et la fit cuire pendant vingt-un *Pater*, autant d'*Ave*, de *Salve* et de *Credo*, qu'il récita sur le réchaud. Cela fait, il ne lui manquait plus qu'une bouteille portative, pour y transvaser la précieuse liqueur. On lui donna complaisamment la seule huilière de ferblanc qu'il y eût dans la maison, et il la remplit. Cette huilière s'étant trouvée beaucoup trop petite pour tout contenir, Don Quichotte, pour n'en pas perdre une goutte, pressé d'ailleurs de se guérir, se mit en train d'avaler ce qui restait dans la casserole. Il en eut à peine bu le quart, que la potion fit effet, et avec tant d'efficacité, que force lui fut de rendre, non-seulement tout ce qu'il en avait pris, mais encore tout ce qu'il avait dans l'estomac; et, à la suite des efforts que venait de lui causer cette restitution, il se trouva suant abondamment de tous ses membres, il demanda qu'on le couvrît chaudement dans son lit, et qu'on le laissât reposer. Grâce à son excellent tempérament, le vomitif et les sueurs firent merveille; la crise tourna favorablement; il s'endormit, et il ne se réveilla qu'au bout de trois heures. Ses douleurs alors se trouvèrent si considérablement diminuées; il se sentit si soulagé, si dégagé, si dispos, qu'il se leva sans l'aide de personne, et qu'il s'habilla seul, étonné lui-même d'avoir aussi bien réussi, dès le premier coup, à composer le véritable baume de Fier-à-bras, et ravi de pouvoir enfin, sous la protection de ce remède miraculeux, braver sans danger les plus effroyables aventures.

Le bon Sancho, tout émerveillé de la prompte guérison de son maître, voulut se guérir aussi; et, à cet effet, il lui demanda la permission d'avaler ce qui restait encore dans la casserole. Don Quichotte, très-obligeamment, la lui servit de ses propres mains; et l'écuyer, en dix ou douze gorgées de sa façon, la vida jusqu'à la dernière goutte. Malheureusement son estomac, beaucoup plus exercé à la digestion que celui de son maître, en était beaucoup plus rétif à la restitution. Les nausées et les soulèvements de cœur vinrent bien à peu près tout de suite, mais rien de plus; en sorte que bientôt les efforts, les frissons, les sueurs froides, les convulsions le réduisirent si bas, qu'on le crut à sa dernière heure, et qu'il ne lui restait plus que la force de maudire le scélérat de baume, et l'assassin d'empoisonneur qui le lui avait donné. Don Quichotte, touché de son état, cherchait à le soulager, mais il ne savait comment s'y prendre. Il le secouait, il l'encourageait, il le raisonnait. — Il est vraisemblable, mon fils, lui disait-il, que ton mal provient de ce que tu n'es point armé chevalier; sans doute le baume n'opère que sur ceux qui le sont.

— Eh! morguienne! répondait Sancho, à présent que je crève, je me moque bien de savoir pourquoi et comment.

La nature enfin prit le dessus : une impétueuse et abondante explosion éclata par toutes les issues à la fois. Au grand scandale des yeux, des oreilles et de l'odorat des assistants, l'orage dura pendant plus d'une heure, toujours avec la même violence, et toujours accompagné de tant d'accidents, que le pauvre Pansa, quoique radicalement évacué, loin d'en être soulagé comme son maître, ne s'en trouva que plus exténué, plus faible et plus souffrant.

Cependant Don Quichotte, qui, comme on vient de le dire, se sentait bien portant et léger comme une plume; qui, d'ailleurs, avec son baume, comptait désormais pour moins que rien les coups et les blessures, trépignait d'impatience de perdre ainsi son temps, pendant que tant d'opprimés dans le monde réclamaient le secours de son bras. Sitôt qu'il vit Sancho débarrassé de sa superpurgation, et les accidents calmés, il lui déclara qu'il fallait partir. Il courut à l'écurie, lui-même : il y sella Rossinante et y bâta le grison; il revint lever Sancho et l'habiller de ses propres mains; il le posa sur son âne, sous le porche de la maison; il remonta lestement sur Rossinante, et, la lance en arrêt, il se mit en mesure de piquer des deux, en présence de plus de vingt personnes, que la curiosité avait ramassées autour de lui.

Notre héros fit deux pas vers la porte, où l'hôtelier paraissait l'attendre. — Rien de plus obligeant, seigneur châtelain, lui dit-il d'un ton grave et affectueux, que les nombreux et importants services que, par vos ordres et de vos propres mains, j'ai reçus pendant mon séjour en votre château. Toute ma vie, je me ferai devoir et plaisir de vous en marquer ma reconnaissance. En attendant d'autres occasions, si, en ce moment, vous étiez dans le cas de désirer vengeance ou redressement de quelques torts que vous auriez essuyés mal à propos, vous savez que mon métier est de les défaire, et de protéger ceux qui en ont besoin. Voyez donc, seigneur, ne vous gênez point ; cherchez dans votre mémoire si vous n'auriez pas quelque affaire de ce genre à me recommander. Je vous jure, par l'ordre de chevalerie que j'ai reçu, d'aller de ce pas vous procurer satisfaction aussi complète que vous puissiez la souhaiter.

— Mille grâces très-humbles, seigneur chevalier, répondit l'hôte sur le même ton ; je n'ai besoin du secours de personne pour me venger de ceux qui m'offensent ; je m'en charge toujours moi-même. La seule chose que j'aie à demander à votre seigneurie, c'est qu'elle veuille bien me payer la dépense qu'elle et son valet ont faite cette nuit dans ma maison ; *item*, la paille et l'avoine que j'ai fournies à vos deux bêtes.

— Quoi ! reprit Don Quichotte ; ce château n'est donc qu'une hôtellerie ?

— Fort à votre service, seigneur, répondit l'hôte ; et je me vante que vous n'en trouverez pas de meilleure dans toute la Manche.

— Véritablement, reprit Don Quichotte, je l'avais prise pour un château. Mais, puisque ce n'est, dites-vous, qu'une hôtellerie, le seul parti que je voie à prendre pour remédier à ce malentendu, c'est de faire comme si je ne m'étais pas trompé, et de trouver bon que je ne vous paie point ma dépense. Il ne m'est point permis, sous quelque prétexte que ce soit, de contrevenir aux usages de mon ordre ; or, je vous défie de me citer dans l'histoire un seul exemple qui prouve que les chevaliers errants aient jamais payé leur écot dans les hôtelleries ; et quand je n'aurais pas pour moi cette autorité, la raison seule suffirait pour convaincre tout homme sensé, que partout nous avons le droit d'être gratuitement hébergés, en considération des peines et fatigues, des périls et des travaux continuels auxquels, pour l'utilité publique, nous nous dévouons, en courant jour et nuit les

7

aventures, à pied ou à cheval, exposés sans cesse à la faim, à la soif, au froid, au chaud, et à mille espèces de malencontres, toutes plus fâcheuses les unes que les autres.

— Tout cela ne fait pas mon compte, interrompit l'hôte. Payez-moi ce que vous me devez, et laissez là vos sornettes de chevalerie. Ce n'est pas avec une pareille monnaie que, moi, j'ai acheté ce que je vous ai fourni.

— Vous êtes un plat, et un fort mauvais hôte, répondit notre héros en poussant Rossinante hors de l'hôtellerie. Et, sans se mettre en peine si Sancho le suivait ou non, sans même daigner regarder derrière, il s'éloigna, toujours trottant ou galopant, jusqu'à ce qu'il n'entendît plus ni huées ni criailleries.

L'hôte le voyant échappé, se rabattit incontinent sur Sancho Pansa, et lui barra le passage, en lui demandant son paiement. — Puisque monseigneur ne doit pas payer, répondit Sancho, moi je ne dois pas payer non plus; car il s'en va sans dire que les écuyers errants ont la même dispense au cabaret que leurs maîtres. Ne sont-ils pas du même métier?

L'hôte eut beau se fâcher, menacer Sancho de se faire payer de force, et de manière qu'il lui en cuirait, le brave écuyer n'en voulut point démordre, et jura, par l'ordre de chevalerie de son seigneur Don Quichotte, qu'il ne lâcherait pas une obole, dût-on le couper en morceaux; qu'il n'irait jamais contre les ordonnances de la chevalerie errante; qu'en un mot, il ne serait pas dit que les écuyers errants des temps à venir pussent reprocher à Sancho Pansa d'avoir sottement laissé perdre le plus beau, sans contredit, de tous leurs droits.

Malheureusement pour lui, parmi les spectateurs, il y avait quatre jeunes vigoureux cardeurs de laine des ateliers de Ségovie, trois compagnons maréchaux de Cordoue, et deux égrillards de Séville, tous gens de joyeuse humeur, qui avaient passé cette nuit à l'hôtellerie, en se rendant chacun à sa destination. A la figure de Sancho, à ses beaux dires, à sa ridicule prétention, ils jugèrent qu'il n'y avait pas d'inconvénient à s'en divertir, et à faire rire à ses dépens le reste de la compagnie. L'un d'entre eux alla chercher la couverture du lit de l'hôte, et proposa de faire sauter monsieur l'écuyer : la partie fut unanimement acceptée. En moins d'une minute, Sancho Pansa fut enlevé de dessus son âne, débarrassé de sa casaque, qu'on eut l'attention de lui ôter, dans la crainte qu'elle le gênât ou le blessât, et transposé au milieu de la couverture bien tendue. On allait donner le premier branle, quand un des compagnons, en mesurant des yeux l'élévation du plafond du porche, fit observer qu'il serait convenable de se transporter en plein air, au milieu de la basse-cour, où, du moins, il y aurait de la hauteur de reste pour laisser entière liberté aux évolutions; et dans l'instant ce judicieux avis fut suivi. Finalement, malgré la sage contenance de Sancho, qui, pour ne pas aigrir ces messieurs, avait eu, jusque-là, l'air de bien prendre la plaisanterie, force lui fut d'avaler la pilule. Il s'envola, dès la première secousse, à plus de quinze pieds de terre, et il retomba en peloton sur la couverture, qui le renvoya incontinent retomber d'un peu plus haut encore; et ainsi de suite, tant que dura la danse.

Du moment que Sancho s'était senti lancé dans les airs, il s'était mis à jeter des cris si continus, si perçants, que Don Quichotte, quoique éloigné déjà, en entendit d'abord assez pour se tenir averti qu'il y avait dans les environs quelque aventure d'importance à expédier. A force de prêter l'oreille pour savoir de quel côté tourner, ayant enfin reconnu distinctement la voix de son écuyer, il s'en revint, à toutes jambes de Rossinante, droit à la porte de l'hôtellerie, qu'il trouva fermée. Irrité encore par cet obstacle, et toujours plus ému par les hurlements de Sancho, à mesure qu'il en approchait, il se détermina, en rugissant d'impatience et de colère, à faire le tour de la maison, en-dehors, pour voir s'il y aurait moyen d'entrer par quelque autre issue. Mais, arrivé au droit de la basse-cour, à peine put-il en croire ses yeux, quand, par-dessus la muraille qui était fort basse, il aperçut son Sancho Pansa monter dans les airs, jambes par-dessus tête, y pirouetter, retomber, remonter et redescendre, toujours avec une étonnante agilité, et dans des attitudes si grotesquement variées, que, sans le vif intérêt particulier qu'il prenait à la chose, il n'aurait pu s'empêcher de faire comme tous les autres spectateurs, qui en riaient à s'en tenir les côtes. Cependant il entra dans une si terrible fureur, que d'abord il voulut s'élancer à cheval par-dessus le mur. Ce coup se trouvant trop fort pour Rossinante, notre brave chevalier se rabattit au projet d'escalader seul la basse-cour, l'épée à la main. Mais ses contusions étant redevenues très-sensibles, sous le frottement de son armure, le jeu de ses membres en était gêné au point qu'il fut encore obligé de renoncer même à l'idée de mettre pied à terre. Il lui fallut donc s'en tenir à se soulever, tant qu'il put, sur ses étriers, pour passer sa tête et ses bras par-dessus la muraille; et, dans cette formidable attitude, il dit tant d'injures, il fit de si foudroyantes menaces, il lança de si fiers défis, qu'il faudrait être à sa place et aussi furieux que lui, pour les bien rendre. Cependant, les mauvais plaisants n'en continuèrent pas moins leur jeu barbare. Le malheureux Pansa, de son côté, eut beau hurler, crier, pleurer, prier, menacer, il n'en continua pas moins de sauter, en présence de son maître, un peu plus haut encore qu'en son absence; jusqu'à ce qu'enfin les berneurs, fatigués de rire et de berner, le laissèrent reprendre tranquillement ses esprits sur la couverture pendant quelques minutes, au bout desquelles ils le rhabillèrent complaisamment eux-mêmes, et le remirent sur son âne, en lui déclarant qu'il y en avait assez.

La compatissante Maritornes, jugeant alors qu'un coup à boire ne pourrait que faire plaisir et grand bien au pauvre berné, eut l'attention de lui apporter un pot d'eau fraîche, qu'effectivement il reçut en homme fort altéré. Il le portait à sa bouche, bien éloigné de penser que ce ne fût que de l'eau, quand il fut arrêté tout court par la voix de son maître, qui, par-dessus la muraille, lui criait, en montrant l'huilière de ferblanc : — Ne bois pas, Sancho; Sancho, mon ami, n'en tâte pas; infailliblement tu t'en trouverais mal; vois ici ma bouteille; vois mon baume miraculeux; voilà ce qu'il te faut, mon enfant; deux gorgées seulement feront ton affaire.

Sancho, à qui la seule idée du baume bouleversait l'estomac, sans quitter ni même baisser le pot, qu'il tenait déjà à hauteur de ses lèvres, tourna la tête du côté de son maître, et répondit : — Vous avez donc oublié que je ne suis point armé chevalier... Vous ne venez donc là, tout exprès, que pour me faire rendre le peu de boyaux qui me restent encore!... Gardez votre maudit baume pour tous les Maures, et laissez-moi boire et crever à ma fantaisie.

Et tout en prononçant ces derniers mots, il mit le nez dans le pot. Mais il eut à peine tâté que ce n'était que de l'eau, qu'il le rendit à Maritornes, en la conjurant pathétiquement de lui apporter en place une potée de vin : ce qu'elle fit de bon cœur.

Sancho, après avoir remercié d'un signe de tête la généreuse Maritornes, en lui remettant son pot, n'eut rien de plus pressé que de donner, à coups redoublés, des deux talons à son âne. Il s'en vint, sans aucun obstacle, jusqu'à la porte de l'hôtellerie, dont on lui ouvrit gracieusement les deux battants : et il sortit enfin, tout fier d'avoir soutenu les priviléges de la chevalerie errante, de manière, du moins, à se tirer d'affaire sans payer, ainsi qu'il s'y était engagé par serment. Il est vrai que l'hôtelier s'était, par précaution, furtivement nanti du bissac : néanmoins, comme Sancho l'ignorait, et ne s'en aperçut pas avant son départ, son triomphe était incontestable quant à lui, puisqu'en dépit de tout, il n'avait pas déboursé une obole. Sitôt qu'il fut dehors, l'hôtelier voulut fermer et barricader la porte, pour se mettre à l'abri des fureurs de Don Quichotte, qu'il avait vu et entendu jeter feux et flammes par-dessus la muraille; mais les berneurs, qui n'étaient pas gens à redouter même un chevalier de la Table ronde, s'y opposèrent absolument.

XI. — Conversation de Don Quichotte et de Sancho Pansa. Grande aventure.

Sancho, quoique content d'avoir la clef des champs, et d'être sorti à son honneur de la mauvaise difficulté que l'hôtelier lui avait intentée, était si troublé encore quand il rejoignit son maître, qu'à peine il pouvait se tenir sur son âne. Don Quichotte l'accueillit avec bonté, en lui demandant obligeamment comment il se trouvait; et, sans attendre sa réponse, il lui dit : — C'est maintenant, mon pauvre Sancho, qu'il n'est plus possible de douter que ce château, ou ce prétendu cabaret, soit fortement enchanté; car, que pouvaient être ceux qui s'y sont si cruellement joués de toi, sinon des fantômes ou des gens de l'autre monde? Ce qui le prouve, au reste, et d'une manière bien démonstrative, c'est que, moi-même, dès l'instant où, à mon grand déplaisir, je t'ai aperçu dans les airs, je me suis trouvé, je ne conçois pas comment, enchanté si complètement, que je n'ai pu ni m'élancer par-dessus la muraille, ni seulement mettre pied à terre pour escalader la basse-cour, ou enfoncer les portes. Tu dois croire que, sans cela, je n'aurais pas souffert qu'on te plaisantât aussi injurieusement; ou que, du moins, j'aurais tiré de ces garnements la plus mémorable vengeance, au risque d'outre-passer un peu les pouvoirs de la chevalerie, qui, comme souvent déjà je te l'ai observé, ne descendent point jusqu'à mettre l'épée à la main contre gens non armés chevaliers, si ce n'est en cas d'urgente nécessité, ou lorsqu'il s'agit absolument de défendre sa propre vie.

— Pour moi, reprit Sancho, si j'avais pu les exterminer, les hacher tous, je l'aurais fait, sans me soucier des ordonnances de votre chevalerie. Mais il n'y a pas eu moyen de leur détacher seulement une croquignole. Ce n'est pas pourtant que je croie tout-à-fait, pour cela, que ces maudits berneurs soient des fantômes ou des gens de l'autre monde, comme vous le dites. Je jurerais presque, au contraire, que ce sont des hommes de chair et d'os, ni plus ni moins que nous : tellement que pendant qu'ils me pelotaient, je les ai tous entendus s'appeler par leurs noms de baptême; et il y a gros à parier qu'ils n'en auraient pas, s'ils n'étaient que des fantômes. Il y avait, entr'autres, un Pierre Martin, et un Ténorio Hernandès; jusqu'à notre chien d'hôte, en était; et je suis presque sûr que c'est lui qu'on appelait Juan Palomêque le Gaucher : quels bras, quels poignets! Ainsi, monseigneur, pour en revenir, le véritable enchantement, s'il y en a eu, n'a manigancé que sur vous, puisque vous étiez là, dites-vous, roide comme un piquet, sans savoir pourquoi ni comment. Au reste, ce que je vois de plus clair dans tout ceci, c'est qu'à force de courir après les aventures, à la fin nous nous planterons dans quelque margouillis détestable, et que, sauf meilleur avis, le plus sûr serait, tout uniment, de nous en retourner à notre village, surtout à présent que voilà le temps des récoltes, où chacun a ses petites affaires chez soi.

— Que tu es encore borné en matière de chevalerie! mon pauvre Sancho, répondit Don Quichotte. Prends patience, te dis-je, et ne t'inquiète pas; un jour viendra bientôt, où toi-même tu sentiras tout ce que vaut, d'honneur et de profit, notre sublime profession. En attendant, dis-moi, conçois-tu dans ce monde quelque chose de plus glorieux, de plus avantageux, de plus flatteur, qu'une jolie bataille gagnée, qu'une belle et bonne victoire, qui vous rend maître absolu de votre ennemi ?

— Quoique de ma vie je n'en aie tâté, répondit Sancho, à vous dire vrai, je crois que cela doit être assez régalant. Mais je fais mon compte que, depuis que nous sommes chevaliers errants — vous c'est-à-dire; car, quant à moi, je ne vaux pas la peine d'en parler, — nous n'avons encore gagné qu'une seule bataille, celle de ce misérable cavalier biscayen, que nous avons envoyé au Toboso; encore vous a-t-elle coûté presque la moitié d'une oreille, sans compter la moitié, au moins, de votre salade. Sauf cette aventure, dans toutes les autres nous n'avons ramassé que des coups de bâtons, des coups de poings, des coups de lampe, des coups de je ne sais quoi. Par-dessus le marché, moi, me voilà berné, Dieu sait comme, pour le reste de mes jours; et, qui pis est, par des coquins de fantômes enchantés, des gens de l'autre monde, avec lesquels il n'y a rien à regratter; des marauds que je n'ai pas même l'espérance de pouvoir un jour étriller de manière à me régaler de ce doux plaisir, que vous dites qu'on trouve toujours à bien battre son ennemi...

— Ah! interrompit Don Quichotte, oui, c'est là ce qui gâte souvent nos affaires; ce sont ces lâches enchanteurs qu'on ne peut joindre corps à corps, et qu'on ne peut combattre à armes égales. Mais j'y mettrai bon ordre : je veux avoir incessamment une de ces épées tellement fourbies, qu'aucune espèce d'enchantement ne peut prendre contre celui qui la tient. Je ne désespère même pas de parvenir à me procurer celle qu'avait le grand Amadis, du temps qu'on l'appelait le chevalier de l'*Ardente épée*. Ce fut la plus précieuse épée qu'on eût jamais maniée. Outre qu'elle avait l'admirable, l'inappréciable vertu de repousser tous enchantements, elle coupait exactement comme un rasoir; de sorte qu'il n'y avait pas d'armure d'assez fine trempe ou assez puissamment enchantée pour lui résister.

— Je suis si enguignonné, reprit Sancho, que quand vous parviendriez à trouver cette miraculeuse épée, il en serait encore comme du maudit baume, qui ne profite qu'à ceux qui sont armés chevaliers, et que, moi, je n'en serais pas plus gras.

— Espère mieux de la bonté du ciel, mon enfant, répliqua Don Quichotte; et cesse de t'alarmer ainsi mal à propos.

Ils en étaient là, quand Don Quichotte aperçut au loin, sur le chemin qu'ils suivaient, un gros tourbillon de poussière qui semblait venir vers eux. — Que vois-je! s'écria-t-il en s'arrêtant : ô Sancho! le voici, sûrement, le jour que ma bonne fortune me réservait depuis si longtemps; ce jour où mon bras doit enfin déployer toute sa valeur! Le voici, le jour marqué par les destinées pour ces mémorables exploits de ma façon, dont il était écrit que j'étonnerais les siècles les plus reculés. Tu vois, Sancho, cette épaisse et vaste nuée de poussière. Hé bien! mon enfant, elle s'élève sous les pas d'une armée innombrable; et je vais la combattre, quoique composée de l'élite des guerriers d'un nombre prodigieux de nations barbares.

— Comme cela, monseigneur, dit Sancho, vous allez donc combattre deux grosses armées; car là-bas, sur notre gauche, voilà encore une autre nuée de poussière qui s'avance par ici.

Don Quichotte tourna précipitamment ses regards sur la gauche, et reconnut que Sancho disait vrai. Le ciel ouvert à ses yeux ne lui aurait pas causé plus de ravissement qu'il n'en manifesta quand il se fut assuré, d'après sa manière ordinaire de voir et de juger tout ce qu'il voyait, que c'étaient deux grandes armées qui venaient se livrer bataille. Les tourbillons n'étaient pourtant causés que par deux grands troupeaux de moutons voyageurs qui, par hasard, passaient en même temps dans ce canton (1). Mais la poussière était si épaisse, et le vent la dirigeait sur nos aventuriers de telle manière que, véritablement, ils en étaient encore trop éloignés pour pouvoir reconnaître les troupeaux qu'elle enveloppait.

Don Quichotte, dont l'imagination se montait rapidement, à mesure que les tourbillons avançaient, assurait de si bonne foi qu'il voyait les drapeaux, les escadrons, les bataillons, qu'à la fin Sancho, croyant aussi fermement que son maître que c'étaient deux grandes armées que lui-même il allait bientôt voir aussi, lui dit : — Hé bien! monseigneur, et nous autres, que devons-nous faire dans tout ceci?

— Ce que nous devons faire! Sancho, répondit Don Quichotte avec feu. Il n'y a pas à balancer : prendre parti et combattre en faveur de celui qui a raison, fût-il le plus faible, contre celui qui a tort; et afin que tu puisses agir en connaissance de cause, je vais, mon enfant, t'expliquer en deux mots de quoi il s'agit.

— D'abord, la formidable armée que nous avons en face, c'est celle de l'empereur Alifanfaron, souverain de la grande île Trapobana, et autres adjacentes, et il la commande en personne. L'armée ennemie, celle que tu vois s'avancer sur notre gauche, est sous les ordres du roi des Garamantes, le brave Pentapolin au bras retroussé, ainsi surnommé parce qu'il ne livre jamais bataille que le bras nu jusqu'à l'épaule...

— Fort bien! interrompit Sancho; mais je ne comprends pas, et vous ne me dites pas pourquoi ces deux grands seigneurs-là veulent se battre : c'est pourtant le principal.

(1) Les moutons qui produisent les belles laines d'Espagne si justement renommées, voyagent presque continuellement en grands troupeaux, d'une province à l'autre.

— Pourquoi, mon enfant? Le voici, répondit Don Quichotte : cet Alifanfaron, prince fort arrogant, et de plus, païen, désire épouser la fille de Pentapolin, princesse, à mon avis, du plus grand mérite; mais, comme elle est chrétienne, le père la refuse à l'empereur païen, ou du moins il ne veut la lui accorder qu'à condition qu'avant tout il abjurera le faux prophète Mahomet, pour embrasser notre sainte religion; et Alifanfaron, doublement irrité de ce refus, s'est mis dans la tête d'armer tout son empire pour emporter, l'épée à la main, la princesse qu'on ne veut pas lui donner.

— Par ma barbe, interrompit Sancho, monseigneur Pentapolin en a agi en honnête homme; à sa place, j'en aurais fait tout autant. Oh! pour celui-là, oui, de bien bon cœur je l'aiderai de toutes mes forces.

— Et bien tu feras, mon enfant, reprit Don Quichotte. D'ailleurs, rien ne t'en empêche, parce que, pour se mêler de ces grandes batailles rangées, il n'est point du tout nécessaire d'être armé chevalier.

— Pardienne! dit Sancho, cela se rencontre à merveille. A présent, ce n'est plus que mon âne qui m'embarrasse : je voudrais le déposer quelque part où, du moins, je sois sûr de le retrouver après l'affaire : car, me fourrer dans une mêlée comme celle-ci, et y faire la besogne sur mon grison, je ne crois pas trop que cela puisse aller. Qu'en dites-vous, monseigneur?

— Que tu as raison, répondit Don Quichotte, mais que tu ne risques rien de laisser ton âne devenir ce qu'il voudra; parce que, qu'il se retrouve ou non, nous aurons, après la bataille, tant d'excellents chevaux à notre disposition, que, moi-même, je pourrai bien être tenté de laisser Rossinante pour un autre. En attendant le signal, si tu m'en crois, nous irons nous poster sur cette hauteur, d'où nous découvrirons mieux les deux armées; et là, je te ferai connaître les principaux chevaliers de l'une et de l'autre.

Nos deux aventuriers gagnèrent effectivement le sommet d'une petite éminence sur leur droite. De ce poste, ils auraient déjà pu reconnaître leur erreur, s'ils eussent été moins fortement prévenus. Mais Sancho, toujours fort affairé en faveur de Pentapolin, n'y voyait encore que des nuages de poussière : et Don Quichotte, toujours plus extravagant, croyait fermement voir, en réalité, tous les objets fantastiques que lui présentait son imagination délirante. — Ce chevalier, dit-il, le bras tendu et en montrant du bout de l'index le plus prochain tourbillon, que tu vois couvert d'armes dorées, c'est le valeureux Laourcarlos, seigneur du Pont d'Argent. Un peu plus loin, voilà le redoutable Micocolambos, grand duc de Quiroquie : je le reconnais à son armure parsemée de fleurs d'or, et aux trois couronnes d'argent, champ d'azur, qu'il porte sur son écu. Ce guerrier, ou plutôt ce géant, dont la contenance est si fière, c'est l'intrépide Brandabarbaran de Bolitchès, prince des trois Arabies, singulièrement remarquable en ce qu'il n'a pour armure que la peau d'un énorme serpent qu'il a vaincu en combat singulier, et en ce que cette porte que tu vois sur son écu, passe généralement pour être celle du temple que renversa le terrible Samson quand, comme tu sais, il se dévoua lui-même à la mort pour se procurer la satisfaction d'écraser ses ennemis.

Porte maintenant tes regards sur l'autre armée, continua Don Quichotte, tu verras d'abord, là, à peu près vers le centre de la ligne, le toujours invincible Timonel de Carcassonne, souverain de la Nouvelle Biscaye, avec ses armes des quatre couleurs, et son écu armorié d'un chat d'or, en champ fauve, surmonté de cette devise : *Miaou*, première partie du nom de son épouse, la princesse Miaoulina, fille unique du duc Alphégniquen d'Algarve. Ce robuste guerrier, qui fait plier les reins de cette haute et vigoureuse jument blanche; celui qui a ces armes unies, cet écu sans devise ni armoiries, c'est Pierre Papin, baron d'Utrique, chevalier français, nouvellement admis, mais d'une incomparable bravoure. Cet autre, que tu vois serrer les flancs de ce fougueux alezan qui semble, en marchant, s'indigner de toucher terre; ce chevalier dont les armes sont parsemées de petites cloches d'azur, et dont l'écu porte un champ semé d'asperges, avec cette devise : *Ainsi croît ma fortune*, c'est le formidable Espartafilando du Bosquet, duc de Nervie...

Don Quichotte nomma encore, et indiqua à Sancho une foule d'autres guerriers remarquables, en lui dépeignant leurs armes, leurs couleurs, leurs devises, avec autant d'aisance et de ponctualité que si, effectivement, il les eût passées en revue. Puis, sans discontinuer, il en vint aux diverses nations qu'il croyait distinguer et reconnaître dans les deux armées. — Ces nombreux escadrons, dit-il, ces épais bataillons, sont composés de l'élite des guerriers qui buvaient, naguère, les délicieuses eaux du Xante; des vaillants montagnards Massiliens; de la brave jeunesse qu'ont vu naître les rives dorées du Pactole, et les bords si justement célèbres du Thermodon. J'y vois aussi le Numide sans foi; le Perse aux flèches redoutables; le Parthe et le Mède, si terribles quand ils fuient; l'Arabe vagabond; l'impitoyable Scythe au teint de lis; le noir et farouche Éthiopien aux lèvres percées; j'y vois, enfin, un prodigieux nombre de guerriers d'autres nations, dont je reconnais les traits, sans me rappeler présentement leurs noms. De l'autre côté, Sancho, tout ce que notre Bétis, notre Tage, notre divin Xénil ont vu naître de braves depuis un demi-siècle, s'avance fièrement sous les drapeaux du grand Pentapolin. Avec eux marchent aussi les guerriers des fertiles plaines Tartésiennes; ceux qui, pour courir aux lauriers, ont quitté les délicieux vergers de Xérès, ou les riches campagnes de la Manche, l'indomptable milice des bords du tranquille Pisuerga; celle des nations fortunées qui couvrent de leurs troupeaux les immenses pâturages arrosés par la tortueuse Guadiana; celle de ces peuples bouillants dont le génie belliqueux semble s'enflammer encore sous les frimas des Pyrénées...

Don Quichotte allait infailliblement nommer et particulariser, toujours à sa manière, toutes les provinces de l'Europe, mentionnées dans la nombreuse bibliothèque chevaleresque qu'il avait dans la tête, quand enfin Sancho, qui jusque-là bouche béante, n'avait cessé de porter ses regards étonnés alternativement sur la main de son maître et sur les tourbillons, pour tâcher de découvrir les chevaliers, les géants, les escadrons et les bataillons, s'impatienta de n'y rien voir, et l'interrompit, après s'être frotté les yeux à diverses reprises. — Il faut, monseigneur, lui dit-il d'un ton dépité, que le diable, pour me faire pièce, emporte tous ces gens-là, à mesure que vous me les montrez; car je veux bien être débaptisé si j'en ai encore aperçu la queue d'un. Je parierais presque qu'il y a encore de l'enchantement ici, tout autant que dans le maudit cabaret où nous avons couché cette nuit.

— Comment! reprit Don Quichotte, tu ne vois rien! Mais, au moins, tu entends les cris menaçants des guerriers, le hennissement de leurs chevaux, le bruit des tambours, des timballes, des trompettes?

— Que jamais je ne sorte d'ici, répondit Sancho, si j'entends autre chose que des milliers de bêlements de brebis et de moutons!

Et Sancho disait vrai; car, en effet, les troupeaux n'étaient déjà plus qu'à peu de distance.

— La peur te trouble les sens, répliqua Don Quichotte. Mais, n'importe; si le courage t'abandonne, ne te contrains point, mets-toi en lieu de sûreté. Seul, je suffis; il suffit de mon bras pour assurer la victoire à qui je la destine.

Et, en même temps, il se couvre de son écu, baisse sa lance, pique des deux, part comme un éclair, et s'élance du haut de l'éminence vers le tourbillon le plus prochain.

Sancho, qui commençait alors à distinguer clairement et les bergers et les brebis, voyant décamper son maître, s'égosillait à lui crier : — Monseigneur, monseigneur Don Quichotte, revenez-vous-en. Sur mon Dieu, ce ne sont que de malheureux moutons que vous allez assommer, et il faudra les payer. Monseigneur! quelle folie! Hé! regardez donc qu'il n'y a ni géants, ni chevaliers, ni asperges, ni chats, ni écus, ni cloches, ni Miaou... Il ne m'entend pas; c'est le diable qui le pousse! misérable que je suis! pourquoi m'ont-ils mis au monde! J'enrage.

Cependant Don Quichotte, ou n'entendant plus Sancho, ou ne daignant pas l'écouter, n'en pressait pas moins Rossinante, en criant de son côté : — Allons, mes amis, allons, braves chevaliers, qui combattez sous les drapeaux du vaillant Pentapolin au bras retroussé, prenez courage; suivez-moi tous, et bientôt vous verrez à mes pieds, sur la poussière, l'arrogant Alifanfaron de la Trapobana.

Enfin, il arrive et se précipite au milieu de l'escadron bêlant, attaque, perce, culbute et foule aux pieds tout ce qui se trouve sur son passage.

Les cinq ou six bergers qui conduisaient le troupeau s'étaient d'abord bornés à crier de loin à l'assaillant de laisser leurs bêtes en paix; mais voyant qu'il n'en tenait compte, ils déployèrent promptement leurs frondes, et commencèrent tous ensemble à lui envoyer coup sur coup, en toute diligence, des petites pierres de la grosseur à peu près du poing. Don Quichotte entendit très bien les pierres siffler aux environs de ses oreilles. Mais, loin de s'en inquiéter, il n'en devenait que plus furieux contre l'empereur ennemi.

qu'il cherchait de tous côtés, pour le défier et le combattre.

— Parais donc, superbe Alifanfaron, s'écriait-il d'une voix foudroyante; c'est avec moi, prince déloyal, qu'il faut en découdre aujourd'hui.

Enfin, un caillou de gros calibre l'atteignit si rudement sur les côtes, qu'il se crut mourant, ou au moins très-dangereusement blessé; mais se rappelant alors qu'il avait son baume miraculeux suspendu à l'arçon de sa selle, il reprit courage, détacha promptement l'huilière, et se mit à boire à longs traits. Malheureusement on ne lui donna pas le temps d'avaler la dose qu'il se jugeait nécessaire; pendant qu'il buvait, une seconde amande, aussi dure, aussi grosse, aussi impétueusement lancée que la première, arriva si juste sur la main dont il tenait le baume, qu'elle lui écrasa deux doigts, et mit sa bouteille en pièces, avant de parvenir jusqu'à sa mâchoire, où elle finit par fracasser toutes les dents sur lesquelles elle porta. Ce second coup acheva la défaite de l'intrépide chevalier : ses mains engourdies lâchèrent machinalement et la bride et les armes; ses sens se troublèrent, et il tomba sur la poussière, sinon sans connaissance, du moins si étourdi, si brisé, en si mauvais état, que les bergers qui accoururent sur lui, le croyant mort ou agonisant, ne pensèrent qu'à réunir promptement leur troupeau, et à continuer bien vite leur marche, après avoir chargé sur leurs mules sept ou huit brebis ou agneaux qui avaient péri sur le champ de bataille, sous les coups de notre héros.

Sancho, pendant que tout cela se passait, avait tout vu de dessus son éminence, où il se désespérait et s'arrachait la barbe à pleines mains, en maudissant et remaudissant cent mille fois le moment où il avait eu le malheur de s'attacher à un visionnaire si entêté. Quand il le vit à bas, et surtout que les tourbillons, les bergers et les moutons l'avaient laissé loin derrière eux, il talonna son âne, et s'en

vint à son maître; il le trouva tout ensanglanté et san.
mouvement, ouvrant cependant, et roulant de gros yeux,
qui lui firent juger qu'il n'était point mort. — Eh! monseigneur Don Quichotte, lui dit-il en mettant pied à terre,
comme vous voilà! je me tuais pourtant de vous crier que
c'était un troupeau de moutons; comment cela ne vous
faisait-il pas revenir?

— C'est véritablement une chose inconcevable, répondit
Don Quichotte, que la facilité avec laquelle ce larron d'enchanteur qui me persécute, métamorphose tout à sa fantaisie! Le traître! il a frémi de la gloire immortelle que
j'allais acquérir dans cette fameuse bataille; et ne pouvant
se flatter de m'empêcher de vaincre, il a dérobé l'armée ennemie à mes coups, en la transformant subitement en un vil
troupeau, qu'il savait bien que je ne daignerais pas frapper.
Et si tu veux t'en convaincre toi-même par tes yeux, mon
enfant, remonte sur ton âne, fais semblant de rien, suis le
prétendu bétail, tu verras comme, à quelques centaines de
pas d'ici, les moutons seront bientôt redevenus autant de
guerriers et de chevaliers, tels que je les ai vus et te les ai
montrés d'abord. Va, Sancho, je ne serai d'ailleurs pas fâché
que tu t'assures une bonne fois qu'en pareilles conjectures
je ne me trompe jamais... Mais non, ne va pas encore; en
ce moment, j'ai besoin de tes services ici; examine, je te
prie, le dedans de ma bouche, et me dis combien j'ai perdu
de dents dans ce terrible combat; je sens avec inquiétude
que je n'en sens presque plus une seule de celles que j'avais.

Sancho, sur-le-champ, se mit les yeux presque jusque
dans la bouche du blessé. Mais le hasard voulut qu'en cet
instant, précisément, la potion que Don Quichotte avait
avalée sur le champ de bataille fît subitement dans son estomac son effet ordinaire, et qu'il en résultât une soudaine
explosion de tout ce qui s'y trouvait alors, laquelle lancée
avec tant d'impétuosité que si elle fût sortie de la bouche

d'un canon, alla porter en entier si violemment contre la figure du serviable écuyer, qu'il faillit être renversé rien que du choc. — Sainte mère de Dieu, s'écria-t-il, qu'est-ce donc que tout ceci? Du sang! je crois. Ah! mon pauvre maître! Il est blessé à mort! Sainte Vierge, prenez pitié de son âme, pardonnez-lui ses péchés!

Cependant une forte émanation vineuse et romarinée qui lui sauta bientôt à l'odorat, ayant attiré son attention un peu plus particulièrement sur la qualité des matières évacuées, il reconnut que la base de tout était le baume ci-devant contenu dans l'huilière; et comme depuis la malheureuse épreuve qu'il en avait faite il l'avait pris en dégoût décidé, il n'en fallut pas davantage pour opérer sur ses viscères digestifs le même effet qu'aurait pu y faire le breuvage lui-même. A peine il eut bien reconnu que c'en était, que sans avoir seulement le loisir de détourner la tête, il riposta sur la figure de son maître ce que son maître venait de faire sur la sienne; en sorte qu'ils se trouvèrent tous les deux dans une de ces situations dont même le tableau le plus fidèlement rendu ne serait pas supportable.

Un peu revenu à lui, le pauvre Sancho se releva et courut à son âne pour prendre quelques linges, dont, en ce moment, son maître et lui avaient un extrême besoin. Ce ne fut qu'alors enfin qu'il s'aperçut de l'absence du bissac; cette désolante découverte faillit lui faire perdre la raison, et il recommença à se maudire de plus belle; il prit même très-décidément le parti de s'en retourner au pays, et de planter là son maître, au risque de perdre le salaire déjà acquis de ses services passés, y compris ses prétentions au gouvernement d'île qui lui était promis.

Don Quichotte cependant ne le voyant point revenir, s'impatienta et se leva comme il put, en contenant de sa main gauche le reste de ses dents, qui lui semblaient prêtes à tomber au moindre ébranlement; de la droite, il prit la bride de Rossinante qui, en fidèle et docile serviteur, attendait patiemment les ordres de son maître, à la place même où il s'en était séparé, et il s'achemina vers Sancho, fort étonné de l'avoir inutilement appelé plusieurs fois. Il le trouva la poitrine et les coudes appuyés sur le bât de son âne, les deux joues dans les deux mains, les yeux mornes et fixes, dans l'attitude d'un homme pénétré de douleur. Don Quichotte, touché de sa tristesse, s'empressa de le consoler. — Allons, mon cher Sancho, lui dit-il en l'abordant, fais attention qu'un homme ne vaut mieux qu'un autre qu'autant qu'il a plus de force, de courage et de constance. D'un autre côté, ces bourrasques multipliées dont en effet nous sommes si tourmentés, ne peuvent être dans le fond que les annonces du beau temps dont nous devons incessamment jouir; car ni le bien ni le mal n'étant durables en ce monde, et nos affaires depuis fort longtemps déjà étant réellement très-mauvaises, il est de toute évidence qu'elles ne peuvent tarder à devenir très-bonnes; et puis, pourquoi t'affliger à ce point des événements fâcheux qui me surviennent, quand surtout il n'en retombe rien sur toi?

— Rien sur moi! reprit vivement Sancho; apparemment donc que celui que ce matin on a si diaboliquement fait sauter sur la couverture était un autre que le fils unique de mon père? Non, il n'en retombe rien sur moi! Par exemple, encore, le bissac qu'on m'a escamoté avec toutes mes nippes et effets qui étaient dedans, n'était pas à moi, peut-être?

— Le bissac, interrompit Don Quichotte, comment? On t'a pris le bissac?

— Pris ou non pris, répondit Sancho, toujours est-il que je ne le retrouve plus, et que je ne sais où il est.

— En ce cas, répondit Don Quichotte, nous n'avons donc rien à manger aujourd'hui?

— Rien du tout, répondit Sancho; à moins que nous ne

trouvions de ces herbes que vous dites que vous connaissez dans les champs, faites tout exprès pour les misérables chevaliers errants comme nous, qui n'ont rien à se mettre sous la dent.

— Je t'avoue cependant, répliqua Don Quichotte, qu'en ce moment je préférerais de grand cœur une bonne réorte de pain bis, avec deux couples de harengs sorets, à toutes les herbes décrites par Dioscoride et ses commentateurs. Quoi qu'il en soit, mon pauvre Sancho, reprends courage, remonte sur ton âne, et partons. Allons avec confiance sous la garde de Dieu; songe qu'il suffit d'être l'ouvrage de ses mains, pour être assuré de sa protection paternelle. Mon enfant, celui qui veille incessamment sur toute la nature, celui qui pourvoit aux besoins continuels du plus chétif atome qui respire dans l'immensité des airs, dans les entrailles de la terre, ou au fond des gouffres humides de l'Océan : le Dieu clément, qui daigne échauffer de son soleil l'injuste comme le juste, et répandre sa rosée bienfaisante sur les méchants aussi bien que sur les bons, ne nous abandonnerait pas, quand, d'ailleurs, ce ne serait pas pour le servir que nous nous sommes dévoués à tant de pénibles travaux.

— Je crois, Dieu me pardonne, monseigneur, interrompit Sancho, que vous feriez le métier de prédicateur au moins aussi bien que celui de chevalier errant.

— Les chevaliers errants, mon enfant, reprit Don Quichotte, doivent savoir de tout, non pas un peu, mais beaucoup. Ceux d'autrefois étaient tellement habiles en tout genre, qu'on en a vu, sur le champ de bataille, débiter des sermons ou soutenir des controverses aussi bien que s'ils eussent été gradués à l'université de Paris; ce qui prouve, incontestablement, que jamais l'épée et la plume, ou la plume et l'épée, n'ont été incompatibles, comme l'ont avancé certains ignorants ou certains pédants.

— A la bonne heure, monseigneur, reprit Sancho; moi,

là-dessus je m'en rapporte bien à vous; mais pensons toujours à décamper d'ici, et à tâcher de nous loger quelque part pour cette nuit. Dieu veuille, surtout, qu'il ne s'y trouve ni couvertures, ni berneurs, ni fantômes, ni enchanteurs maures; autrement, je vous le dis tout net, serviteur à la chevalerie errante : j'en donne ma part à tous les lutins de l'enfer.

— Recommande-toi à Dieu, mon enfant, je ne puis trop te le répéter. Du reste, conduis-moi toi-même où tu voudras; je veux, aujourd'hui, te laisser le choix de notre marche, et le soin de nous loger. Seulement, avant de partir, viens, je te prie, voir et tâter définitivement combien il me manque de dents sur la droite; j'y sens une cruelle douleur, et presque rien de plus.

Sancho, après avoir soigneusement examiné les deux mâchoires de son maître, lui demanda combien, ci-devant, il avait de dents en haut sur la droite?

— Quatre, répondit Don Quichotte, sans compter l'œillère, toutes entières et bien conditionnées.

— Prenez garde, monseigneur, reprit Sancho; ne vous trompez-vous pas?

— Quatre, te dis-je, si même il n'y en avait cinq, répliqua Don Quichotte, car de ma vie je ne m'en suis fait tirer; il ne m'en est point tombé, et je n'ai jamais eu ni fluxion ni carie; en bas, aussi, je les avais toutes.

— Eh bien! reprit Sancho, de ce côté, en bas, deux dents entières, et un chicot; en haut, pas plus de dents ni de chicots que sur mon nez; voilà juste votre compte, à l'heure qu'il est.

— Malheureux que je suis, s'écria Don Quichotte à cette fâcheuse nouvelle; j'aimerais, en vérité, mieux qu'on m'eût abattu un bras, pourvu que ce ne fût pas celui dont je tiens la lance ou l'épée; car, Sancho, une bouche sans dents n'est qu'un moulin sans meule; et le plus riche diamant, à mon avis, ne vaut pas une bonne dent. Mais, enfin, telle est notre destinée ; tels sont les accidents auxquels nous sommes exposés dans notre glorieuse profession. Allons, mon enfant, partons, je te suivrai au train qui te conviendra.

Don Quichotte, enfin, remonta sur Rossinante, Sancho sur son âne, et l'écuyer en avant ils vinrent reprendre le grand chemin. Comme ils ne pouvaient aller qu'au très-petit pas, parce que les douleurs de notre chevalier ne lui permettaient pas encore de grands mouvements, le bon écuyer, tant pour le distraire de son mal que pour charmer l'ennui d'une si lente allure, imagina de le faire un peu jaser en jasant beaucoup lui-même ; et, entre une infinité de choses, il lui dit ce qu'on va voir, si l'on veut, dans le chapitre suivant.

XV. — Conversation. — Rencontre d'un corps mort, et autres événements.

— Moi, mon bon maître, dit Sancho, j'ai dans l'âme que cette fourmilière de disgrâces et de désastres qui nous ont tant assassinés depuis quelque temps, est tout uniment le châtiment de l'entorse que votre seigneurie a donnée aux ordonnances de la chevalerie errante, en n'accomplissant point le serment qu'elle avait juré, de ne pas manger pain sur nappe ; de ne pas coucher à couvert ; en un mot, de ne pas faire tout ce que ne faisait pas le vieux marquis que vous savez, jusqu'à ce que vous eussiez enlevé de force l'armet de ce je ne sais qui ; de Malandrin, je crois... n'importe ; enfin, de ce Maure dont j'ai oublié le nom.

— Mambrin, Mambrin, reprit Don Quichotte. Ah ! mon enfant, tu as raison ; ce que tu me dis là est un trait de lumière pour moi ; véritablement ce serment m'était sorti de la mémoire. Il est plus que probable aussi que ta désagréable aventure de la couverture ne t'est survenue qu'en punition de ce que tu n'as pas pensé plus tôt à me rappeler des engagements aussi sacrés. Mais il vaut mieux tard que jamais; je réparerai notre faute; heureusement, il y a moyen d'accommodement pour tout dans notre ordre.

— Comment donc! répliqua Sancho, notre faute! est-ce que, par hasard, j'aurais juré aussi, moi?

— Juré ou non, mon enfant, répondit Don Quichotte, en ta qualité de mon écuyer il suffit peut-être que tu aies eu connaissance du serment, et que tu aies négligé de me le rappeler, pour être, en quelque sorte, complice de mon péché, ainsi, le plus sûr est de te comprendre aussi dans l'accommodement.

— En ce cas-là, monseigneur, reprit vivement Sancho, n'allez pas oublier de m'y mettre; qu'au moins il ne reprenne pas fantaisie à ces vilains fantômes de se récréer une autre fois à mes dépens; d'ailleurs, puisqu'à présent vous voilà averti, ils s'aviseraient peut-être aussi de vous berner vous-même, si vous ne vous corrigiez pas.

Le jour baissa pendant que nos aventuriers causaient, et enfin la nuit les surprit n'ayant pu découvrir aucune habitation. D'un autre côté, la faim les tracassait vivement, et nul moyen de l'apaiser, depuis qu'avec le bissac on avait escamoté et le garde-manger et les vivres; par-dessus le marché, cette nuit se trouva une des plus noires possibles. Néanmoins, Sancho prenait courage, persuadé que, puisqu'ils étaient sur un grand chemin, ce ne pouvait être que l'affaire d'une heure ou deux, tout au plus, pour trouver une hôtellerie quelconque.

Pendant que l'écuyer mourant de faim, et le chevalier avec une très-cuisante envie de manger, perçaient au petit pas les ténèbres, soutenus tous les deux seulement par l'espérance, ils découvrirent sur le chemin, devant eux, une troupe de lumières qui paraissaient autant d'étoiles ambulantes. Sancho, d'abord pensa s'évanouir de peur; Don Quichotte lui-même se troubla à un certain point, et ils s'arrêtèrent pour examiner plus attentivement ce que ce pouvait être. Reconnaissant bientôt que les lumières avançaient, et qu'elles grossissaient à mesure qu'elles approchaient, les cheveux du pauvre Sancho se dressèrent sur sa tête, et notre héros, pour la première fois de sa vie, sentit un petit frémissement à la racine des siens; mais rappelant sur-le-champ ses esprits, il dit à Sancho d'un ton assez ferme : — Dans le vrai, mon ami, je crois fort que nous touchons à une aventure si périlleuse, que j'aurai besoin de toute ma valeur et de tout mon courage.

— Ah! malheureux pécheur que je suis, s'écria Sancho à demi-voix; si celle-ci est encore une aventure de fantômes, comme elle en a tout l'air, où prendre des os et des côtes pour y suffire!

— Fantômes ou non, reprit Don Quichotte déjà totalement rassuré, je les verrai au plus près, et je ne souffrirai pas qu'ils te touchent seulement du bout du doigt. Si ceux de ce matin t'en ont pu faire d'aussi insolentes, c'est qu'il y avait entre eux et moi une muraille insurmontable; mais ici, en rase campagne, où rien ne m'empêche de les joindre l'épée à la main, je te réponds de toi corps pour corps.

— Ah! monseigneur, reprit Sancho, est-ce qu'ils ne peuvent pas vous enchanter et vous engourdir en rase campagne, tout comme derrière une muraille?

— Ne t'inquiète point, Sancho, répondit Don Quichotte; fais, au contraire, de ton mieux pour prendre un peu de courage; tu verras bientôt quel est le mien.

— Allons, monseigneur, puisqu'il le faut, j'en prendrai autant qu'il plaira à Dieu de m'en donner, dit l'écuyer, toujours demi-mort de frayeur, en suivant son maître, qui, du milieu du chemin, passa dans le champ voisin pour tâcher de reconnaître en flanc ce que c'était que cette infernale légion de lumières.

Ils ne tardèrent pas à distinguer clairement environ vingt

personnages en longues robes blanches comme neige, et
tous à cheval, chacun avec une grosse torche allumée à la
main. Ils précédaient une litière drapée, soutenue par huit
ou dix autres cavaliers en longs manteaux noirs, et dont les
montures étaient entièrement cachées sous d'amples capa-
raçons noirs aussi, qui descendaient jusqu'à terre. Sans le
frisson universel dont, à cette vue, le pauvre Sancho se
sentit violemment secoué, et sans le bruit que ses deux
mâchoires commencèrent à faire, en battant précipitamment
l'une contre l'autre, il se serait cru tout-à-fait mort. Cependant sa frayeur redoubla encore quand, l'instant d'après,
une espèce de bourdonnement lugubre et plaintif vint frapper ses oreilles. Il faut convenir aussi qu'à pareille heure,
dans pareil lieu, une pareille rencontre était véritablement
effrayante, et que bien d'autres braves en auraient, comme
Sancho, perdu la tramontane.

Pour notre héros, il n'eut besoin que de quelques instants
pour surmonter, non pas la peur, mais l'émotion extraordinaire dont il se sentait agité. Persuadé, à la fin, qu'il s'agissait d'une aventure plus forte encore qu'aucune de celles
des chevaliers errants, ses prédécesseurs, la noble ambition
de les surpasser tous et son intrépidité naturelle l'emportèrent. Il combina que la litière était nécessairement occupée
par quelque malheureuse victime qui réclamait secours ou
vengeance, et sans calculer ni le danger ni les difficultés,
il revint fièrement se mettre en bataille au milieu du chemin, résolu d'affronter, s'il le fallait, l'enfer tout entier. —
Qui que vous soyez, s'écria-t-il d'un ton assuré et menaçant,
sitôt qu'il se crut à la portée de la voix, chevaliers ou autres, je vous somme d'arrêter à l'instant même ; de me déclarer qui vous êtes, d'où vous venez, où vous allez, et qui
vous conduisez dans cette litière. Autant que je puis en
juger, vous avez commis ou éprouvé quelque horrible
violence criminelle, et je dois en être instruit sur-le-champ,

pour vous punir comme vous le méritez si vous êtes les coupables, ou pour vous venger si vous êtes les opprimés.

La troupe, sans égard pour la sommation, continua de marcher, quoiqu'un peu plus doucement, pendant qu'un des vêtus de blanc répondait pour tous que l'hôtellerie était encore loin, et qu'ils étaient plus pressés d'y arriver que de rendre compte de leurs affaires à qui n'avait rien à y voir. Cette réponse maussade choqua si vivement Don Quichotte, que s'avançant lui-même sur celui qui avait répondu, il lui barra le chemin, sans cependant le frapper, en lui criant d'une voix de tonnerre : — Qu'on arrête sur-le-champ, vous dis-je, mal-appris que vous êtes, et qu'on me rende le compte que je demande, sinon vite tous en bataille!

Malheureusement pour le mal-appris, sa mule, car c'en était une, et non pas un cheval, était fort ombrageuse; effrayée de la soudaine apparition de Don Quichotte, elle se dressa sur ses jambes de derrière avec tant d'abandon et de vivacité, qu'elle en perdit l'équilibre, et se renversa pardessus son cavalier.

Un cri général qui alors s'éleva contre notre chevalier, et à travers lequel il crut démêler quelques injures piquantes, achevèrent de le mettre en fureur, si bien que, ne se possédant plus, il fondit sur le plus proche des vêtus de noir, et le renversa d'un grand coup de lance sur les épaules. Passant de là au voisin, et ensuite au suivant avec une merveilleuse impétuosité, en moins d'une minute de temps toute la troupe fut culbutée ou mise en fuite, grâce à la légèreté de Rossinante, qui fit en cette mémorable rencontre des prodiges de force, d'adresse et de docilité. D'ailleurs, il faut le dire, tous ces pauvres gens n'étaient rien moins que braves de leur métier; de plus, ils étaient sans armes, et embarrassés dans leurs longs manteaux, de manière à ne pouvoir se défendre contre une attaque si vive et si imprévue; persuadés en outre, tous, que c'était le grand diable d'enfer qui venait en personne leur disputer le corps mort qu'ils escortaient, bien loin de songer à faire résistance ils abandonnèrent promptement la litière pour se sauver; de sorte que le foudroyant Manchois, secondé par toutes ces heureuses circonstances, resta bientôt maître du champ de bataille, sans savoir où frapper, et n'apercevant plus que des lumières en fuite et dispersées de tous côtés.

Pendant que tout cela se passait, Sancho n'avait pas perdu de vue son maître, et il reprenait courage à mesure qu'il voyait déguerpir les fantômes. — Pour cette fois, se disait-il, il n'y a pas moyen d'en douter, monseigneur Don Quichotte est, pour le moins, aussi vaillant qu'il s'en vante. Quel bras! quel fameux chevalier!

Et tout en faisant ces réflexions, il s'approcha au petit pas, sitôt qu'il vit les lumières décidément en déroute.

Il n'en restait plus qu'une seule allumée sur le champ de bataille : c'était celle du malheureux renversé d'abord sous sa mule, où il gisait encore. Don Quichotte ne trouvant plus personne à pourchasser, revint à cette lumière, et il aperçut l'homme vêtu de blanc, à demi engagé sous sa monture. Il lui porta la pointe de sa lance entre les deux yeux, en lui signifiant qu'il était mort s'il ne se rendait.

— Eh! monsieur, répondit le patient, ne suis-je pas rendu autant qu'il soit possible de l'être? Je ne puis me remuer, et je crois avoir au moins une jambe cassée. Monsieur, continua-t-il, si vous n'êtes point un démon, si vous êtes chrétien, au nom de Dieu, ne me tuez point; outre que vous n'y gagneriez rien, vous commettriez un sacrilége; car, monsieur, puisqu'il faut vous le dire, je suis licencié et engagé dans les ordres sacrés.

— Eh! quel béélzebuth vous a donc amené ici, interrompit Don Quichotte, si vous êtes homme d'église?

— Qui? répondit l'ecclésiastique; eh! mon malheur, sans doute.

— Vous n'êtes point encore au bout, reprit Don Quichotte toujours menaçant, si, sur-le-champ, vous ne répondez littéralement et sans détour à ce que je vous ai d'abord demandé.

— Ah! monsieur, répondit le patient, bien vite je vais vous satisfaire; je m'appelle Alonzo Lopès, et je suis d'Alcovendas. A vous dire l'exacte vérité, puisque vous le voulez, je ne suis encore que bachelier, mais je serai bientôt prêtre, si Dieu n'en ordonne autrement; et vous me pardonnerez, j'espère, de m'être d'abord dit engagé dans les ordres sacrés, dans la vue d'arrêter les premiers mouvements de votre colère. Je viens de Baèsa, avec tous ces autres ecclésiastiques qui ont le bonheur de pouvoir se sauver; nous escortions le corps d'un gentilhomme, mort dans notre ville, et qui, mourant, a ordonné qu'on le transportât à Ségovie, sa patrie, pour y être enterré dans le tombeau de sa famille.

— Et, s'il vous plaît, monsieur, interrompit vivement Don Quichotte, qui l'a tué, ce gentilhomme?

— Une fièvre maligne, monsieur, que Dieu lui a envoyée, répondit le bachelier.

— En ce cas, reprit Don Quichotte un peu dérouté, je suis dispensé de l'obligation de venger sa mort, comme j'aurais dû le faire, et comme très-certainement je l'aurais fait, si tout autre l'eût tué; mais, puisque c'est Dieu, je n'ai pas le mot à dire, pas plus que si c'était à moi-même qu'il eût envoyé cette fièvre maligne. Au reste, monsieur le bachelier, ma conduite ne vous étonnera pas, quand vous saurez que je me nomme Don Quichotte de la Manche; que je suis chevalier errant; que mon devoir et mon métier sont de courir perpétuellement le monde, pour redresser tous les torts généralement quelconques, qui parviennent à ma connaissance.

— Redresser les torts! interrompit le patient. un peu rassuré; cependant, monsieur, une jambe que j'avais bien droite, vous me l'avez cassée de manière que, peut-être, elle ne se redressera jamais.

— Les choses, en ce monde, ne vont pas toujours comme elles devraient aller, répondit Don Quichotte; observez, d'ailleurs, que dans cette aventure-ci, il y a beaucoup de votre faute, et point du tout de la mienne; car, convenez, monsieur le bachelier Alonzo Lopès, qu'en troupe, pendant la nuit, dans un lieu comme celui-ci, avec vos longs manteaux noirs, vos grandes robes blanchâtres, vos torches allumées, une litière où j'étais certain qu'il y avait un mort ou un mourant, et votre bourdonnement sépulcral, je ne pouvais vous prendre que pour une escouade de démons envoyés d'en-bas pour quelque œuvre infernale : or, en pareil cas, vous sentez vous-même que quand j'aurais vu Satan à votre tête, ma profession me faisait une loi de vous traiter sans miséricorde. Je ferais assurément encore ce que j'ai fait, si la même occasion se présentait encore.

— Enfin, monsieur le chevalier errant, puisque mon malheur a voulu que je me trouvasse sur votre chemin, il faut bien en passer par-là, et prendre patience; mais au moins, à présent que vous êtes au fait, je vous en supplie, aidez-moi à me retirer de dessous cette mule qui m'écrase, et à débarrasser tout doucement ma jambe cassée, que je crois engagée dans l'étrier.

— Pourquoi donc ne me le disiez-vous pas plus tôt? reprit vivement Don Quichotte avec émotion; oui, Monsieur, mon écuyer va vous secourir.

Et aussitôt il appela Sancho Pansa, qui répondit qu'il ne pouvait pas être partout, et qu'il allait venir. Il se fit cependant attendre assez longtemps, parce qu'en ce moment, précisément, il était fort occupé à dégager un mulet chargé de vivres, dont les voyageurs prévoyants avaient eu soin de se faire accompagner.

Sancho, malgré les ténèbres, avait habilement déniché ce précieux magasin, en arrivant sur le champ de bataille, et n'avait rien eu de plus pressé que de s'en emparer, ou du moins d'en prendre tout ce qu'il lui fut possible d'en prélever; car, comme il n'avait ni sac ni bissac, il fallut s'en tenir à ce qu'il put faire entrer dans toutes ses poches et dans sa casaque, dont il fit fort industrieusement une espèce de valise, qu'il chargea sur les reins du grison, après l'avoir abondamment farcie. Ce ne fut qu'après cette intéressante opération qu'enfin Sancho vint débarrasser le pauvre patient, qui se trouva heureusement moins maltraité qu'il ne le croyait; il l'aida à remonter sur sa mule, et lui remit sa torche entre les mains.

— Vous êtes le maître, monsieur le bachelier, dit alors Don Quichotte avec beaucoup de civilité, de rejoindre messieurs vos confrères et de leur déclarer qu'ils peuvent, en toute sûreté, venir reprendre leurs fonctions; je vous prie même de leur faire mes excuses de ce qui s'est passé; assurez-les que j'étais loin de soupçonner qu'ils fussent en effet gens d'église. Ils seront, j'espère, assez équitables pour convenir que dans l'opinion où j'étais sur leur compte, et étant ce que je suis, je ne pouvais ni ne devais me dispenser de les charger à outrance.

— Et si ces messieurs, continua Sancho en reprenant gaîment la parole, sont curieux de savoir le nom du courtois chevalier qui les traite avec tant de politesse, vous leur direz que c'est le fameux Don Quichotte de la Manche, autrement dit le Chevalier de la triste figure.

Là-dessus le bachelier prit son parti, et courut à ses confrères, qui, à la faveur de leurs torches, commençaient à se réunir à quelques centaines de pas du champ de bataille. Don Quichotte, singulièrement frappé du surnom de *Chevalier de la triste figure*, qu'il venait d'entendre sortir pour la la première fois de la bouche de Sancho, lui demanda où, quand et comment il l'avait trouvé.

— Dans ma tête, monseigneur, répondit Sancho, et pendant qu'à la lueur de la torche qu'emporte ce pauvre écloppé je m'amusais à vous considérer. Je ne sais si cela venait de la fatigue de cette terrible bataille, ou de la perte de vos dents qui vous aurait aplati les deux joues; mais, sur mon Dieu, je n'ai de ma vie envisagé une si pitoyable mine que celle que vous aviez.

— Tu n'y es pas, mon enfant, reprit Don Quichotte; tu ne pénètres pas, comme moi, le fond de la chose : sois persuadé que cette heureuse idée ne t'est point venue à propos de botte, et que le sage enchanteur invisible qui me suit, pour écrire mon histoire, a eu ses raisons pour m'avertir ici, par ta voix, qu'il était temps que je prisse un nouveau nom, à l'imitation des anciens chevaliers errants les plus fameux, qui tous en ont changé à certaine époque de leur glorieuse carrière; tels que le chevalier de l'Ardente épée, celui de la Licorne, celui du Phénix, celui du Griffon, celui de la Mort, et tant d'autres encore qui, d'abord, connus seulement sous leurs noms naturels, ont ensuite pris ceux-ci comme plus brillants, plus singuliers, plus significatifs, mieux tournés, en un mot, pour voler plus rapidement d'un bout de l'univers à l'autre, sitôt que par des prouesses convenables ils ont vu leur réputation solidement assurée. C'est très-évidemment pour me faire songer à en faire autant, et m'éviter l'embarras du choix, que mon enchanteur t'aura, sans que tu t'en aperçoives, inspiré le nom vraiment remarquable de Chevalier de la triste figure : je l'accepte avec autant de satisfaction que de reconnaissance, à commencer d'aujourd'hui, et, en conséquence, je prétends à la première occasion faire peindre sur mon écu la plus triste figure qu'il sera possible d'imaginer.

— Ce n'est pas la peine de perdre notre temps ni de dépenser votre argent à cette peinture, reprit Sancho; pour que chacun vous reconnaisse sous votre nouveau nom, ou pour que chacun devine votre nouveau nom, rien qu'en vous voyant, vous n'avez qu'à montrer votre figure, je vous proteste qu'elle en dira plus qu'il n'en faut : car, monseigneur, soit dit sans vous fâcher, je vous assure que nos longs jeûnes, nos fatigues et le désastre de vos mâchoires, vous ont fait une mine cent fois plus affligée et plus affligeante que ne pourrait la peindre le plus habile barbouilleur du pays.

Don Quichotte, loin de se fâcher de l'ingénuité de son écuyer, lui sourit amicalement, en lui faisant observer, néanmoins, que d'après les usages de la chevalerie errante, le nouvel écusson était absolument indispensable. — Mais, ajouta-t-il, ce n'est pas là ce qui m'occupe le plus en ce moment. Je t'avoue, cher Sancho, que je ne suis pas sans inquiétude sur ma dernière aventure. Je crains d'être excommunié, *ipso facto*, pour avoir porté la main sur ces ecclésiastiques ; *si quis suadente diabolo*, etc. Je suis cependant très-sûr de n'en avoir touché aucun de la main, mais seulement de la lance; outre que j'ignorais, de bonne foi, que j'eusse affaire à des prêtres. Je trouve, d'ailleurs, au fond de ma conscience, que je n'en honore pas moins sincèrement, que je n'en respecte pas moins, en véritable et bon catholique, tout ce qui tient à l'Eglise. Je croyais fermement que c'étaient autant de fantômes malfaisants, ou de spectres infernaux; et au bout du compte, quel autre franc chevalier errant, à ma place, n'eût pas fait ce que j'ai fait?

Notre héros se sentant la conscience en paix, après s'être ainsi raisonné, dit qu'il convenait d'attendre le jour, pour examiner le corps du gentilhomme resté dans la litière, et s'assurer qu'on n'en avait point imposé aux ecclésiastiques sur la cause de sa mort; mais Sancho, le prudent, le sage Sancho, lui fit observer que cela ne pouvait aboutir à rien, puisqu'il n'y avait pas moyen de ressusciter le mort.

— Monseigneur, ajouta-t-il, mon cher maître, je vous en prie, pensons au contraire à décamper vite d'ici. Voilà la première aventure que nous achevons sans qu'il nous en coûte la moindre chose; n'allons pas la gâter mal à propos. Les battus ne sont pas loin; vous voyez qu'ils se réunissent, et qu'ils sont au moins une trentaine. Quoique gens d'église, ils peuvent se raviser, quand ils sauront que ce n'est pourtant qu'un homme tout seul qui les a si bien saboulés, et revenir nous donner de la tablature, dont nous n'avons que faire. Croyez-moi, monseigneur, seulement pour cette fois; mon âne n'est pas mal pourvu; nous n'avons pas encore mangé d'aujourd'hui; nous n'avons qu'un pas d'ici aux montagnes de notre droite; et si une fois nous y étions, il faudrait être bien fin pour nous y dénicher. Ainsi, retirons-nous-y sans tambour ni trompette; et, comme disait l'autre : que le mort s'en aille en terre, et le vivant à la miche.

Tout en pérorant ainsi, Sancho prit son âne par le licou, et se mit en marche. Don Quichotte, convaincu dans le fond par les raisons de Sancho, ne voulut pas se faire presser davantage. Ils partirent et enfilèrent en silence une gorge étroite qui, après environ demi-heure de chemin, les conduisit dans un vallon un peu plus large, au milieu d'une prairie touffue, où Sancho s'arrêta et engagea son maître à mettre pied à terre. Ce fut là, enfin, que paisiblement assis sur l'herbe, quoique toujours sans y voir, ils déjeunèrent, dînèrent, goûtèrent, soupèrent et réveillonnèrent, aux dépens des bons ecclésiastiques, qui ne croyant pas approvisionner pour d'autres, avaient soigné le choix de leurs denrées comme pour eux-mêmes. Et attendu que l'intelligent écuyer, malgré l'obscurité, n'avait pas emballé les plus mauvais morceaux, ils auraient réellement fait un excellent repas complet, sans la soif, qui ne tarda pas à les tourmenter cruellement, car ils n'avaient ni vin ni eau ; Sancho surtout en souffrait tant, qu'à la fin le besoin lui suggéra une idée très-juste qu'il communiqua à son maître, comme on le verra dans le chapitre suivant.

XVI. — Comment l'intrépide Don Quichotte de la Manche se tire heureusement de la plus épouvantable aventure qui soit jamais arrivée à aucun chevalier errant.

— Cette herbe, sûrement, ne serait pas si fraîche et si drue, dit Sancho, s'il n'y avait aux environs un ruisseau ou une fontaine qui arrose la prairie ; ainsi je crois qu'en cherchant un peu plus haut, nous ne pourrions pas manquer de trouver de l'eau, au moins ce qu'il nous en faut pour apaiser cette soif horrible, dix fois plus tourmentante que la faim, et qui, par-dessus le marché, nous empêche de manger à notre appétit.

Don Quichotte se trouvant aussi fort altéré, l'avis lui parut si judicieux que, sans répliquer, il se leva et prit Rossinante par la bride, pour se mettre en quête sur-le-champ. De son côté, Sancho rechargea bien vite sur son âne tous les débris du souper ; et, tous les deux de front, ils dirigèrent leur marche vers le plus élevé de la prairie, en tâtonnant fréquemment le terrain du pied et de la main, parce qu'à raison de la profonde obscurité de cette nuit ils n'avaient absolument que ce moyen de découvrir ce qu'ils cherchaient.

Ils n'avaient pas encore fait cent pas quand, à leur grande satisfaction, ils crurent entendre la chute d'un torrent qui semblait se précipiter en cascade, du haut d'une montagne hérissée de rochers. Ils tournèrent aussitôt du côté d'où ils jugèrent que venait le bruit. Mais au bout de quelques pas encore, leur joie fut cruellement troublée, celle de Sancho surtout, qui alors n'était pas dans un de ses mouvements d'intrépidité. Le bruit si encourageant de la cascade leur parut très-distinctement combiné avec un autre bruit qui glaça d'effroi le pauvre écuyer, et bien capable en effet d'intimider tout autre que notre héros. C'étaient de grands coups résonnant sourdement sur le fer qui se répétaient précipitamment à des intervalles égaux, et dont la commotion se communiquant jusque sous les pieds de nos aventuriers, leur semblait ébranler la nature entière. Ils avancèrent néanmoins encore quelques pas; mais, pour comble de malheur, ils entrèrent sous de grands arbres touffus, dont les branches et les feuilles, fortement agitées par le vent, se choquaient et se froissaient avec un fracas si étourdissant, qu'il ne leur parut pas naturel de ne l'attribuer qu'à des causes ordinaires. En sorte que ce nouveau bruit, joint à celui de la cascade, devenu plus pénétrant depuis qu'ils s'en trouvaient plus près, à celui surtout de ces grands coups monotones qui faisaient toujours frissonner et retentir la surface de la terre, complétait un tintamarre d'autant plus effrayant pour nos aventuriers, qu'ils ne savaient absolument où ils étaient, que la nuit était extraordinairement noire, le ciel nébuleux, l'atmosphère orageux, et que de plusieurs heures ils ne pouvaient s'attendre à voir paraître le point du jour.

Don Quichotte, toujours intrépide, malgré tant d'épouvantables circonstances, prit sur-le-champ le parti, non pas d'attendre, mais d'aller affronter le danger. Il saute sur Rossinante, emmanche son écu, baisse sa redoutable lance, s'affermit sur ses étriers, et se dispose à marcher. — Cher Sancho, dit-il, avant de piquer des deux, c'est moi que le ciel a daigné choisir pour ramener l'âge d'or, en place de ce malheureux siècle de fer; et je remplirai ma glorieuse destination, quoi qu'il puisse en arriver. Voici évidemment le moment marqué pour les prouesses prodigieuses, les exploits impossibles, les incroyables faits d'armes qui m'étaient réservés. C'est en moi seul que doivent revivre, aujourd'hui, les chevaliers de la Table ronde, les douze pairs de France, et les neuf preux si renommés ; enfin, c'est indubitablement ici qu'il était dit que j'effacerais les Platir, les Tablantès, les Olivantès, les Belianis, et tous autres anciens chevaliers errants, en faisant cette nuit des actions incomparablement plus périlleuses et plus surprenantes qu'ils n'osèrent jamais en entreprendre. Tu vois, fidèle et loyal écuyer, l'épouvantable obscurité qui nous environne ; tu entends les mugissements de ces forêts ennemies ; le bruit de ces torrents impétueux que l'on semble précipiter contre moi du sommet des plus hautes montagnes de la lune ; l'affreux tintamarre des foudres souterrains, que les monstres infernaux font retentir à mes oreilles, et dont ils menacent de briser la terre sous mes pas ; eh bien! toutes ces horreurs réunies, dont la moindre intimiderait le dieu Mars lui-même, ne font qu'animer mon courage et redoubler mon ardeur. Mon cœur intrépide devance mon bras, il s'élance à cette formidable aventure, et je cours l'entreprendre avec un zèle, un feu, un plaisir que jamais je n'éprouvai, parce que jamais sans doute ma bonne fortune ne m'en présenta de plus difficile et de plus effroyable. Serre-moi donc un peu les sangles de Rossinante ; et, adieu... adieu, Sancho, attends-moi ici jusqu'à la fin du troisième jour seulement. Si alors tu ne m'as point revu, ne m'attends plus ; je te rends la liberté de t'en retourner à notre village.

Sancho ne put tenir à de si touchants adieux ; d'ailleurs, la seule idée de rester seul à cette heure, et en pareil lieu, le faisait frémir ; il se mit à pleurer comme un enfant, et tout en pleurant il répondit : — Monseigneur, mon cher maître, j'ai beau penser et ruminer, je ne trouve pas à quoi bon vous voulez vous enfourner dans cette diable d'aventure. Il fait nuit noire ; âme qui vive au monde ne nous voit ni nous sait ici ; ainsi, qu'est-ce qui nous empêche de faire semblant de rien, et de retourner sur nos pas, au risque de ne pas boire de trois jours? Pour mon compte, je vous promets que je n'ai plus soif. Puisque personne ne pourra le savoir, personne ne pourra se vanter que nous avons reculé. Et puis, plus de cent fois j'ai entendu dire à monsieur notre curé, que vous connaissez aussi bien que moi pour un habile homme, que qui cherche le danger ne manque jamais d'y périr. Partant, c'est offenser Dieu que de vous engouffrer, de gaîté de cœur, dans un bourbier dont vous ne pouvez vous tirer sans miracles. Eh! le ciel n'en a-t-il pas déjà assez fait pour vous des miracles? Car, enfin, c'est bien parce qu'il y a mis la main, que vous n'avez pas été berné par des fantômes, et que, tout *novissimè* encore, vous êtes sorti sans entamure de votre bataille contre la double légion noire et blanche qui portait ce bon gigot froid que nous venons de manger. Finalement, monseigneur, si toutes ces bonnes raisons-là ne font rien sur votre courage de fer, continua Sancho en sanglotant, peut-être que votre cœur ne sera pas aussi dur, et que vous aurez pitié du pauvre Sancho Pansa. Tenez, je vous le dis comme je le pense, vous n'aurez pas fait dix pas en avant que moi, ici, je suis capable de me laisser mourir de peur et de rendre mon âme à qui voudra l'emporter. Monseigneur, j'ai quitté le pays, j'ai planté là femme et enfants pour venir avec vous, croyant y gagner beaucoup, et non pas y perdre ma peau. Sera-t-il donc dit que j'aie compté sans mon hôte? Toutes mes espérances seront-elles rafflées d'un seul coup? Enfin, au lieu de me donner la malheureuse île que vous m'avez tant promise, m'abandonnerez-vous seul, pendant trois jours, dans un lieu épouvantable, où je ne peux manquer de crever d'une manière ou d'autre, en moins d'un quart d'heure? Au nom de Dieu, mon cher maître! vous qui savez si bien défaire tous les torts, ne me faites pas celui-là, qu'il n'y aurait plus moyen de raccommoder; ou si absolument, sans rime ni raison, vous voulez tâter de cette diable d'aventure-ci, au moins attendez qu'il fasse jour. Selon que je savais compter, du temps que j'étais berger, c'est tout au plus l'affaire de trois heures, car voilà la petite ourse qui a déjà la bouche de l'autre côté de la tête, ce qui marque minuit passé dans toute la ligne du bras gauche.

— Tu déraisonnes, mon pauvre Sancho, répondit Don Quichotte, ou tu rêves; fais donc attention que le temps est si couvert, qu'il n'y a pas moyen d'apercevoir une seule étoile.

— Il se peut, monseigneur, reprit Sancho, que vous n'y voyiez pas si bien que moi; car, quand on a peur, on dit qu'on y verrait jusqu'au fin fond de la terre. Toujours est-il qu'il n'est pas difficile de deviner qu'en moins de trois heures nous serons bien plus près du jour qu'à présent.

— Il en sera ce qu'il pourra, reprit Don Quichotte d'un ton décidé; mais il ne sera pas dit qu'en aucun instant de ma vie les prières ou les larmes de qui que ce soit aient balancé dans mon cœur les périlleux devoirs de ma noble profession. Prends ton parti, Sancho, et cesse de t'épuiser en vaines représentations; je n'en veux plus écouter. Puisque Dieu m'inspire si vivement le dessein d'entreprendre, sans délai, cette épouvantable aventure, ou il y protègera mes jours, ou, en cas d'événements, il prendra soin de te dédommager convenablement de ma mort. Pour le présent, tu n'as autre chose à y faire qu'à sang'er solidement Rossinante, et m'attendre ici, mort ou vif : compte que bientôt je serai de retour.

Sancho, voyant qu'absolument sa rhétorique ne servirait de rien auprès de son maître, prit le parti d'user de finesse pour le retenir jusqu'au jour. Dans cette vue, sans faire semblant de rien, tout en ajustant les sangles et la croupière, il lia ensemble les deux jambes de derrière de Rossinante avec le licol du grison; de sorte, qu'en effet, quand Don Quichotte voulut partir, le cheval, au lieu d'aller en avant, ne put fournir, à chaque coup d'éperons, qu'un saut de toute son arrière-main. Sancho, ravi du succès de son expédient, mais aussi sensible aux coups redoublés qu'il entendait donner sur les flancs de Rossinante, parce qu'il craignait qu'à la fin son maître, à force de s'opiniâtrer, n'éventât la mine, jugea pressant de lui pousser encore quelques arguments pour arrêter le jeu des éperons. — Eh! monseigneur, lui dit-il, vous ne voyez donc pas que c'est par une permission du ciel, touché peut-être de mes larmes et de mes supplications, que votre cheval ne peut marcher? Qu'ainsi, vous n'y ferez que de l'eau claire; et que, de plus, en vous entêtant à le piquer, vous ne faites que vous regimber mal à propos contre la fortune, qui, sûrement, n'en démordra pas plus vite pour cela.

Ce ne fut cependant qu'après nombre de tentatives inutiles qu'à la fin Don Quichotte, sans rien soupçonner du tour de Sancho, se détermina à attendre ou que le jour parût, ou que l'envie revînt à Rossinante de se mettre en train. — Puisque absolument, dit-il d'un ton dépité, mon cheval ne veut point attaquer de nuit, il faut bien malgré moi que j'attende l'aurore; mais, Sancho, qu'elle va tarder au gré de mon impatience! que le temps va me paraître long!

— Vous n'avez qu'à me laisser vous conter des histoires jusqu'au jour, répondit Sancho, ou mettre pied à terre, et dormir sur l'herbe pendant une couple d'heures, à la manière des chevaliers errants; vous n'en serez que plus fort et plus frais, quand le moment viendra d'entamer l'infernale aventure qui nous pend à l'oreille.

— Est-ce bien à moi, reprit vivement Don Quichotte, qu'on ose parler de mettre pied à terre, et de dormir en pareille conjecture! Ai-je donc l'air d'un chevalier à songer au repos, quand il s'agit de courir au danger? Dors, toi, tant qu'il te plaira, c'est là ton lot : quant au mien, souviens-toi qu'il ne regarde que moi.

— Prenez que je n'ai rien dit, monseigneur, et ne vous fâchez pas, répondit Sancho; moi, je n'ai pas envie de dormir non plus. Mais, s'il vous plaît causons, continua-t-il en posant sa main gauche sur le devant, et sa droite sur le derrière de la selle, de manière qu'il se colla le long de la cuisse de son maître, bien résolu de ne plus s'en séparer, tant que dureraient les grands coups qui continuaient toujours à battre sur le même ton et avec la même force. — Allons, lui dit alors Don Quichotte, voyons ces histoires que tu m'as promises, pour tuer le temps, en attendant le jour.

— Bien volontiers, monseigneur, reprit Sancho, pourvu qu'on me laisse conter en patience. Mais il ne faut pas mentir, j'ai un peu peur; cependant, puisque je vous touche, je vais tâcher de vous en dire une qui, si je peux me la rappeler, vous fera plaisir. Tenez, monseigneur, écoutez; voici que je commence.

— Il y avait une fois... ce qu'il y avait... du reste que chacun prenne tranquillement sa part du bien qui arrive, et que le mal reste pour ceux qui le cherchent. Remarquez bien d'abord, monseigneur, que les gens du temps passé ne commençaient pas leurs contes tout bêtement comme ceux d'aujourd'hui, par conter l'histoire, mais toujours par cette fine sentence de Caton, l'encenseur romain, et *que le mal reste pour ceux qui le cherchent;* laquelle sentence nous va, dans ce moment-ci, comme si elle avait été faite pour nous, puisqu'elle nous avertit de ne pas nous aller enfoncer mal à propos dans une mauvaise aventure; c'est-à-dire qu'au lieu de marcher en avant, du côté de ces milliers de démons qui nous battent déjà la plante des pieds, comme pour dire *n'approchez pas*, nous ferions mieux de retourner en arrière, d'autant que personne n'est là pour en gloser...

— Revenons à ton histoire, Sancho, interrompit Don Qui-

chotte; et souviens-toi, encore une fois, que c'est moi seul
que regarde le choix du chemin que je dois prendre, sitôt
que je pourrai marcher.

— Si bien donc, monseigneur, continua Sancho, que,
dans un endroit de l'Estramadoure, il y avait une fois un
berger chevrier, c'est-à-dire un berger qui gardait des
chèvres... Lequel berger chevrier s'appelait, dit l'histoire,
Lopès Ruis... Il s'agissait pour lui de passer trois cents
chèvres en bateau; il s'arrangea donc avec le pêcheur, et le
marché fut bientôt fait pour le passer, lui et ses trois cents
chèvres, l'une après l'autre. (Notez bien ici qu'il en avait
juste trois cents). Voilà donc que le pêcheur, avec son
bateau, commence par vous passer une chèvre; il revient,
et il en passe une autre, et puis une autre... Au moins,
monseigneur, observa Sancho, ne perdez pas le compte des
chèvres qui passent la rivière; car je vous avertis que du
moment que vous ne le saurez plus, votre serviteur, tout
sera dit, le conte finira tout net, sans que je puisse y mettre
un mot de plus. Or, il faut savoir que le bord, de l'autre
côté de la rivière, était si bourbeux, si roide et si glissant,
que le pêcheur avait beaucoup de peine à débarquer, de
sorte qu'il gâtait un bon bout de temps pour chaque
voyage. Malgré cela, après celles que je vous ai dites, il
s'en revint chercher une autre chèvre, et quand il l'eut passée, il en passa une autre; après celle-là une autre, puis
encore une autre...

— Eh! parbleu, mon enfant, interrompit Don Quichotte,
suppose-les toutes passées, et continue ton histoire, sans
t'amuser à faire aller et venir ton bateau autant de fois qu'il
avait de chèvres; tu vois bien que tu en aurais pour vingt-
quatre heures, rien qu'à passer la rivière.

— Combien en avons-nous de passées, monseigneur? demanda Sancho.

— Ma foi, je n'en sais rien, répondit Don Quichotte.

— Je vous avais pourtant bien averti de les compter, reprit Sancho. Comme cela, voilà le bout de mon histoire; il n'y a pas une virgule de plus.

— Comment! dit Don Quichotte, de ce que nous ne savons pas au juste le nombre de chèvres passées, il résulte que tu ne peux plus continuer ton histoire?

— Oui, monseigneur, répondit Sancho; parce que, comme je vous l'ai dit, on n'en sait que jusqu'au moment où on perd le compte; et c'est grand dommage, je vous assure, car le reste doit être bien beau.

— Ainsi donc, Sancho, voilà ton histoire finie?

— Oui, monseigneur, finie comme ma défunte grand'-mère.

— Hé bien! reprit Don Quichotte, je te garantis que tu m'as régalé là de la plus gauche histoire, et le plus gauchement racontée, que jamais j'ai entendue. Il faut, mon pauvre Sancho, que cet effrayant tintamarre perpétuel t'ait totalement bouleversé la cervelle.

— Je ne dis pas que non, monseigneur, répondit Sancho; mais toujours je suis bien sûr que mon conte finit net là où on commence à ne plus savoir combien il y a de chèvres de l'autre côté de la rivière.

— Qu'il finisse où tu voudras, reprit Don Quichotte, peu importe; laissons là les chèvres, et voyons si présentement mon cheval sera d'humeur de marcher.

En même temps, il lui serra vivement les flancs à différentes reprises; mais n'en pouvant encore tirer que des sauts du train de derrière, il se remit à prendre patience.

Ce fut en jasant ainsi, de choses et d'autres, pour tuer le temps, que nos aventuriers, toujours dans la même posture, passèrent le reste de cette longue nuit. Sitôt que l'aurore s'annonça, Sancho, qui avait l'œil aux aguets du côté de l'orient, délia les jambes de Rossinante; c'en fut assez pour donner à entendre à son maître qu'il était en humeur de se mettre en train ; et Don Quichotte prenant cet avertissement pour un signal sonné par la fortune même, en tira le plus heureux présage pour le succès de son entreprise ; de sorte que, toujours plus plein de confiance, d'intrépidité et de résignation, il fit ses dispositions pour aller à l'ennemi.

Les ténèbres commençaient alors à se dissiper sensiblement ; déjà les objets se dessinaient en masse à travers le crépuscule du matin, et chaque instant éclaircissait d'une nuance la teinte encore grisâtre répandue sur toute la nature. Don Quichotte vit d'abord qu'il était dans un bois de gros châtaigniers, dont le feuillage bas et épais bornait, de tous côtés, son horizon à une très-courte distance ; en sorte que, n'espérant rien découvrir de ce poste qui pût lui faire conjecturer ce que c'était que cet épouvantable martellement qu'il entendait toujours, il s'orienta de son mieux pour avancer promptement du côté d'où le bruit paraissait venir. Se tournant ensuite vers Sancho, il lui renouvela l'ordre de ne l'attendre que pendant trois jours. — Dans tous les cas, mon enfant, ajouta-t-il, tu peux être tranquille sur tes petits intérêts ; le juste salaire de tes loyaux services ne te manquera jamais, parce qu'avant de me mettre en campagne, j'y ai pourvu par un testament en bonne forme, où tu te trouveras colloqué pour une récompense toujours convenablement proportionnée au temps que tu m'auras servi ; et cela sans préjudice, bien entendu, de l'île que je t'ai promise, sur laquelle tu dois compter plus que jamais, si, comme je l'espère, il plaît au ciel qu'en dépit des enchanteurs je revienne sain et sauf de cette périlleuse aventure-ci.

Le bon Sancho, cette fois, fut encore si touché que, ne pouvant absolument se résoudre à se séparer de son cher maître, il lui répondit en pleurant à chaudes larmes que, mort ou vif, et quoi qu'il pût en arriver, il le suivrait jusqu'au bout de l'aventure.

Don Quichotte attendri de tant de loyauté, mais ne jugeant pas le moment opportun pour témoigner sa sensibilité, piqua des deux sans répondre un seul mot, ni pour approuver, ni pour combattre le généreux dévoûment de son écuyer; et le fidèle Sancho se mit incontinent à sa suite en conduisant comme à l'ordinaire, par le licou, le perpétuel compagnon de sa bonne ou mauvaise fortune. Après avoir marché pendant quelques minutes en silence sous les châtaigniers sans rien découvrir, ils se trouvèrent à l'entrée d'un petit pré, borné à la lisière opposée par une chaîne d'énormes rochers adossée à une montagne escarpée, du haut de laquelle ils virent se précipiter, en bouillonnant avec fracas, l'impétueux torrent qu'ils entendaient depuis si longtemps. Ils reconnurent aussi, très-distinctement alors, que les grands coups partaient du centre de quelques misérables cabanes, dont à travers les interstices ou les déchirures des rochers ils n'apercevaient que quelques parties, la plupart en ruine, ou recouvertes d'une mousse noirâtre et humide. L'aspect imprévu d'un lieu si sauvage, et la proximité du bruit étourdissant qui en sortait, effrayèrent Rossinante, au point qu'il se mutina brusquement, et fit mine de vouloir retourner sur ses pas; mais l'intrépide chevalier, en le flattant de la main, en le serrant vivement de l'éperon, parvint à le déterminer à marcher vers les cabanes, quoique très-persuadé qu'il allait tomber sur une des avenues de l'enfer, gardée vraisemblablement par une légion de diables ou de géants. Il traversa le petit pré, en priant Dieu de ne pas l'oublier. Le brave Sancho, à côté de lui sur la gauche, marchait avec résignation, en allongeant de temps en temps le cou, tantôt par-dessus la crinière, tantôt entre les jambes de Rossinante, pour tâcher de découvrir quelque chose. Arrivés enfin à la pointe d'une grosse roche, ils aperçurent à leurs pieds, pleinement et à découvert, la cause patente, la seule et véritable cause de ce mar-

tellement qui, depuis plusieurs heures, les tenait dans une
si violente agitation. C'étaient (pardonnez, cher lecteur, si
je n'ai pas su amener plus tôt l'occasion de vous le dire),
c'étaient les six marteaux d'un moulin à foulon qui, depuis
la veille au soir, n'avaient pas cessé de battre chacun à son
tour.

A cette découverte, Don Quichotte resta comme pétrifié
de la tête aux pieds. Quant à Sancho, il lui fallut un certain
temps pour en croire ses yeux, et ce ne fut qu'après s'être
bien assuré qu'il ne se trompait point, qu'il lui vint en
idée de considérer la mine que faisait son maître; il le
trouva la tête baissée, les bras pendants, dans l'attitude
d'un homme pénétré de honte, de surprise et de dépit. Le
chevalier, à son tour, ayant porté ses regards sur Sancho,
leurs yeux se rencontrèrent. L'écuyer se mourait d'envie de
rire, mais il n'osait encore; ses grosses joues en étaient
gonflées, et toute sa physionomie dans une si burlesque con-
vulsion, que le chevalier ne put s'empêcher d'en sourire. A
ce signal, Sancho s'en donna si abondamment, que force lui
fut de se serrer fortement les flancs pour ne pas en crever,
et que quatre fois il épuisa tout l'air que ses gros poumons
étaient capables de contenir, avant de pouvoir discontinuer
un seul instant. Don Quichotte, qui avait repris son sérieux,
après un léger sourire, voyait avec peine la longue bouffée
de son écuyer; il commençait même à s'en émoustiller très-
fort, quand enfin le rieur fit une pause pour s'écrier, d'un
ton ridiculement grave, en regardant son maître avec
dérision : — *Cher Sancho, c'est évidemment moi que le ciel a
daigné choisir pour ramener l'âge d'or, en place de ce malheureux siècle de fer, et je remplirai ma glorieuse destination,
quoi qu'il puisse en arriver... Entends-tu l'affreux tintamarre
des foudres souterrains, que les monstres infernaux...* Il
n'eut pas le temps d'en dire davantage. Il fut arrêté là tout
court par deux grands coups de bois de lance, qui lui arri-

vèrent si rudement appliqués, que s'ils fussent tombés sur la tête, au lieu de ne porter que sur les épaules, ils auraient infailliblement, et sur-le-champ, transmis aux légitimes héritiers du pauvre Sancho Pança tous ses droits au salaire de ses bons et loyaux services.

L'écuyer, voyant que ses plaisanteries réussissaient si mal, se ravisa promptement. — Assez, assez, monseigneur, s'écria-t-il en faisant mine de s'agenouiller, les mains jointes; monseigneur, faites donc attention que je badine.

— Et c'est parce que vous badinez, que je ne badine point, moi, reprit Don Quichotte, d'un ton toujours fort irrité, et la lance toujours haute. Dites-moi, monsieur le plaisant, croyez-vous donc que si, au lieu de n'avoir trouvé ici que des marteaux de moulin à foulon, j'y eusse rencontré l'aventure la plus effroyable possible, je n'aurais pas eu le courage de l'entreprendre, et toute la valeur nécessaire pour la conclure à mon honneur? Me croyez-vous tenu de distinguer de loin si les sons que j'entends viennent ou non d'un moulin à foulon? moi surtout qui suis noble chevalier, et n'ai par conséquent eu de ma vie aucune occasion de faire connaissance avec ces sortes de moulins. C'est vous seul, monsieur le drôle, qu'à bon compte on peut railler de ne les avoir point reconnus d'abord, puisque vous n'êtes qu'un chétif manant, né et élevé pour fréquenter les moulins de toute espèce. D'ailleurs, transformez-moi, si vous voulez, ces six marteaux en autant de géants aussi énormes qu'il vous plaira, et si je ne vous les rends pas tous en capilotade, alors, oui, je vous permets de me railler autant que bon vous semblera.

— Monseigneur, répondit Sancho, pardonnez-moi de votre bonne grâce; j'ai tort; je confesse que je me suis trop égayé, mais c'est sans malice; c'est qu'apparemment j'étais trop joyeux de vous sentir hors de danger, comme je voudrais toujours vous voir dans toutes nos aventures. A présent donc, mon bon maître, à présent que vous n'êtes plus fâché, convenez pourtant que c'est une chose bien risible et bien drôle à conter, que la fière chaleur que nous avons eue, c'est-à-dire moi; car pour vous, je sais bien que de votre vie vous n'avez su ni connu ce que c'est que la peur.

— J'avoue, répondit Don Quichotte avec douceur, qu'il y a réellement à rire de ce qui vient de nous arriver; mais il ne convient pas d'en rien raconter à personne, parce qu'en ce monde, mon enfant, bien peu de gens savent ou veulent prendre les choses du bon côté, et en faire un bon usage...

— Au moins vous, monseigneur, interrompit Sancho en patelinant, sans reproche, vous êtes de ceux qui savent bien prendre une lance et s'en servir de la bonne manière; si ce n'est pourtant que peut-être vous ne m'avez attrapé aux épaules que parce que vous me visiez à la tête. Au reste, si vous n'avez pas mieux fait, je me vante que ce n'est pas votre faute; car, Dieu merci, j'étais toisé net si je n'eusse pas fait le plongeon au bon moment. Mais, comme dit le proverbe, tout cela s'en ira à la première lessive; qui aime bien, bien châtie; et puis, si les maîtres comme il faut ont toujours quelque vieille paire de bas à donner à leurs valets, le moment d'après qu'ils les ont rossés un peu trop fort, je m'imagine que le moins que puisse donner un chevalier errant à son écuyer, après une volée de coups de bâton, ce sera quelque bonne île, ou quelque province bien cossue en terre ferme.

— Ne crois pas plaisanter, reprit Don Quichotte; les choses, à la fin, pourront très-bien tourner comme tu le dis là. En attendant, fais-moi le plaisir d'oublier ce qui s'est passé; tu sais que l'homme n'est pas maître de son premier mouvement. Mais afin qu'à l'avenir tu rabattes comme il convient de la trop grande liberté avec laquelle tu babilles en ma présence, et me dis tout ce qui te passe par la tête, il est à propos, mon enfant, que je t'observe une chose : c'est que, dans tous les livres de chevalerie que j'ai lus, qui sont, je puis le dire, en fort bon nombre, je n'ai pas vu qu'aucun écuyer se soit jamais avisé de parler à son maître avec cette familiarité que tu te permets vis-à-vis de moi, et que, sans doute, j'ai à me reprocher d'avoir jusqu'à présent autorisé par trop de bonté. Je puis te citer en preuve l'exemple de Gandalin, écuyer d'Amadis de Gaule. Quoique titré comte de l'île Ferme, l'histoire rapporte de lui que jamais il ne parla à son maître qu'en cas de nécessité, et toujours le bonnet à la main, les yeux en terre, et le corps plié à la manière des Turcs. Gazabal, écuyer de Don Galaor, fut bien pis encore. Celui-là parla si peu, que pour faire briller dans tout son jour son exemplaire taciturnité, on a été obligé de ne faire mention de lui qu'une seule fois, dans la grande et véridique histoire de son seigneur. Vous devez, Sancho, conclure vous-même de ces autorités respectables (d'ailleurs le bon sens l'indique assez), qu'en ce monde il existe, entre le maître et le valet, entre le chevalier et l'écuyer, une très-grande distance, que pour leur mutuel bonheur ni les uns ni les autres ne doivent se permettre d'enjamber. Désormais donc, vivons, je vous prie, mieux dans l'ordre l'un à l'égard de l'autre ; surtout point de goguenardises de votre part ; je ne les aime point ; je pourrais m'en fâcher, et je dois vous faire observer qu'en ce cas je serais toujours, comme on dit, le pot de fer, et vous le pot de terre. Du reste, les grâces, les dons, les récompenses que je vous ai promises viendront dans leur temps ; et si le ciel en ordonnait autrement, vous savez que j'ai pourvu à ce qu'à tous événements le salaire de vos services vous fût assuré.

— Monseigneur, repartit Sancho, je ne vois pas le mot à dire à tout cela. A présent, tout ce qui me reste à savoir (parce que si, par hasard, le temps des récompenses venait à ne point venir, je vois que je serais obligé de me rabattre sur le salaire de mes services) ; c'est combien, à peu près, gagnaient les écuyers errants du temps passé, et s'ils faisaient marché avec leurs maîtres, au mois ou à la journée, comme les manœuvres des maîtres maçons.

— Je n'en sais positivement rien, répondit Don Quichotte. J'ai peine à croire que jamais les écuyers aient été à gages réglés; je pense, au contraire, qu'ils servaient *gratis*, en attendant les dons qu'ils avaient lieu d'espérer de la générosité de leurs maîtres; et si moi, dans mon testament, j'ai cependant stipulé pour toi un salaire proportionné à tes services, c'est uniquement parce qu'ayant prévu qu'en ce siècle pervers on pourrait, après ma mort, te disputer ma chevalerie, et par conséquent tes droits aux grâces ordinaires qui en découlent en ta faveur, j'ai voulu te laisser un autre moyen infaillible de recouvrer ce qu'en conscience je me trouverais te devoir, afin qu'au moins, pour si peu de chose, mon âme ne soit point en peine dans l'autre monde; car, enfin, Sancho, il faut tout prévoir, il faut s'attendre à tout, dans ma glorieuse profession; il s'y rencontre des aventures si périlleuses, au moment où l'on y pense le moins!

— Hélas! oui, reprit Sancho, malheureusement on n'y a pas toujours affaire à des marteaux de moulins à foulon. En tout cas, quoi qu'il en arrive, je vous promets que, de ma vie, je ne badinerai de vos aventures, et qu'à l'avenir je ne desserrerai les dents que pour vous honorer comme mon seigneur et maître.

— De cette manière, repartit Don Quichotte, tu vivras longuement sur la face de la terre; car un bon maître, mon enfant, c'est véritablement un second père.

XVII. — Aventure et conquête de l'armet de Mambrin.

Les premières gouttes d'une assez forte averse qui commençait à tomber en ce moment, déterminèrent Sancho à proposer à son maître d'entrer dans le moulin, pour s'y mettre à couvert; mais Don Quichotte avait pris les marteaux en telle aversion, depuis l'espèce d'affront qu'il venait d'en recevoir, que, pour toute réponse, il tourna bride sur sa droite, piqua des deux, et s'éloigna. Sancho le suivit. Après quelques minutes de marche, ils trouvèrent un chemin de traverse, sur lequel ils aperçurent venir un cavalier, dont la tête paraissait couverte de quelque chose qui reluisait comme de l'or. Un coup d'œil et un instant de réflexion suffirent à notre héros, pour juger ce que c'était que ce cavalier.

— Sancho, dit-il en se retournant, il n'y a rien de si précis, de si vrai, que les proverbes (et cela n'est pas surprenant, puisqu'ils sont tous tirés de l'expérience, qui ne trompe jamais); celui, surtout, qui dit : *Ce qui est différé n'est pas perdu*, se confirme admirablement ici. Car, si, cette nuit, au lieu de la grande aventure que je croyais tenir, je n'ai trouvé qu'un misérable moulin, actuellement je touche à la plus importante que je pusse désirer, et j'y touche de si près, si évidemment, que si je la manque, ce sera ma pure faute; je ne pourrai pas dire que ni la nuit ni des sons inconnus m'aient abusé; il n'y a ici ni obscurité ni bruit équivoque qui puissent en imposer à aucun de mes cinq sens. Pour tout dire, en un mot, cher Sancho, je rencontre, enfin, le chevalier tant désiré, qui porte le fameux armet de Mambrin, pour lequel j'ai fait ce serment que tu sais.

— Où donc? répondit Sancho, en lorgnant le cavalier. Mais, monseigneur, je vous en prie, prenez donc garde à ce que vous dites, et surtout à ce que vous allez faire, je me donne à Sacripant si, pour mon compte, j'y comprends rien. Gare encore quelques moulins à foulon, qui, peut-être cette fois, achèveront de nous fouler le bon sens; et bienheureux si nous en sommes quittes pour si peu de chose!

— Tu perds donc la tête, Sancho? repartit Don Quichotte. Eh! quelle ressemblance veux-tu que puissent avoir tes maudits moulins à foulon, dont par parenthèse tu ferais bien de ne plus me parler, avec l'armet de Mambrin? Songe donc qu'un pareil quiproquo n'est pas possible.

— Dame! monseigneur, possible ou non possible, toujours est-il que si vous ne m'aviez pas cousu la bouche par vos belles remontrances, peut-être que je vous en dirais tant, qu'à la fin vous verriez que vous vous trompez encore cette fois-ci.

— Comment! je me trompe, reprit Don Quichotte : dis plutôt, misérable poltron, que la peur te donne la berlue. Il faut véritablement être aveugle pour ne pas voir là devant nous, et venant vers nous, ce chevalier avec son magnifique armet d'or, et son superbe cheval gris pommelé.

— Quand on m'écorcherait, répliqua Sancho en se frottant les deux yeux, moi, je n'y vois qu'un homme qui s'en vient tout simplement sur un âne gris, comme le mien; seulement, il me semble qu'en effet il a sur la tête un bonnet, ou un chapeau, ou une calotte, ou enfin je ne sais quoi qui reluit.

— Précisément, interrompit Don Quichotte, c'est l'armet d'or de Mambrin. Allons, allons, vite, retire-toi à quelque distance, et me laisse seul avec mon homme. Tu vas voir comme, sans perdre de temps à discourir, je conclus l'aventure d'un seul coup, et comme bientôt enfin je demeure légitime possesseur du précieux armet.

— Pour ce qui est de m'éloigner, répondit Sancho, qu'à cela ne tienne : je ne demande pas mieux que de ne pas m'en mêler. Mais, encore une fois, monseigneur, Dieu veuille que ce soit, comme vous le dites, une aventure d'or, et non pas une aventure de moulins à foulon.

— Je vous ai déjà signifié, monsieur l'obstiné, reprit Don Quichotte en colère, que je ne voulais plus entendre parler ni de vos moulins ni de vos foulons. Si vous avez l'insolence de me les mentionner davantage, même de m'y faire penser, de quelque manière que ce soit, je jure par... Enfin, comptez que je vous refoule l'âme dans le corps, si bien qu'à la fin vous vous tairez.

Sancho, effrayé du serment, et surtout du ton dont il était prononcé, rangaîna bien vite ce qu'il se sentait envie de dire encore, et se mordit fortement les lèvres, dans la crainte de laisser échapper un seul mot de plus.

Il faut maintenant savoir ce que c'était que cet armet, ce cheval gris pommelé, et ce chevalier que voyait Don Quichotte. Il se trouvait dans les environs deux villages peu éloignés l'un de l'autre, dont l'un était si petit que, faute d'un nombre suffisant de pratiques pour y sustenter un barbier, il n'y avait pour les raser, saigner et médicamenter tous les deux, qu'un seul homme du métier, lequel faisait sa résidence dans le plus grand. Une saignée et une barbe à expédier dans le petit, y ayant fait appeler le barbier, il était parti de bon matin avec son bassin de cuivre sous le bras, et ses autres instruments dans ses poches. Surpris en route par la même ondée que nos aventuriers, il avait mis son bassin sur sa tête en guise de parapluie, pour garantir une *montera*, apparemment toute neuve, qu'il ne voulait pas laisser mouiller; et comme ce bassin était proprement entretenu, il reluisait de manière à être aperçu de loin : du reste, il s'en venait sur un âne, ainsi que Sancho l'avait très-bien reconnu dès le premier coup d'œil; mais pour notre héros, dont les yeux et le jugement étaient constamment fascinés par sa folie, tout cela faisait précisément le chevalier à la salade de Mambrin qui, depuis quelques jours, lui trottait dans l'imagination.

Le pauvre barbier, bien éloigné de se douter de l'assaut qu'on lui préparait, se trouvant enfin à la distance où Don Quichotte l'attendait, notre héros, sans s'amuser à proposer ni capitulation ni conditions, fondit sur lui la lance basse, et en l'ajustant de manière à la lui enfoncer au milieu de l'estomac. Cependant, pour la forme, il s'écria en commençant sa carrière, mais sans pour cela ralentir sa course : — Défendez-vous, chevalier, ou, sur-le-champ, cédez de bonne grâce la précieuse salade qui, à si juste titre, n'est due qu'à moi seul.

Le barbier, surpris et effrayé, pressé surtout par la redoutable pointe qu'il voyait prête à le percer de part en part, se précipita à bas de son âne, assez heureusement pour éviter le coup ; et, quoiqu'il fût d'abord tombé jambes pardessus tête, il eut à peine touché terre, qu'il se releva légèrement, et s'enfuit à travers les champs avec plus de vitesse qu'un daim, sans s'embarrasser de son âne ni de son bassin, qui dès le premier mouvement avait été lancé à huit ou dix pas. Don Quichotte, se voyant maître de l'armet, ne songea pas même à poursuivre le chevalier, et s'arrêta en disant, d'un ton triomphant : — Il ne l'entend pas mal, le poltron ; il a fait comme le castor, quand il se sent serré de trop près par les chasseurs, et bien lui en a pris. Approche, Sancho, s'écria-t-il ensuite, viens me ramasser mon armet.

Sancho accourut et obéit. — Pardienne, dit-il en tournant, retournant et considérant le bassin avant de le passer à son maître, il est bel et bon ; il vaut ma foi six à huit bons réaux.

Don Quichotte aussitôt essaya de s'en coiffer ; mais il eut beau le virer et le revirer, il ne put parvenir à y emboîter sa tête, parce que le vase se trouvait trop large. — Il faut, dit-il alors, que le païen pour lequel on a forgé cette merveilleuse salade, ait eu une tête de géant. Ce qui me fâche le plus, cependant, c'est qu'il m'en manque la moitié : je n'ai là que la pièce supérieure.

Au mot de salade, Sancho, qui n'y voyait qu'un plat à barbe, se sentit une violente bouffée de rire prête à partir ;

mais il en étouffa prudemment les trois quarts et demi, dans la crainte de ranimer la colère de son maître, qu'il n'avait encore pu oublier. — Il y a ma foi de quoi rire, dit-il en se composant de son mieux, du furieux morceau de tête qu'il fallait pour remplir ce plat... Ne trouvez-vous pas, monseigneur, que cette salade a beaucoup de la mine d'un plat à barbe?

— Effectivement, répondit Don Quichotte, un peu : cela vient de ce que la salade n'est point entière. Vraisemblablement, elle sera tombée, par je ne sais quel événement, entre les mains de quelqu'un qui, n'en connaissant point les vertus merveilleuses, et la voyant d'or à vingt-quatre carats au moins, en aura imbécilement fondu l'autre partie, pour en faire des lingots ou des espèces. Quoi qu'il en soit, quelques coups de marteau rajusteront celle-ci à la mesure de ma tête, au premier village où nous trouverons un forgeron; et je te certifie qu'elle me fera un armet qu'à tous égards j'estime fort au-dessus de celui que Vulcain forgea lui-même pour le dieu des batailles. En attendant, je m'en servirai comme je pourrai; il vaut toujours mieux tel qu'il est, que rien du tout : au moins il suffira pour me garantir la tête des coups de pierre.

— Oui, repartit Sancho, pourvu qu'on ne vous les envoie pas avec des frondes, comme celle qui, dans votre bataille pour monseigneur Pentapolin, vous ébrécha les mâchoires, après avoir emporté, chemin faisant, les restes de ce béni breuvage qui a failli me coûter tout ce que je possédais d'entrailles.

— Mon baume? reprit Don Quichotte; c'est un petit malheur, mon enfant; tu sais que j'en ai la véritable recette dans la mémoire, et sûrement je ne l'oublierai pas.

— Je la sais tout aussi bien que vous, la recette, repartit Sancho; mais je suis résolu d'employer, à l'avenir, mes cinq sens de nature à me garantir de toute sorte de blessûre, comme aussi de ne chercher noise à personne. Pour ce qui est de sauter sur la couverture, c'est une autre affaire, parce que ces espèces d'accidents-là viennent sans qu'on les cherche, et qu'il n'y a pas moyen d'amadouer les fantômes, comme les autres gens. Mais en tout cas, si je m'y retrouve encore, tout ce que j'y sais, c'est de me bien racoquiller, de retenir ma respiration tant que je pourrai, de fermer les yeux, et puis de me laisser aller de bonne grâce où il plaira à la Providence et à la couverture de m'envoyer.

— Tu es rancunier, Sancho, reprit Don Quichotte; je vois que tu n'oublies pas facilement les petites niches qu'on te fait, et cela n'est ni beau, ni sage, ni chrétien : un grand cœur, mon enfant, un cœur noble et généreux, doit être au-dessus de ces sortes de bagatelles. D'ailleurs, dans le fond, quel mal t'a-t-on fait? Où est ta jambe cassée? ta côte rompue? ta tête brisée?... A bien prendre la chose, ce n'a été qu'une plaisanterie, un simple passe-temps : du moins, si à la réflexion je ne l'eusse moi-même considéré ainsi, j'en aurais certainement tiré une vengeance plus éclatante encore et plus meurtrière, que celle dont les Grecs irrités punirent l'enlèvement de leur Hélène.

— Puisque vous le voulez, monseigneur, interrompit Sancho, mettons donc que toutes les taloches et autres pareilles aubaines qui me reviennent si souvent, ne sont que des bagatelles; aussi bien, c'est le meilleur parti, puisqu'il n'y a pas moyen que je m'en venge. Mais toujours est-il que de quelque manière que vous considériez les choses, tout ce qui me tombera sur les épaules, ou me meurtrira la peau, ne sortira jamais de ma mémoire. Au reste, monseigneur, sans reproches, brisons sur cet article-là; et dites-moi, s'il vous plaît, ce que nous ferons de ce cheval gris pommelé, qui ressemble tant à un âne gris, comme le mien : au train dont y va ce pauvre diable de malandrin, il ne paraît pas qu'il ait envie de revenir ici de sitôt; et par ma barbe, ce serait grand dommage d'abandonner son brave grison aux mouches; il a l'air de valoir son pesant d'or.

— Ma coutume, répondit Don Quichotte, n'a jamais été de dépouiller ceux que j'ai vaincus : d'ailleurs, en bonne et loyale chevalerie, il n'y a droit de conquête sur le cheval de l'ennemi que dans le seul cas où, par l'événement du combat, celui du vainqueur aurait été mis hors de service. Ainsi, Sancho, ne pense point à t'approprier cet animal : âne ou cheval, il est vraisemblable que son maître viendra le reprendre sitôt qu'il ne nous verra plus ici.

— Dieu sait pourtant, répliqua Sancho, comme je m'en accommoderais de bon cœur, en place du mien, s'entend; car, entre nous soit dit, il a l'air de valoir encore mieux que le mien. Elles ne sont, pardi, pas commodes, vos ordonnances de chevalerie : comment! ne pas permettre de prendre un âne pour un autre âne; mais au moins, monseigneur, le bât et le harnais, je pourrais les troquer contre les miens, peut-être?

— Je ne sais pas trop, répondit Don Quichotte : je ne me rappelle, en ce moment, aucune autorité décisive là-dessus. Cependant, vu le doute où je suis, et en attendant suffisantes lumières, j'opine que tu peux troquer le bât, si toutefois tu juges que ton âne, en conscience, en ait un besoin urgent.

— Ho! pour urgent, reprit Sancho, je m'en vante; demandez-lui plutôt vous-même.

Et aussitôt, en vertu de cette décision, l'écuyer transplanta sur son âne, après l'avoir déshabillé lestement, tout l'équipage de celui du barbier, en faisant, à chaque pièce qu'il ajustait, une petite pause pour contempler et louer la brave mine de son grison sous ses nouveaux atours.

L'opération finie, nos aventuriers déjeunèrent d'une partie des restes du réveillon conquis la nuit dernière. Le ruisseau qui faisait mouvoir le moulin à foulon, se retrouvant près d'eux, il fallut bien, faute d'autres moyens, y avoir recours pour étancher leur soif; mais ils ne burent de son eau qu'avec une sorte de dépit, tant ils étaient encore piqués contre les odieux marteaux qui leur avaient causé tant de transes et de désagréments. Quand enfin ils n'eurent plus ni faim ni soif, ils remontèrent chacun sur sa bête; et Don Quichotte, toujours rigoureusement fidèle aux règles constitutives de l'ordre de la chevalerie errante, piqua son cheval, sans le diriger d'aucun côté. Rossinante, à force d'être talonné, reprit petit à petit son train ordinaire. Le grison, déjà fait à conformer sa marche à celle de Rossinante, le suivit amicalement pas à pas; et Sancho, les bras tombants, les jambes pendantes, se laissa porter et conduire, sans se soucier où. La fortune les ramena sur le grand chemin, où ils continuèrent à marcher, toujours sans but déterminé, et en silence, suivant les dernières conventions arrêtées entre eux.

Sancho se sentit bientôt cruellement ennuyé de cette taciturne allure. Mais, encore pénétré de l'importance des leçons de son maître, il lui fallut, avant d'oser parler, réfléchir plus d'une fois aux moyens d'entamer convenablement la conversation. — Monseigneur, dit-il enfin, votre seigneurie voudrait-elle bien me donner la licence de causer un tant soit peu avec elle? Depuis qu'elle m'a commandé de me taire quand il me viendrait envie de parler, il m'est pourri dans l'estomac je ne sais combien de bonnes choses, faute d'avoir osé les dire; et je m'en sens à présent sur le petit bout de la langue une si excellente, que, pargaine, pour celle-là, ce serait grand dommage qu'elle fît aussi mauvaise fin que les autres.

— Dis-la, dis-la, répondit Don Quichotte, mais en peu de mots, je t'en prie; les paroles inutiles sont toujours fastidieuses.

— Je vous dirai donc, monseigneur, reprit Sancho, que depuis plus d'une heure je rumine dans ma tête qu'il n'y a pas de l'eau à boire à la vie que nous menons, et que le métier de chercheur d'aventures sur les grands chemins, ou au milieu des déserts, est un véritable métier de dupe, par la raison qu'on a beau se bien battre, et faire des prouesses magnifiques, tant que personne n'en voit rien, il n'en peut revenir ni honneur ni profit pour nous, encore moins avantage et avancement pour la chevalerie errante, que vous avez pourtant dessein de ressusciter. Je crois donc, sauf votre meilleur avis, qu'il vaudrait cent fois mieux nous en aller tout simplement nous mettre au service de quelque empereur, ou de quelque roi, qui eût une bonne guerre bien étoffée avec un de ses voisins : votre seigneurie aurait occasion, à tout bout de champ, et toujours en présence d'un monde de connaisseurs, de montrer son courage, son adresse, sa vigueur et sa grande intelligence en fait de passes d'armes. Il y a à parier que si le potentat que nous servirions est bon prince, comme il faut le croire, il finirait bientôt par nous récompenser chacun selon nos mérites; et puis il ne manquerait pas là de gens pour écrire l'histoire de nos actions : quand je dis de nos actions, au moins, monseigneur, je n'entends que les vôtres, car pour les miennes, je sais bien que c'est du fretin qu'on n'est pas dans l'usage de ramasser. Je n'en donnerais pourtant pas ma part au chat, si c'était la mode en chevalerie de faire aussi l'histoire des écuyers errants; et, sans vanité, je crois que, Dieu merci, je tiendrais ma place dans un livre, tout aussi bien que tant d'autres.

— Ton avis est fort judicieux, Sancho, répliqua Don Quichotte ; mais tu ne fais pas attention, ou peut-être tu ne sais pas encore qu'avant de se produire dans les cours, un chevalier doit avoir fait ses preuves, couru le monde et les aventures, et s'en être acquitté de manière à s'être fait un nom assez fameux, une réputation assez éclatante, pour être connu de tous les monarques du monde. Quand il est une fois parvenu à cette célébrité universelle, alors, oui, tout va sans difficulté; il peut se présenter partout, certain de trouver partout l'accueil le plus distingué. Qu'il s'en vienne alors à la cour d'un empereur ou d'un roi, sitôt qu'il paraît à la porte du palais, il est accueilli par tous les seigneurs, qui s'empressent de l'introduire dans la cour d'honneur, où il met pied à terre. Au milieu de la rampe du grand escalier, il trouve le roi lui-même, qui est venu, en personne, l'embrasser et lui souhaiter la bienvenue. C'est là qu'après les compliments d'usage, le roi lui prend la main pour le conduire à l'appartement de la reine, où il est reçu avec tous les honneurs possibles. La reine y est accompagnée de l'infante, sa fille unique. Après la présentation aux princesses, la règle est de conduire le chevalier dans une des plus superbes chambres du palais. Là, on lui ôte ses armes, il se fait faire un peu de toilette, et on lui passe sur les épaules un magnifique manteau d'écarlate galamment brodé; chacun admire sa bonne mine; on se répète à demi-voix, assez haut cependant pour qu'il l'entende : *ce n'est plus Mars, c'est Adonis.* L'heure du souper venue, on l'introduit dans la salle du festin; on le place à table, à côté du roi. Enfin, après souper, pendant qu'on lève le couvert, on voit entrer un petit nain difforme, conduit par madame sa gouvernante, et suivi de deux énormes géants, porteurs d'horribles moustaches. Le petit monstre expose à haute voix une énigme composée par un ancien enchanteur, qui a déclaré qu'elle ne serait devinée que par le chevalier le plus parfait de la terre. Aussitôt le roi la propose, en disant que personne encore de sa cour n'a pu la deviner; et le chevalier, presque du premier coup, sans tatillonner, trouve le nœud de la chose. Ce coup brillant assure sa gloire.

L'important de l'aventure, c'est que ce roi ou cet empereur, se trouve alors en guerre très-vive avec un autre souverain à peu près de la même force. Le chevalier, après quelques jours de séjour à la cour, demande à sa majesté, avec beaucoup d'instance, comme une faveur précieuse, et en présence de toute la famille royale, la permission d'aller combattre ses ennemis. Le roi la lui accorde de la manière la plus obligeante. Le chevalier, pénétré de reconnaissance, l'en remercie en lui baisant respectueusement la main; et il reste décidé qu'il partira le lendemain au matin.

Notre chevalier arrive à l'armée, où déjà le bruit de son nom l'avait devancé : il finit bientôt, après je ne sais combien de villes prises et de batailles gagnées presqu'à lui seul, par vaincre, en combat singulier, l'empereur ennemi, qu'il force de faire la paix aux conditions les plus dures. Il revient à la cour couvert de gloire et de lauriers.

— Bon, cela, interrompit Sancho; enfin donc, voici mon tour. J'étais bien sûr, monseigneur, que vous agiriez en homme de parole, en brave maître; allons, allons, *vivat*. Pour mon compte, je n'ai plus besoin que de prendre un peu de patience, car, ou je ne m'y entends pas, ou sans vous en douter, vous venez de faire tout juste l'histoire à venir du fameux chevalier de la Triste-Figure.

— Je l'espère, et je le crois comme toi, cher Sancho, reprit Don Quichotte, par la raison que c'est réellement mot pour mot, comme je viens de te le raconter, que s'y sont pris les chevaliers errants d'autrefois, qui sont devenus rois ou empereurs. Il est tout simple qu'en faisant toujours exactement comme eux, tôt ou tard je finisse aussi comme eux. Il n'est question que de trouver un puissant roi, chrétien ou païen, n'importe, pourvu qu'il soit en guerre avec son ou ses voisins. Le difficile, au reste, n'est pas cela; mais je prévois une autre petite difficulté qui, parfois, me tracasse un peu : c'est qu'en supposant notre roi trouvé avec sa guerre, mon incroyable réputation faite et retentissante par toute la terre, je ne sais pas trop si, quand nous en serons à l'article du mariage avec la fille de ce prince, il se pourra découvrir que je sois fils de roi, ou de sang royal, ou du moins cousin, à la mode de Bretagne, de quelque empereur; il est presque sûr que sans cela le roi s'entêtera à ne pas me donner sa fille, malgré les importants services que je lui aurai rendus; de sorte qu'il est à craindre que, faute de cette formalité, je vienne à perdre ce que mon bras aura si bien mérité. D'un autre côté, cependant, il est certain que je suis de race noble et connue pour telle, gentilhomme aux cinq cents pièces, s'il en fut jamais, et de plus seigneur propriétaire de tout ce que je possède; c'en est peut-être assez pour que l'habile homme qui écrira mon histoire, s'il sait profiter de ces avantages, trouve moyen de me faire descendre au moins d'un sixième ou septième arrière-petit-neveu de quelque cousin, à la mode de Bretagne, de quelque roi du temps passé. Et cela ne serait point du tout étonnant, car, Sancho, il n'existe guère en ce monde que deux espèces d'illustres familles : les unes qui proviennent de quelque ancien monarque ou prince fameux, mais que, petit à petit, le temps, les malheurs, la Providence, ont réduit presqu'à rien, à peu près comme une pyramide qui, depuis sa vaste base, s'amenuise insensiblement, et enfin se termine en pointe; les autres, au contraire, qui, depuis une origine inconnue, n'ont cessé de prospérer à la faveur d'une fortune constamment croissante, et sont aujourd'hui parvenues à leur plus haut degré de splendeur. Je ne vois pas pourquoi, en aidant un peu à la lettre de l'histoire des révolutions successives de ma race, il ne se découvrirait pas que je suis la pointe d'une de ces pyramides à base auguste; c'est-à-dire le dernier rejeton de quelque race impériale ou royale; et c'en serait assez pour déterminer le roi à m'agréer, sans scrupule, pour gendre.

— Ma foi, monseigneur, interrompit Sancho, je crois que

je serais tout comme vous de l'avis de ces *roués*, qui prétendent qu'il ne faut pas perdre son temps et ses peines à demander ce qu'on peut prendre. Au bout du compte, il n'y a rien de tel que d'aller au fait tout rondement, sans tortiller. Après tout, si le roi, votre futur beau-père, fait trop le fier, s'il s'entête à ne pas vouloir donner madame l'infante, il faut tout uniment l'enlever, et la transplanter. Le seul mal que j'y voie, c'est que, jusqu'à la mort du beau-père, ou pour le moins pendant tout le temps que durera la brouille entre vous et lui, le pauvre diable d'écuyer m'a tout l'air de se morfondre et de s'affamer, en attendant les récompenses qu'il a si bien méritées

— En attendant, reprit Don Quichotte, prends courage, espère ; et surtout fais ton devoir noblement, afin de te rendre digne du rang que la fortune te réserve.

— Eh ! Dieu merci, répondit Sancho, est-ce que je ne suis pas de race de vieux chrétiens ? Et n'est-ce pas assez, dans ce monde, pour pouvoir devenir comte ?

— Certainement, répondit Don Quichotte, c'est même plus qu'il n'en faut. D'ailleurs, quand il te manquerait quelque petite chose de ce côté-là, il n'y aurait pas de quoi t'en mettre en peine, parce qu'une fois roi, il ne tiendra qu'à moi de t'anoblir autant qu'il me plaira, sans que tu sois obligé de financer, ni d'intriguer, ni de faire aucune preuve ; et d'abord que je t'aurai fait comte, on aura beau dire, tu le seras aussi radicalement que comte qui soit au monde ; il faudra bien alors qu'on te donne de la *seigneurie* quand on te parlera.

— Et quand même, reprit Sancho, est-ce que je ne serai pas toujours là pour m'en faire donner, bon gré mal gré ? Et puis, sans vanité, je me vante que je n'aurai pas l'air d'un grigou. Je me rappelle que du temps que j'étais bedeau, on me trouvait si bonne mine dans ma robe de cérémonie, que tout le monde disait que j'avais la prestance d'un marguillier. Ce sera bien pis quand j'aurai sur les épaules un magnifique manteau ducal; quand, de la tête aux pieds, je serai reluisant d'or, de perles et de diamants, comme un jeune seigneur français. Je parie, mordienne, qu'il viendra des curieux de plus de cent lieues, exprès pour me voir.

— Oui, repartit Don Quichotte, je crois, en effet, que tu n'auras pas mauvaise mine, pourvu toutefois que tu te fasses raser plus souvent. Tu as la barbe si sale, si épaisse, si grossière, si roturièrement semée sur la figure, qu'à moins de la faire faire tous les deux jours, malgré ton manteau ducal, personne ne s'y méprendra; on connaîtra, de cent pas, que tu n'es noble que depuis peu de temps.

— Si ce n'est que cela, reprit Sancho, j'en serai quitte pour avoir un barbier au mois ou à l'année, ou plutôt pour en prendre un à demeure dans ma maison. Je pourrais même m'en faire accompagner dans les rues, derrière moi, s'entend, et en guise d'un de ces hommes à cheval, que les grands seigneurs ont à leurs gages pour les suivre partout où ils vont.

— Ce sont leurs écuyers de main, dit Don Quichotte. Leur office est de surveiller les écuries et de dresser les chevaux de leurs maîtres. Mais je suis étonné de te voir si bien instruit de cet usage. Où donc en as-tu tant appris?

— Est-ce que je n'ai pas demeuré à Madrid pendant presque un mois, du temps que j'étais plus jeune? répondit Sancho. Un jour, j'y vis un petit homme, qu'on disait être un grand seigneur, qui se promenait de droite et de gauche sur la place. Un autre homme, deux fois plus long, et aussi à cheval, le suivait à la piste, toujours par derrière. Cela me parut si singulier, que je ne pus m'empêcher d'en demander le pourquoi; et on m'expliqua si bien la chose, que je ne l'ai jamais oubliée depuis.

— Véritablement, reprit Don Quichotte, l'idée de te faire toujours suivre par un barbier, au lieu d'un écuyer, quoique nouvelle et extraordinaire, ne me paraît point déraisonnable; je ne serais point surpris que cette mode prît généralement, quand une fois tu l'auras pratiquée; car il est, sans contredit, plus avantageux d'avoir toujours à ses ordres un serviteur actif, intelligent et adroit de ses mains, tel que l'est communément un barbier, qu'un homme qui ne sait manier que des chevaux.

— Ho! pour ce qui est du barbier, monseigneur, rapportez-vous en à moi, j'en fais mon affaire; ne pensez, vous, qu'à me faire bien vite comte, vous verrez que le reste ira tout seul.

— Ainsi ferai-je, je t'assure, repartit Don Quichotte, qui ne put en dire davantage, parce qu'en ce moment il arriva ce qu'on racontera dans le chapitre suivant.

XVIII. — Comment Don Quichotte remit en liberté quantité de malheureux que l'on conduisait de force où ils n'avaient pas envie d'aller.

L'incomparable héros de la Manche et son fidèle écuyer, depuis plus d'une heure marchaient, uniquement occupés de leur future grandeur, sans même songer à porter leurs regards à la découverte, lorsqu'enfin ils furent distraits et interrompus par l'approche d'une troupe assez nombreuse qu'ils virent venir vers eux, et dont déjà ils se trouvaient à si peu de distance, que dès le premier coup d'œil ils distinguèrent clairement une douzaine d'hommes mal vêtus, les fers aux mains, et attachés par le cou, l'un derrière l'autre, à une longue et grosse chaîne de fer; cette espèce de chapelet ambulant était escorté de deux hommes à cheval, dont l'un portait une escopette en bandoulière, et de deux autres à pied, armés chacun d'une épée et d'une demi-pique.

Avant que Don Quichotte eût le temps de juger la rencontre à sa manière ordinaire, Sancho lui annonça que c'était la chaîne des forçats, que l'on conduisait aux galères par ordre du roi. — Comment? répondit Don Quichotte, des forçats!... Serait-il possible que le roi forçât ces gens-là à le servir malgré eux?

— Vous n'y êtes pas, monseigneur, repartit Sancho; je veux dire que ce sont des vauriens que, pour leurs méfaits, la justice a condamnés à ramer sur les galères du roi, et qu'on y mène de force.

— Au bout du compte, répliqua Don Quichotte, et de quelque manière qu'on prenne la chose, c'est toujours contre leur gré que ces gens-là vont aux galères.

— Certainement, répondit Sancho; je vous réponds qu'ils n'iraient pas, si on ne les y conduisait, et en les serrant de près, encore.

— En ce cas, reprit le chevalier, cette affaire me regarde. Le premier et principal devoir de ma profession est d'empêcher la violence et de protéger les violentés partout où j'en trouve l'occasion. Celle-ci est trop évidente pour que je puisse me permettre de la manquer.

— Mais, monseigneur, répliqua Sancho, observez donc qu'ici il n'y a ni violence ni violentés, par la raison que quand le roi (ou la justice, car c'est tout un) châtie des criminels, ce n'est pas leur faire tort ni violence, puisqu'on ne leur donne que ce qu'ils ont mérité.

La chaîne, en ce moment, se trouvait si près de nos aventuriers, que Don Quichotte ne se jugeant pas le temps de rétorquer la judicieuse observation de Sancho, prit le parti de n'en faire aucun cas, et s'avança pour remplir son ministère. Il s'adressa au cavalier qui portait l'escopette, et il le pria, en termes fort civils, de vouloir bien l'informer, avec clarté et précision, de la cause ou des causes pour lesquelles on conduisait ces pauvres gens d'une manière si rude et si peu usitée. — Vous devez voir, monsieur, répondit le cavalier, que ce sont des criminels que la justice a condamnés aux galères, et que nous conduisons à leur destination; je pense qu'il n'est pas besoin de vous en dire davantage.

— Au moins, monsieur, je désirerais savoir au juste pourquoi, quand et comment chacun d'eux, en particulier, a été condamné, repartit Don Quichotte, en appuyant sa demande d'instances si pressantes et en même temps si polies, que l'autre cavalier, reprenant la parole, lui répondit : J'ai bien ici, dans ma valise, l'expédition de toutes leurs sentences; mais outre que nous ne devons les exhiber qu'aux personnes en droit de les voir, nous n'avons pas le temps de nous arrêter tant qu'il faudrait pour en lire si long. Vous pouvez, cependant, si le cœur vous en dit, interroger vous même ces messieurs, chemin faisant; pourvu que cela ne retarde pas notre marche, rien ne vous en empêche. S'ils sont en humeur de vous répondre, ils contenteront votre curiosité; et il y a grande apparence qu'ils ne se feront pas beaucoup presser, les coquins ! ils ne sont, je vous assure, pas honteux, quand ils croient qu'il y a moyen de gagner quelques maravédis.

Don Quichotte ne crut pas devoir remercier les cavaliers de cette permission, attendu qu'il se sentait absolument déterminé à la prendre, si on ne la lui eût pas offerte. Il les laissa donc, pour aller questionner le premier de la file, et lui demander pourquoi on l'avait attaché là.

— Ho ! répondit le galérien, moi, c'est une jolie corbeille de beau linge fin, que dès la première entrevue j'ai tant aimée, que je n'ai pu m'empêcher de l'enlever, et que je ne l'aurais sûrement pas lâchée, si la justice n'eût pas été la plus forte. Tant y a, que je fus pris sur le fait, et, fort heureusement, de manière à ne pouvoir nier la chose; du moins il n'a pas été nécessaire de me donner la question, et mon affaire a été bientôt toisée. Ils ont commencé par me bien vergetter les épaules dix ou douze fois dans une matinée; mais je ne m'en sens plus, et je ne m'en soucierais guère à présent, s'il n'y avait trois années de galères à faire par-dessus le marché.

Notre chevalier passa ensuite au second. C'était un homme entre deux âges, si abattu, si consterné, qu'il n'eut pas la force de desserrer les dents. Le premier répondit pour lui : Ce maraud-là, dit-il, n'a que ce qu'il mérite, lui; c'est pour avoir chanté qu'il vient avec nous.

— Est-il possible! reprit Don Quichotte; on envoie donc aussi les musiciens et les chanteurs aux galères?

— Oui, monsieur, c'est-à-dire ceux qui chantent dans l'angoisse.

— Vous m'étonnez, repartit Don Quichotte; le proverbe dit pourtant que *qui chante, son mal enchante*.

— Ho! bien, monsieur, dans notre métier c'est tout différent : qui chante une pauvre petite fois, en pleure souvent le reste de ses jours.

— Je ne vous comprends point, dit Don Quichotte.

— Monsieur, reprit alors un des gardes, c'est que vous ne savez pas, que parmi ces honnêtes gens-là, *chanter*, en terme de l'art, c'est avouer son crime; on a serré les pouces à ce bon sujet, si ferme, qu'il a été forcé de se déclarer voleur de bestiaux et il lui en revient six années de galères, en sus de deux cents coups d'étrivières, dont la quittance est déjà en bonne forme sur ses épaules. Vous ne le voyez cependant si triste et si honteux, que parce que, du matin au soir, ses camarades le vilipendent de ce qu'il n'a pas eu le courage de résister à la torture et de nier ferme; car le grand principe entre eux, c'est qu'un criminel est trop heureux quand, à défaut de preuves ou de témoins contre lui, son absolution dépend absolument d'un mot qui est toujours à sa disposition, s'il a du courage; et que, puisqu'un *non* n'est pas plus long à prononcer qu'un *oui*, ceux qui se laissent arracher l'aveu de leur crime sont des pagnottes, des lâches, indignes de l'estime des honnêtes gens du métier.

— Dans le fond, reprit Don Quichotte, on ne peut les blâmer de penser de la sorte. Mais on doit gémir de ce qu'une aussi noble vertu, qu'un courage à l'épreuve des tortures puisse, dans certains cas, abuser la justice et favoriser le crime; ou ce qui, à mon avis, est encore pis, de ce qu'un innocent, trop faible pour surmonter la douleur, soit exposé à la cruelle nécessité de se déclarer coupable..... Et vous, mon cher, continua Don Quichotte en s'adressant au troisième, pourquoi vous a-t-on condamné aux galères?

C'était un vieillard à longue barbe grise. Pour toute réponse aux premières questions du chevalier, il se mit à pleurer comme un enfant, ce qui détermina le camarade suivant, jeune homme d'une physionomie gaillarde, à prendre la parole. — Ce vénérable patriarche, dit-il gaîment, n'est des nôtres que pour quatre ans; mais avant de partir, il a fait la grande promenade, monté et vêtu suivant l'ordonnance.

— Ouais! reprit Sancho, il a été mené sur l'âne? n'est-il pas vrai que c'est ce que vous voulez dire?

— Précisément, répondit le jeune galérien; et puisque vous êtes curieux de savoir pourquoi, je vous dirai que c'est pour sorcellerie.

— Ho! la sorcellerie est de trop ici, reprit Don Quichotte, je ne puis la lui pardonner; car quels sont les gens qui s'en mêlent précisément? de vieilles femmes excitées uniquement par la plus sordide cupidité; quelques valets fripons, en un mot, sans expérience, sans connaissance du monde et de ses convenances, sans ressources dans l'esprit, et qui, aux moindres difficultés, ou sont forcés d'abandonner une entreprise, ou compromettent maladroitement la réputation, l'honneur, la fortune, quelquefois même le sang ou la vie de leurs commettants et commettantes, sans pour cela les conduire à leur but principal. Mais ce n'est pas ici qu'il convient de détailler toutes mes vues sur cet important objet, je me réserve de les produire en temps et lieu, à l'oreille de gens faits pour les appliquer utilement. Et j'en reviens à ce cher homme-ci : je vous avoue que si ses rides respectables, ses vénérables cheveux blancs, m'ont d'abord vivement intéressé à son malheur, cet intérêt a prodigieusement diminué, sitôt que j'ai su qu'il employait les sortiléges dans ses opérations; car je tiens pour autant de fous, de fripons ou d'empoisonneurs, ceux ou celles qui prétendent ou paraissent prétendre gouverner nos affections par de semblables moyens.

— Ah! comme vous avez raison, mon brave monsieur, s'écria le vieux galérien. Aussi je vous jure, devant Dieu, que pour ce qui est de la sorcellerie, je suis blanc comme neige. Je ne voulais que voir les gens contents, et abréger leurs peines. Malgré cela, vous voyez, monsieur, comme on me traite, et ce qui me revient de mon trop bon cœur. Hélas! ajouta-t-il en recommençant à pleurer, en voilà pour le reste de mes malheureux jours, car, à mon âge il est presque sûr que je mourrai à la chaîne avant d'avoir fini mon temps.

Le compatissant Sancho, prêt à pleurer aussi du triste sort du vieillard, tira de sa poche une pièce de quatre réaux, qu'il lui donna charitablement, en l'engageant à prendre patience, et Don Quichotte se tournant vers les forçats, leur dit d'un ton grave et magistral : De tout ce que vous venez de m'exposer, mes chers enfants, j'infère et conclus qu'encore que vous ne soyez effectivement où je vous vois, que pour des fautes plus ou moins graves il est prouvé que vous ne supportez que malgré vous la peine à laquelle on vous a condamnés; que vous n'iriez point aux galères, si l'on ne vous y conduisait de force; qu'en un mot, vous en délivrer serait vous faire plaisir et vous rendre un très-grand service. J'entrevois, d'un autre côté, que si celui-ci avait eu de l'argent, celui-là des protecteurs, un autre des juges plus pénétrants, plus instruits, peut-être vous seriez-vous tous tirés d'affaire, sinon blancs comme neige, du moins libres de vos personnes. Toutes ces considérations, mûrement réfléchies, dûment pesées, me décident, m'obligent même à vous manifester ici quelles furent les bienfaisantes intentions du ciel en votre faveur, lorsqu'il me fit naître en ce monde pour y embrasser la glorieuse et secourable profession de chevalier errant, en vertu de laquelle j'ai fait vœu de protéger, défendre et garantir, à mes risques et périls, les faibles et les opprimés, contre la violence du fort; lequel vœu, Dieu aidant, j'accomplirai, j'espère, à votre satisfaction. Mais comme je ne perds jamais de vue que la prudence ne permet d'employer la force qu'après avoir inutilement tenté toutes les voies de douceur et de conciliation, je commence par prier avec politesse ces messieurs, tant commissaires que gardes et autres, d'avoir la complaisance d'ôter vos fers, de vous remettre en liberté, et de vous laisser aller, chacun de votre côté, où bon vous semblera. Vous sentez, messieurs, ajouta le chevalier en s'adressant aux gardes, que le roi ne manquera jamais de gens qui le serviront de bonne volonté, sur mer comme sur terre; que, d'ailleurs, il n'est pas dans l'ordre de réduire à l'esclavage des hommes que le ciel et la nature ont fait naître libres. Observez, de plus, messieurs les gardes, qu'il ne va pas à des gens d'honneur tels que vous, de se constituer les bourreaux de leurs frères, quand surtout il n'y a, des uns aux autres, nulle matière à rancune personnelle; qu'enfin, puisqu'il existe un Dieu parfaitement juste, qui ne peut, par conséquent, manquer de punir ou récompenser à propos chacun comme il le mérite, il ne convient pas à des hommes de s'arroger cette faculté. C'est amicalement, messieurs, avec douceur et courtoisie, que je vous demande la liberté de ces pauvres malheureux. Si vous me l'octroyez gracieusement, je vous en saurai gré toute ma vie, et vous devez être certains de ma reconnaissance; mais, dans le cas contraire, je vous déclare que cette lance, cette épée et mon bras sauront bien vous y forcer.

— Ha! je ne m'attendais pas à cette chute, reprit le commissaire en éclatant de rire. Prétendre que nous lâchions des criminels confiés à notre garde! la plaisanterie, si c'en est une, est, pour le coup, par trop risible. Allez, allez, monsieur le chevalier errant, continuez votre chemin, et prenez garde de laisser tomber ce plat à barbe qui vous danse sur la tête; cela vous vaudra mieux que de vous mêler de nos affaires.

— Je veux m'en mêler, moi, et vous n'êtes qu'un drôle, un insolent, répliqua Don Quichotte furieux.

Et en même temps il fondit sur le commissaire, avec tant de vigueur et d'impétuosité, qu'avant de lui donner le temps de penser qu'il pût être attaqué, moins encore de se mettre en défense, il le culbuta d'un grand coup de lance, dont heureusement le cheval fut beaucoup plus grièvement blessé que le cavalier. Le premier mouvement des autres gardes fut de se regarder, comme pour se demander s'il était bien possible qu'un homme fût en même temps assez audacieux et assez fou pour faire un pareil coup; mais, revenus bientôt de leur surprise, ils se disposèrent à tomber tous l'épée à la main sur le cavalier. Malgré toute sa vaillance, il est à présumer qu'il aurait passé là un très-mauvais moment sans la puissante diversion que les galériens firent en sa faveur. Sitôt qu'ils virent le commissaire à bas, et son escorte en intention d'attaquer Don Quichotte, ils se replièrent les uns sur les autres, pour s'aider mutuellement à rompre leurs fers. Lorsqu'ils faisaient mine d'aller aux forçats, Don Quichotte les poussait la lance aux reins. Quand ils se retournaient pour lui faire face, les bandits redoublaient d'efforts, en vomissant les plus effroyables imprécations contre leurs conducteurs; en sorte que les gardes tout en s'agitant beaucoup ne pouvaient rien faire qui vaille. De son côté, l'avisé Sancho, dès le commencement de la bagarre, avait mis pied à terre pour aller aider les galériens. Il s'y prit si bien, qu'un des plus déterminés bandits s'élança de la chaîne, parfaitement libre de tous ses membres, et sauta sur le commissaire, qui revenu de l'étourdissement de sa chute, travaillait à se dégager de dessous son cheval. Le bandit le désarma et lui arracha l'escopette, dont il fit merveille ; car sans la décharger sur personne, rien qu'en ajustant les gardes l'un après l'autre avec une extrême vivacité, il les mit dans un tel désordre, que vivement pressés d'ailleurs par Don Quichotte et se voyant sur le point d'être assommés où lapidés par les autres forçats, qui tous avaient enfin brisé leurs fers et couraient aux pierres, ils abandonnèrent le champ de bataille et s'enfuirent à toutes jambes.

Qu'on se figure la joie de tous les bandits et la satisfaction de notre brave chevalier. Le seul Sancho, malgré la part qu'il avait eue au succès de l'affaire, tomba dans la consternation quand, en voyant fuir les gardes, l'idée lui vint qu'ils couraient de ce pas porter leurs plaintes à la justice et demander main-forte; il croyait déjà entendre sonner le tocsin et sentir tous les suppôts du tribunal à ses trousses. Il communiqua sur-le-champ ses alarmes à son maître en le conjurant de venir au plus vite se cacher dans le fin fond de la montagne Noire, qui heureusement n'était pas éloignée. — Tu peux avoir quelqu'apparence de raison, Sancho, répondit Don Quichotte ; mais pour l'heure j'ai d'autres vues plus pressantes encore, et plus indispensables à remplir : nous verrons ensuite.

Il appela les forçats qui houspillaient le malheureux commissaire, qu'ils avaient déjà presque totalement déshabillé :

à la voix de leur libérateur ils accoururent tous. Le chevalier les fit ranger autour de lui, et leur dit :

— Messieurs, il est d'un cœur bien né de reconnaître les bienfaits; et de tous les vices, le plus désagréable à Dieu et aux hommes, c'est sans contredit l'ingratitude. Vous savez, Messieurs, ce que je viens de faire pour vous, ce que vous me devez de reconnaissance. Je n'en exige cependant qu'un léger témoignage; j'ai trop bonne opinion de votre probité, pour penser que vous vous y refusiez, d'autant qu'encore une fois je ne vous demande qu'une chose très-facile. Il ne s'agit que de reprendre cette chaîne et ces fers dont je vous ai délivrés, de vous remettre exactement comme vous étiez; mais au lieu de vous en aller aux galères, vous vous transporterez en cet état au Toboso; vous vous y ferez introduire, vous raconterez de point en point toutes les circonstances de l'affaire, et détaillerez par quels exploits j'ai su parvenir à rompre vos fers, à vous arracher des mains de vos impitoyables bourreaux. Cela fait, je vous tiens pour pleinement acquittés envers moi, et vous aurez la liberté de devenir chacun ce que bon vous semblera.

Ginès prit la parole au nom de tous et répondit : — Ce que votre seigneurie nous demande, notre cher libérateur, n'est pas plus possible que de prendre la lune avec les dents; il n'y a pas moyen de vous satisfaire de cette manière, par la raison que nous en aller en bande en plein jour, et dans l'équipage que vous dites, autant vaudrait aller nous remettre entre les mains de nos gardes. C'est tout au plus si en ne marchant que de nuit en tapinois, chacun de notre côté, et en nous enfonçant bien vite jusqu'au cœur des montagnes, nous pourrons échapper aux recherches qu'on va faire pour nous rattraper. Ce que votre seigneurie devrait faire, et ce qui nous irait beaucoup mieux à tous, ce serait de troquer les salamalecs dont elle a envie que nous régalions son Toboso, contre telle quantité que vous voudriez d'*Ave Maria* et de *Credo*, que vous nous chargeriez de dire à votre intention. Ce paiement-là, oui, nous pourrions vous le faire, sans inconvénient, de jour et de nuit, en paix et en guerre, en repos et en course, et toujours en conscience; mais exiger que nous allions au Toboso, en troupe, la chaîne sur le corps, c'est supposer que nous serons assez bêtes pour retourner volontairement aux galères, après l'avoir échappé si belle; et, ne vous en déplaise, notre cher libérateur, je vous déclare franchement que nous n'en ferons rien.

— Eh bien! reprit Don Quichotte en fureur, mons Passamontè, mons Ginésillo de Paropilla, mons... qui que vous soyez; puisque vous le prenez sur ce ton, vous paierez pour tous, vous; et j'entends que, sur l'heure, vous alliez au Toboso seul, et, qui plus est, chargé de toute la ferraille dont je vous ai délivré.

Comme en intimant cet ordre, Don Quichotte se mettait en devoir de se faire obéir à coups de lance, Ginès, qui n'était pas endurant, qui n'avait d'ailleurs pas grande opinion du bon sens d'un homme assez imprudent pour arracher une troupe de criminels des mains de la justice, se décida bien vite à résister à outrance. A son premier ordre, ses camarades rompirent précipitamment le cercle, et coururent aux pierres, chacun de son côté; ils se mirent à en faire pleuvoir sur leur cher libérateur une grêle si abondante et si constamment soutenue, que le chevalier fut forcé de se tenir sur la défensive, et de se borner à se couvrir le chef avec sa rondache, en sus de son armet de Mambrin, afin au moins d'éviter d'être assommé par quelques coups malheureux. Pour comble de malheur, le pauvre Rossinante ayant perdu la tramontane dès la première décharge, au point de ne plus distinguer les coups d'éperons des coups de cailloux qui lui venaient de tous côtés et partout, prit, suivant sa méthode ordinaire en pareille circonstance, le parti de se résigner et de rester immobile tant que durerait l'orage : en sorte que force fut à son maître de le supporter aussi sans bouger de place. Sancho courut se mettre en peloton presque sous son âne, de manière à s'en faire un rempart contre les pierres. La grêle ne cessa que lorsqu'enfin Rossinante, las des coups, ou peut-être imaginant en souffrir moins dans une posture plus commode, s'étendit les quatre fers en l'air et culbuta son maître, dont, grâce à la rondache, la tête était encore intacte, mais dont le reste du corps était complètement lapidé.

Sitôt que les galériens, le voyant à terre, ne craignirent plus rien de ses armes, ils se précipitèrent sur lui pour le dépouiller de ce qui pourrait être à leur convenance. Quelques gestes menaçants qu'il osa se permettre encore quand il les vit s'approcher, lui valurent une nouvelle mortification; ils lui arrachèrent cruellement le plat à barbe de dessus la tête, et lui en appliquèrent sur les épaules cinq ou six grands coups, tels que le bassin en resta notablement bossué et défiguré : ils lui enlevèrent ensuite une espèce de pourpoint qu'il portait par-dessus son armure; et s'il conserva sa culotte, il ne la dut qu'au trop long temps que les forçats, pressés de se sauver, jugèrent nécessaire pour démonter les cuissards et autres pièces qui la recouvraient. Le pauvre Sancho en fut aussi pour sa casaque : enfin, ne voyant plus rien à prendre qui en valût la peine, après s'être partagé le butin, ils s'enfuirent à toutes jambes, et se dispersèrent, plus affairés sans doute des moyens d'échapper aux recherches de la justice que de la révérence, qu'à bon droit cependant, ils devaient au Toboso. Il ne resta plus sur le champ de bataille que le grison et Rossinante, Sancho et Don Quichotte, tous les quatre dans une situation vraiment fâcheuse : l'âne, triste et la tête basse, secouant ses longues oreilles à tout instant, comme s'il eût entendu siffler les terribles cailloux dont il avait tant pâti; Rossinante, gisant douloureusement à terre, à côté de son maître; Sancho resté presque nu, et cependant bien moins affligé encore de ses pertes que de la mauvaise affaire qu'il se sentait à démêler avec la justice; enfin Don Quichotte, écrasé de coups de pierres, réfléchissant avec amertume sur la noire ingratitude des hommes, et d'une humeur massacrante de se voir réduit en si piteux état par des gens en faveur de qui il venait d'exécuter, avec tant d'audace et de succès, la prouesse la plus généreuse qui eût jamais signalé la bienfaisance de la chevalerie errante. Il n'en franchit pas moins avec courage la terrible montagne Noire, où il vit, entendit et apprit, ainsi que Sancho, une foule de choses tristes et joyeuses, douces et terribles, grandes et petites, qu'il est fort malheureux qu'on n'ait jamais sues.

XIX. — **Don Quichotte pendant une maladie.** — **Grande querelle entre Sancho Pansa, la nièce et la gouvernante de Don Quichotte; et autres choses non moins intéressantes.**

Notre héros, à force de prouesses, de fatigues, et..... de coups reçus, était tombé malade; force lui fut de revenir chez lui.

Cid Hamet Bénengely commence cette seconde partie de l'histoire de Don Quichotte par raconter comment s'y prirent le curé et le barbier de son village, pour tâcher de le guérir. Pendant fort longtemps, ils évitèrent de le voir, afin de ne rien présenter à ses regards qui pût réveiller dans son imagination le souvenir de sa folie. Mais ils ne manquaient pas de visiter fréquemment la nièce et la gouvernante, et de leur prescrire le régime convenable à son état, même les aliments qu'ils jugeaient propres à corroborer son cerveau. De leur côté, la nièce et la gouvernante le soignaient avec zèle et affection; et elles y prenaient d'autant plus d'intérêt, que chaque jour elles apercevaient du mieux dans sa situation. Enfin, elles déclarèrent qu'elles le croyaient totalement remis dans son bon sens; et ses deux amis en furent bien satisfaits.

Mais voici un petit incident. Or, elles étaient sorties pour vaquer aux affaires du ménage, lorsqu'on entendit une rumeur extraordinaire, dominée par les cris de la nièce et de la gouvernante, et sur-le-champ les deux amis de Don Quichotte, le barbier et le curé, qui se trouvaient alors avec lui, le laissèrent pour courir au bruit.

Ce vacarme n'était autre chose qu'une rixe assez vive, survenue entre la gouvernante et la nièce, d'une part; et de l'autre, Sancho Pansa, qui pour parvenir jusqu'à Don Quichotte assiégeait sa porte, tandis que ces deux dames la lui disputaient du bec et des ongles.

— Que veut ce magot, chez nous? lui criait aigrement la gouvernante. Passe ton chemin, l'ami. C'est donc toi qui enjôle ainsi notre pauvre maître! C'est toi qui lui fourre en tête la diabolique fantaisie de courir les champs!

— Gouvernante de Satan! ripostait Sancho, l'enjôlé de nous deux, celui qu'on fait courir les champs, je te dis que c'est moi, entends-tu, et non pas ton maître; et qu'à vous deux, vous vous trompez chacune de moitié. N'est-ce pas lui qui est le postillon et moi la bête qui le suit? N'est-ce pas lui qui, avec ses fagots et cette chienne d'île tant promise, que j'attends encore, m'a fait tout planter là pour le suivre?

— Que ton île t'étouffe, maudit Sancho! reprenait la nièce. Une île? une île! glouton que tu es!

— Cela ne se mange pas, la demoiselle, répondait Sancho : cela se gouverne, comme qui dirait une ville et son alcade.

— Malgré toutes tes sornettes, concluait la gouvernante en le repoussant, tu n'entreras pas ici : passe ton chemin, te dis-je, méchant garnement. Va gouverner ta chaumière, misérable, va piocher ton jardinet, cela vaudra mieux pour toi.

Le curé et le barbier s'amusaient comme des bienheureux de ce colloque; mais non pas Don Quichotte, qui tremblait que Sancho, trop poussé, ne lâchât quelques balourdises nuisibles aux projets ou à la réputation de son maître. Il se pressa d'imposer silence aux deux femmes, et leur ordonna de laisser la porte libre à Sancho.

Les deux amis alors prirent congé de Don Quichotte, bien convaincus que le rétablissement de sa tête était désormais impossible, puisque malgré leurs soins elle était toujours farcie des mêmes chimères chevaleresques. — Vous verrez, mon compère, dit le curé, que nous aurons perdu nos peines; et qu'à l'instant où nous y penserons le moins, notre homme nous fera encore une escapade.

— Je le crois comme vous, répondit le barbier; mais j'avoue que je suis encore moins surpris de l'opiniâtreté de la folie du chevalier, que je ne le suis de l'extravagante crédulité de l'écuyer. Je le vois tellement embéguiné de la future possession de son île, que je défie qu'on parvienne jamais à l'en désabuser.

— Que Dieu les prenne en pitié, dit le curé; je n'y sais plus d'autre remède. Quant à nous, mon ami, restons à l'affût, et attendons le résultat des projets de ces deux têtes perdues. Couple bizarre! mais, il faut en convenir, si bien assorti, que l'un sans l'autre serait infiniment plus à plaindre et moins intéressant.

— Cela est vrai, dit le barbier; si vrai, qu'en effet, je ne sais ce que je ne donnerais pas pour entendre ce qu'ils se disent en ce moment.

— Patience, reprit le curé, patience; nous en saurons sûrement quelque chose par madame la gouvernante : elle n'est pas femme à manquer une si belle occasion d'écouter à la porte.

Don Quichotte se fit fermer soigneusement en dedans par Sancho lui-même; et, dès qu'il se vit seul avec lui, il lui dit d'un ton aigre-doux : — Je suis extrêmement choqué, Sancho, de ce que tu dises que c'est moi qui t'ai fait quitter ton manoir : je le suis surtout de la manière dont tu le dis. Tu dois savoir que moi aussi j'ai quitté le mien, et que le mien vaut bien le tien. Sois plus juste, mon enfant, et confesse le vrai. Confesse que ce que nous avons fait, nous l'avons fait ensemble; qu'ensemble nous sommes partis; qu'ensemble nous avons marché et couru les glorieux hasards de la chevalerie errante; que ma fortune, bonne ou mauvaise, fut toujours la tienne, avec cette différence, cependant, que toujours dans ses faveurs elle te fut plus profitable, et dans ses rigueurs moins adverse qu'à moi; car, si une seule fois tu fus berné sur la couverture, moi, cent fois n'ai-je pas été moulu, brisé de coups?...

— Et cela était juste, interrompit Sancho; car vous m'avez, je crois, enseigné vous-même que les mauvais revenant-bons de la chevalerie errante appartenaient plutôt aux chevaliers qu'aux écuyers.

— Oui, Sancho. Mais songe que *quando caput dolet...*

— Oh! interrompit Sancho, je n'entends plus ce langage-ci.

— Cela veut dire, reprit Don Quichotte, que quand la tête souffre, tous les membres souffrent aussi. Or, moi qui suis ton seigneur et maître, je suis en cette qualité *ta tête*; et toi tu n'es que *mes membres*, puisque tu es à mon service, à mes ordres, mon serviteur; donc, le mal qui m'arrive tu dois le ressentir aussi; et réciproquement, moi, *ta tête*, je ressens le mal qui te survient à toi, *mes membres*.

— Je comprends, répliqua Sancho. Néanmoins, pendant que l'on me faisait sauter sur la couverture, moi *vos mem-*

bres, je me rappelle très-bien que par-dessus la petite muraille de la basse-cour, je vous voyais, vous, *ma tête*, qui me regardait pirouetter en l'air, et qu'elle ne faisait pas la moindre de ces grimaces que l'on fait toujours quand on souffre. Pourtant vous, *ma tête*, deviez souffrir, car moi, *vos membres*, je souffrais en diable.

— Sancho, reprit Don Quichotte, ne voudrais-tu pas dire à présent que je ne souffrais pas, lorsqu'on te bernait si rudement? ne le pense point, mon enfant; garde-toi de le dire, assure-toi bien au contraire que j'en souffrais plus cruellement de l'âme, que toi du corps... Mais ce n'est pas là le moment d'approfondir cette discussion; nous la reprendrons à loisir. Autre chose, aujourd'hui, me presse et nous intéresse. Sancho, mon ami, apprends-moi, je te prie, ce qu'on dit de moi dans le pays; qu'elle est sur mon compte l'opinion publique, et en particulier celle du peuple, celle de la noblesse, celle des chevaliers? Songe, mon ami, que le premier devoir des serviteurs fidèles et affectionnés est de dire à leurs maîtres la vérité telle qu'elle est, sans être embellie par la perfide adulation, ni dissimulée par l'insipide respect; et apprends, Sancho, que si la sévère vérité pouvait toujours parvenir toute nue jusque sous les yeux des puissants de la terre, nous verrions d'autres temps que ceux-ci : ce siècle ne serait pas un vrai siècle de fer pour tant de malheureux, et cesserait bientôt de n'être le siècle d'or que pour un si petit nombre de privilégiés. Au résultat, mon enfant, j'attends de toi la vérité telle que tu la sais, telle qu'elle t'est parvenue.

— Je vous la dirai bien volontiers, mon bon maître, et toute crue, répondit Sancho, mais à condition que vous ne vous mettrez pas en colère.

— Je te le promets, reprit Don Quichotte; ainsi, parle librement, et surtout sans détour.

— Je vous dirai donc d'abord, reprit Sancho, que l'opinion

de tous, grands, petits et moyens, est que vous êtes fou, complètement fou; et que moi j'extravague pour le moins autant que vous. Les nobles prétendent que vous ne savez seulement pas encore l'A B C des règles de la noblesse, puisque, sans rime ni raison, vous avez endossé le *don* pardessus votre nom, et pris des airs de chevalier, sans autre droit que quelques morceaux de champ et deux mauvais habits. Les chevaliers sont piqués au vif de ce qu'un noble de si mince échantillon, un noble à bas noirs rapetassés en soie verte, ait osé parier avec eux...

— Ceci, cependant, ne m'est point applicable, interrompit Don Quichotte; on sait que je suis toujours bien vêtu, et jamais rapetassé; que si parfois je porte quelques trous à mes habits, ce ne sont pas des trous de misère, mais d'honorables témoignages du séjour et du mouvement presque continuel de mes armes sur ma personne.

— Quant à la vaillance de votre seigneurie, continua Sancho, pour ce qui est de vos prouesses, de vos entreprises, de votre courtoisie, chacun en jase à sa manière. Les uns disent que si vous êtes fou, au moins vous faites rire; d'autres que vous êtes brave, mais maladroit et malencontreux; courtois, mais ridicule; enfin on vous retourne de tous les côtés si rudement, et moi aussi, que je ne comprends pas trop comment nous n'en avons pas toutes les côtes brisées.

— Sancho, reprit Don Quichotte, il ne faut pas t'en étonner : partout où éclate le mérite, il déchaîne l'envie et la persécution; et aucun des grands hommes qui ont illustré la terre n'a pu se garantir des traits de la calomnie. Jules César, le plus vaillant, le plus habile capitaine de son siècle et de beaucoup d'autres, tant passés que futurs, n'a-t-il pas été accusé d'une ambition criminelle, et taxé de certaines habitudes très-laides? Cet Alexandre, conquérant d'une partie du monde, et si justement surnommé le Grand, ne passe-t-il pas pour avoir eu trop de penchant à l'ivrognerie? Et cet Hercule si fameux, divinisé par ses innombrables travaux, ne lui reproche-t-on pas ses passions et son excessive intempérance? N'a-t-on pas dit de Don Galaor, frère d'Amadis de Gaule, qu'il fut par trop querelleur? et d'Amadis lui-même, qu'il pleurait comme un enfant. Certes, Sancho, si d'aussi grands hommes n'ont pu imposer silence à la calomnie, j'aurais mauvaise grâce à prétendre en être plus ménagé qu'eux : heureux encore qu'elle ne se permette sur mon compte que ce que tu viens de m'apprendre!...

— Ho! vous n'êtes pas au bout, interrompit Sancho; et la queue donc! c'est le plus difficile à écorcher que la queue. Imaginez-vous, mon bon maître, qu'en comparaison de la queue, tout ce que je viens de vous dire n'est encore que du sucre et du gâteau... Mais si vous voulez en savoir davantage, j'irai vous chercher quelqu'un qui vous contera tout. C'est Samson Carrasco, le garçon au voisin Barthélemi Carrasco. Il est arrivé hier au soir, il revient des études de Salamanque, et le voilà bachelier. J'ai couru, tout gros de le revoir, lui donner la bienvenue; et après les premiers compliments, il m'a conté pour nouvelle que votre histoire courait le monde, imprimée dans des livres, et qu'elle s'appelait l'*Histoire du vaillant gentilhomme Don Quichotte de la Manche;* que moi, j'étais dedans, tout de mon long, et avec mon véritable nom de Sancho Pansa; que le Toboso y était aussi; et je ne sais combien d'autres choses qui, pourtant, ne se sont passées qu'entre vous et moi seuls : ce qui m'a tellement effrayé, que j'en ai fait le signe de la croix, ne pouvant comprendre comment celui qui les a imprimées a pu savoir toutes ces choses-là.

— Tu n'y es pas, reprit Don Quichotte; c'est tout simplement parce que notre historien est un enchanteur, et parce que messieurs les enchanteurs ne sont jamais embarrassés de découvrir ce qu'il leur plaît d'écrire.

— Non, répliqua Sancho, ce n'est point un enchanteur. Le bachelier me l'a nommé : c'est un certain Cid Hamet Bénengi... Bénengé... Bénengille, je crois.

— Ah! c'est un Maure, s'écria Don Quichotte : je le vois à la qualification de Cid, qui n'appartient qu'aux grands de cette nation.

— Cela se peut, reprit Sancho : mais, encore une fois, si vous voulez en savoir davantage, il faut lui parler à lui-même.

— Je suis singulièrement ému de ce que je viens d'apprendre; et je ne boirai ni ne mangerai de bon cœur que je ne sache tout.

Sur ce, Sancho courut chercher le bachelier, et le ramena bientôt après. On ne verra que dans le chapitre suivant ce qui se dit et se passa entre eux trois.

XX — Entretien remarquable entre Don Quichotte, Sancho Pansa, et le bachelier Samson Carrasco.

En attendant l'arrivée du bachelier, Don Quichotte, très-soucieux, se torturait l'imagination pour comprendre comment son histoire imprimée courait déjà le monde, tandis que son épée était encore fumante du sang qu'elle avait fait couler dans tant de batailles : et après bien des combinaisons, il conclut que la chose n'ayant été possible qu'à l'aide des moyens particuliers de la magie, son historien ne pouvait être qu'un enchanteur. Mais alors, nouveau sujet d'inquiétude : — Car, se disait-il, quel peut avoir été le but de cet historien? Est-il un de ces bienfaisants écrivains, uniquement occupés de la gloire de leur héros? N'est-il qu'un de ces détracteurs malveillants, dont le talent perfide ravalerait si facilement les plus hauts faits de chevalerie au niveau des actions les plus communes d'un simple écuyer?...

Mais non, continua-t-il; si mon histoire existe, elle est nécessairement histoire de chevalerie : elle ne peut donc être que noble, riche, brillante, et surtout véritable.

Cette conséquence le tranquillisait un peu : mais soudain il retombait dans ses inquiétudes, en pensant que son historien n'était qu'un Maure, et que généralement tous ces mécréants sont fourbes, menteurs, sans délicatesse.

Sancho et le bachelier arrivèrent fort à propos pour faire diversion à ces perplexités. Don Quichotte accueillit Carrasco avec beaucoup d'affabilité. C'était un petit homme, tout Samson qu'il se nommait. Il avait environ vingt-quatre ans, l'œil vif, le nez au vent, la bouche grande et riante, la figure ronde et vermeille : caractère de physionomie qui annonçait une humeur enjouée, et même un tant soit peu malicieuse. En abordant Don Quichotte, il débuta respectueusement par se mettre un genou en terre : — Daignez, seigneur Don Quichotte de la Manche, lui dit-il, m'admettre à l'honneur de vous baiser la main. J'en jure par l'habit que j'ai sur le corps, seigneur, je reconnais en vous la perle des chevaliers errants; celui qui n'eut et n'aura jamais d'égal. Honneur et grâce, mille fois, au savant Cid Hamet Bénengély, qui a si dignement écrit votre magnifique histoire! honneur et grâce encore à l'amateur bienfaisant qui l'a traduite en notre langue, pour l'instruction et le perpétuel amusement du genre humain espagnol!

— Il est donc bien vrai, lui répondit Don Quichotte, en le relevant, que mon histoire existe, et que c'est un Maure qui l'a écrite!

— Rien n'est plus vrai, Seigneur, reprit Samson : et je puis vous certifier qu'en ce moment il en existe plus de douze mille exemplaires, imprimés tant en Portugal qu'à Barcelone et à Valence. On dit même qu'il s'en imprime actuellement une forte édition à Anvers : et j'ose vous prédire, moi qui m'y entends, qu'un jour elle sera traduite dans toutes les langues.

— C'est une bien douce satisfaction pour un vaillant chevalier, répondit Don Quichotte, que celle de se voir, de son vivant, célébré dans sa propre histoire, et sous un aspect glorieux; car, vous sentez que sous tout autre, tant de célébrité ne serait qu'un supplice pire que la mort.

— Votre seigneurie n'a rien à désirer à cet égard, reprit le bachelier. Vous êtes traité par votre historien de manière à vous assurer à jamais la prééminence parmi les chevaliers errants passés et futurs. Il a peint jusqu'à votre personne avec tant de vérité, qu'en vous voyant il n'est pas un de ses lecteurs qui ne doive vous reconnaître. Il a célébré avec la même précision toutes les hautes vertus de votre seigneurie, son incroyable intrépidité, sa noble audace dans les entreprises, sa patience héroïque dans l'adversité, et sa stoïque résignation contre les coups et blessures.

— Veuillez me dire quelles sont celles de mes aventures que l'on prise le plus.

— Les opinions sont partagées, répondit le bachelier, parce que chacun juge d'après son goût, et que, comme vous savez, chacun a le sien. Les uns préfèrent votre bataille à jamais fameuse contre ces géants qui se changèrent en autant de moulins à vent. Les autres sont pour la curieuse aventure des moulins à foulons. Certains, pour celle de ces deux grandes armées que vous forçâtes à se transformer en troupeaux de moutons. J'ai vu des amateurs pour l'aventure du mort de Ségovie. J'en ai vu, et même en assez grand nombre, pour celle de ces ingrats galériens dont votre valeur rompit si généreusement les chaînes. J'en ai vu enfin pour votre rude bataille contre le Biscayen.

— Dites-moi, monsieur le bachelier, demanda Sancho, l'histoire en question fait-elle mention de notre aventure avec certains muletiers Yangois, à l'occasion d'une certaine crânerie de Rossinante ?

— Rien n'est resté dans l'écritoire de l'historien, répondit Samson : il raconte tout; tout, jusqu'aux pirouettes qu'un jour le pauvre Sancho Pansa fit sur la couverture.

— Voilà encore l'histoire en défaut, reprit Sancho : car ce fut en l'air, et non pas sur la couverture, que se firent mes pirouettes.

— Il y a du haut et du bas dans toutes les histoires de ce monde, mon enfant, dit Don Quichotte; particulièrement dans celles des chevaliers errants, qui, plus que tous autres, sont exposés aux vicissitudes de la fortune. Tu devrais bien enfin te consoler de ces malheureuses pirouettes, et n'en plus parler.

— Néanmoins, reprit le bachelier, certains critiques pensent que dans votre histoire on aurait pu sans inconvénient passer sous silence la majeure partie des innombrables coups de bâton que votre seigneurie a reçus en diverses rencontres.

— Ah! s'écria Sancho, voilà l'histoire qui commence à se faire véritable.

— Je ne vois pas trop, en effet, observa Don Quichotte, pourquoi tant de précision dans certains détails minutieux qui, sans intéresser le sens ou la véracité de l'histoire, peuvent en mortifier le héros. Certes, Enée ne fut pas toujours, en tout temps, à toute heure, aussi pieux, aussi magnanime, aussi grand que nous le peint Virgile; ni Ulysse aussi prudent qu'Homère nous le représente.

— Je le pense comme vous, seigneur, répliqua le bachelier. Mais observons ici qu'il est bien différent d'écrire comme poète, et d'écrire comme historien. Le poète peut chanter les choses, non pas telles qu'elles ont été, mais telles qu'elles auraient dû être, pour faire briller ses rôles au gré son de imagination. L'historien, au contraire, dont le but est de faire connaître les événements, leurs causes et leurs résultats, se trouve rigoureusement assujéti à ne raconter que la vérité.

— Puisque ce savant Maure est si scrupuleux, dit Sancho, sans doute il n'aura pas parlé des coups de bâton que monseigneur a eus pour sa part, sans faire compte aussi de ceux qui me sont revenus pour la mienne : et je peux dire qu'on n'a jamais pris mesure de ses épaules, à mon maître, qu'à moi on ne me l'ait prise de toute ma personne : mais c'était juste, puisque, comme dit monseigneur, il est *la tête*, et moi *les membres*.

— Vous êtes railleur, Sancho, reprit Don Quichotte, et il paraît que, quand il vous plaît, la mémoire ne vous manque pas.

— Eh! quand je ne le voudrais pas, répliqua Sancho, quand je mettrais mes cinq sens de nature à oublier ces malheureuses gourdinades, ne sont-elles pas encore imprimées en rouge et en noir sur mes côtes et partout où elles sont tombées!

— Taisez-vous, mon pauvre Sancho, reprit Don Quichotte; avec toutes vos inutiles jérémiades, vous ne faites qu'interrompre, fort mal à propos, monsieur le bachelier. Je lui en demande pardon encore une fois, et je l'invite à continuer de m'apprendre ce que mon histoire dit de moi.

— Et de moi aussi, dit Sancho; car je sais qu'elle jase sur mon compte, comme si j'en étais un grand personnage.

— Si vous n'en êtes pas le premier, Sancho, répondit le bachelier, vous en êtes sans contredit le second. Il y a même beaucoup d'amateurs dont le plus grand plaisir est de vous y voir et de vous y entendre. Mais on vous reproche d'avoir cru si facilement et si fortement à l'île que le seigneur Don Quichotte vous a tant promise...

— Le soleil est encore sur l'horizon, interrompit Don Quichotte, et Sancho n'a rien perdu pour attendre. Au contraire.

car il me semble qu'en avançant en âge il acquerra l'expérience et les lumières qui lui manquaient, et qu'il n'en sera que plus habile gouverneur.

— Tiens! reprit Sancho, si avec les années que je tiens déjà, je n'en sais pas encore assez pour être gouverneur, il y a bien à parier que toutes celles de Mathusalem par-dessus les miennes n'y feraient que de l'eau claire. Au reste, ce n'est pas là le *hic*. Le grand mal est que je ne sais encore où et quand nous la pêcherons, cette chienne d'île. Mais une fois que je la tiendrai, soyez tranquilles, je vous promets qu'elle sera gouvernée de main de maître..... Et puis, ce n'est sûrement pas la mer à boire, que d'être gouverneur. J'ai vu des gens s'en mêler, se faire donner du Monseigneur gros comme le bras; se faire servir en belle et bonne vaisselle d'argent : et quels gens! des gens qui, entre nous soit dit, ne m'iraient pas à la cheville du pied, si nous voulions nous mesurer en conscience.

— C'est que, sans doute, reprit le bachelier, vous n'avez vu que des gouverneurs de terre ferme : mais il faut aux gouverneurs d'île bien plus de science et de capacité.

— Ferme ou molle que soit la terre, répliqua Sancho, à l'œuvre on reconnaîtra l'ouvrier, quand la volonté de Dieu sera de me faire gouverneur. En attendant, je vous dirai, monsieur le bachelier Samson Carrasco, que je suis fort content que notre faiseur d'histoire ait parlé de moi de manière à ne pas ennuyer son monde; et que, foi d'écuyer errant, j'aurais fait un tapage d'enfer s'il se fût avisé de me faire passer pour tout autre que pour un franc chrétien de race et de cœur : car enfin, quand on parle de quelqu'un, on doit prendre garde à ce qu'on dit, et ne pas en parler à tort et à travers...

— Oh! répondit le bachelier, le mal n'est pas aussi grand que vous le faites. Enfants, jeunes gens surtout, hommes faits, vieillards même, tous trouvent dans votre histoire de quoi se divertir, et chacun suivant son goût et sa portée. Il est, en un mot, si généralement connu, qu'il n'est aujourd'hui personne en Espagne qui, à la vue d'un cheval sec et allongé, ne s'écrie : *Voilà Rossinante.*

— Monsieur le bachelier, reprit Sancho, je ne suis guère en état à présent de vous faire ni comptes ni décomptes. Je me sens l'estomac si fort à sec, qu'il est prêt à se coller à mon échine, si bien vite je ne le réconforte d'un ou deux coups de mon vin vieux. Je m'en vais donc dîner d'abord; cela ne sera pas long : à mon retour, j'aurai toutes mes forces, et je vous écouterai.

Sur ce, Sancho tourna les talons, sans attendre de réplique, et s'enfuit chez lui. Don Quichotte invita le bachelier à partager amicalement la fortune du pot. La partie fut acceptée sans beaucoup de cérémonies. Moyennant une paire de pigeons d'extraordinaire, le dîner se trouva présentable. On le mangea gaiement, en jasant chevalerie, et Carrasco s'y prêta en homme d'esprit. Ils se séparèrent ensuite; et Sancho s'en revint chez lui disposer tout pour le départ.

XXI. — Comment Don Quichotte, par son incroyable valeur, vint heureusement à bout de l'épouvantable aventure des lions.

Le lendemain, Sancho et son maître s'étaient éloignés de leur village; ils avaient profité de l'obscurité de la nuit, comme lors de leur première sortie, pour mettre en défaut la vigilance de la gouvernante et de la nièce. Selon les us et coutumes de la chevalerie errante, ils avaient marché sans but déterminé, suivant les premiers chemins qui s'offraient à leur vue.

A la pointe du jour, ils étaient sur la grand'route; là ils firent rencontre d'un gentilhomme nommé Don Diégo de

Miranda. Après les compliments qu'on a l'habitude d'échanger entre étrangers qui suivent le même chemin, la conversation s'engagea.

Le nouveau venu était un homme d'une cinquantaine d'années, d'un extérieur distingué. Il considérait avec un profond étonnement cet homme bardé de fer, armé d'une lance, et dont les manières annonçaient pourtant une grande douceur de caractère; qui faisait preuve de science et d'érudition dans la conversation, chaque fois qu'il s'agissait de choses étrangères à la chevalerie errante; mais qui, à tout propos, trouvant moyen de ramener son thème favori, débitait de sang-froid les plus sottes extravagances.

Mais la conversation fut finie quand notre héros, en levant la tête, vit venir une grande charrette sur laquelle flottaient plusieurs bannières royales. Il jugea du premier coup d'œil que c'était une nouvelle aventure qui s'approchait, et il s'arrêta pour crier à Sancho, qui s'était approché de quelques pâtres, d'apporter promptement son armure de tête. Sancho les quitta sur-le-champ, talonna le grison et s'en vint en grande hâte à son maître, qui effectivement touchait à une aventure effroyable et des plus extraordinaires.

A l'instant même où Don Quichotte s'égosillait après Sancho, pour le faire revenir au plus vite, celui-ci venait d'acheter aux bergers une couple de petits fromages à la crème, dont il se proposait de se régaler, et que faute d'un autre vase, il avait provisoirement déposés dans le fond de l'armet de la salade de son maître, en attendant le temps de les avaler à loisir. Pressé par le ton d'urgence des ordres et des cris de son seigneur, ne voulant pas jeter ses fromages, mais ne se sentant pas le temps de les expédier, Sancho accourut au grand trot du grison et arriva tout effaré, la salade à la main. — Donne-moi vite cette salade, mon enfant, lui dit Don Quichotte en se précipitant vers lui et en la prenant lui-même ; ou je ne me connais plus en aventures, ou en voici une dont il sera parlé longtemps, et pour laquelle toutes mes armes, tant offensives que défensives, ne seront sûrement pas de trop.

A ce propos, Don Diégo se retourna de tous côtés, et ne voyant rien, absolument rien qu'une charrette qui s'en venait paisiblement, et qu'à ses bannières il jugea chargée d'espèces ou de quelques objets particuliers pour la personne même de Sa Majesté, il en fit l'observation à Don Quichotte, en lui demandant où donc il voyait les apparences d'une aventure à nécessiter l'usage de toute son armure. — J'ai pour moi, seigneur, répondit notre héros, l'expérience que mes ennemis se présentent sous toutes sortes de formes, quelquefois même sous des apparences indéchiffrables. Je dois en conséquence me tenir toujours prêt à les combattre ; et sitôt aperçus, j'ai pour principe de les prévenir.

Et tout en répondant, les yeux toujours sur la charrette, il se dépêchait de se mettre la salade en tête, sans faire attention s'il y avait ou non quelque chose au fond de l'armet. Les fromages, écrasés, pressurés par cette manœuvre, se décomposèrent aussitôt ; et le petit lait découla de tous côtés dans les cheveux, sur la figure, dans les moustaches, et jusqu'entre chemise et chair, sur les épaules et la poitrine de Don Quichotte. Effrayé de cette inondation dont il était loin de pénétrer la véritable cause, il se secoua, comme pour se réconforter, et dit : — Je ne sais trop ce que j'éprouve, Sancho, je croirais presque que mon cerveau se fond et que ma cervelle se tourne en eau. Je sens une sueur froide extrêmement abondante, qui me prend de la tête aux pieds. Tu dois croire cependant que ce n'est pas de peur qu'elle provient. A la vérité, cette aventure-ci paraît devoir être des plus terribles ; mais, à coup sûr, ce n'est pas là ce qui me fait suer. Vois, je te prie, mon ami, si tu n'as pas à me passer une serviette, un mouchoir pour m'essuyer : la sueur me tombe jusque dans les yeux, et à si grosses gouttes, qu'elle m'offusque; bientôt je n'y verrais plus.

Sancho tremblant lui passa vite un mouchoir sans dire mot, mais en remerciant Dieu de tout son cœur de ce que le cher maître paraissait prendre le change sur la véritable source de ce déluge de petit lait. Don Quichotte, après s'être essuyé, ôta sa salade pour reconnaître d'où provenait certaine fraîcheur qu'il se sentait comme fixée sur le sommet de la tête. Il aperçut alors le gâchis des fromages défigurés au fond de l'armet, et il le porta sous son nez, pour pouvoir, en le flairant, en déchiffrer la nature. — Par toutes les gloires du Toboso! s'écria-t-il en fureur, c'est du fromage à la crème! malheureux écuyer! traître! qu'as-tu fait?

— Si ce n'est que du fromage à la crème, répondit Sancho sans se déconcerter, le mal n'est pas grand; j'en serai quitte pour le manger..... ou plutôt non..... que le diable s'en régale lui-même, car ce n'est que sa malice infernale qui peut avoir fourré là ce prétendu fromage..... Au moins, monseigneur, n'allez pas vous figurer qu'ils soient de mon crû, ces maudits fromages..... Tenez, à force d'y songer, je crois deviner à présent le fin mot. Comme je suis presque du même bois que vous, puisque comme vous le dites je suis *vos membres*, vous verrez que j'aurai aussi ma part d'enchanteurs qui me persécutent, et que les coquins, méchamment et à dessein, auront insinué, je ne sais comment, ce paquet d'immondices au fond de votre armet, afin de vous mettre en colère et de vous pousser, tout bon que vous êtes, jusqu'à me donner un savon ou une volée, comme de temps en temps cela vous arrive. Mais j'espère que, cette fois, ils y perdront leur latin et leur fromage.

— C'en est assez, interrompit Don Quichotte. Je suis content de tes réflexions, n'en parlons plus.

Et sans s'en émouvoir davantage, il s'essuya tranquillement

les cheveux, la face et les moustaches, et de suite il se remit la salade en tête. Cela fait, il se raffermit en selle et sur ses étriers; il sonda si son épée n'était pas trop tenace dans le fourreau; il empoigna sa lance, la brandit et la baissa la pointe à l'ennemi, et l'écu haut, il s'écria : Vienne maintenant qui voudra, j'attends de pied ferme; et Satan lui-même, en personne, ne passerait pas outre sans m'avoir donné toute satisfaction.

Don Diégo de Miranda, témoin de cette scène et de tous les propos qu'on vient de raconter, écoutait, examinait, réfléchissait, et n'en savait pas mieux qu'en dire et qu'en penser. Enfin, le chariot aux bannières royales arriva. Deux hommes le conduisaient; l'un à pied, gouvernait les mules; l'autre était assis sur l'avant-train, en avant d'une énorme caisse de bois qui occupait, seule, toute la longueur et largeur du chariot. Don Quichotte leur barra le passage. — Arrêtez, bonnes gens, leur cria-t-il; et apprenez-moi, et sur-le-champ, et au vrai, à qui est ce chariot, ce que vous voiturez sur ce chariot, et pourquoi ces bannières sur ce chariot?

— Le chariot m'appartient, seigneur, répondit le conducteur qui était sur l'avant-train. Il est chargé de deux vigoureux lions enfermés dans ces cages, et que le gouverneur d'Oran envoie en cadeau à Sa Majesté. Ces bannières sont des bannières royales : elles sont là pour apprendre à tous passants et autres que ma voiture est chargée pour le service personnel du roi.

— Sont-ils de taille, ces vigoureux lions? demanda Don Quichotte d'un ton goguenard.

— S'ils sont de taille! répondit le conducteur. Je vous garantis, seigneur, que ce sont les plus forts qui aient passé d'Afrique en Espagne depuis que je fais le métier. J'en ai vu quelques-uns dans ma vie, mais pas un seul encore qui vaille ceux-ci. J'ai mâle et femelle : le mâle est dans cette cage, ici, sur le devant ; et la femelle est là, dans la cage de derrière. Ils n'ont pas encore mangé de la journée : il me tarde d'arriver, pour les faire dîner : trouvez bon, je vous prie, que je ne m'arrête pas plus longtemps.

— Un moment, un moment, répondit Don Quichotte en souriant et en ricanant. Ce sont, dites-vous, des lions ? des lions que l'on m'envoie ! à moi ! ici ! en plein jour !... pauvres petits ! hé bien, je vais, en votre présence, apprendre à qui me les député, si Don Quichotte de la Manche est homme à trembler et à reculer devant des lions. Descendez, brave homme ; et puisque vous êtes le conducteur de ces bêtes si terribles, c'est à vous que j'ordonne d'ouvrir leur cage, et de me les sortir en plaine. Là, je leur montrerai qui je suis ; et vous pourrez en porter des nouvelles à messieurs les enchanteurs.

— Bon ! se dit alors Don Diégo ; en voici une bien prononcée ! Ah ! mon pauvre chevalier ! décidément, vous n'êtes qu'un fou. Les fromages à la crême vous ont délayé la cervelle.

Sancho, entendant le gentilhomme marmotter entre ses dents, s'approcha de lui et lui dit à l'oreille : — Au nom de Dieu, monsieur le gentilhomme, faites donc votre possible pour que monseigneur Don Quichotte ne se frotte pas à ces épouvantables bêtes : il nous ferait mettre en pièces ou croquer tout vifs.

— Quoi ! reprit le gentilhomme, votre maître serait assez fou pour vouloir se battre contre ces terribles animaux ! Mais... vous me faites frémir !

— Mon maître n'est pas fou, répondit Sancho ; du moins ce n'est pas tout-à-fait cela que j'ai voulu vous dire ; mais je le connais d'une audace à tout entreprendre.

— J'espère bien qu'il n'en fera rien, et je vais le raisonner, reprit le gentihomme en accourant se poster entre Don

Quichotte et le conducteur, que notre héros pressait vivement d'ouvrir la cage.

— Seigneur, dit-il à Don Quichotte, écoutez-moi, je vous prie. Les chevaliers errants ne sont pas plus tenus que tous autres de tenter l'impossible. Au moins faut-il qu'il y ait quelque espérance fondée de succès, dans leurs entreprises ; et certainement il n'y en a pas l'ombre pour vous dans celle-ci qui, d'ailleurs, n'est rien moins qu'une aventure de votre compétence. Observez que l'intrépidité, quand elle est évidemment téméraire, tient plutôt de la folie que de la véritable bravoure. Ajoutez que ces lions ne sont point envoyés contre vous; qu'ils sont loin, bien loin de vous en vouloir, ni même de penser à vous; qu'ils sont destinés à Sa Majesté; qu'ils lui appartiennent; et qu'il n'est ni convenable ni même permis à qui que ce soit de contrarier leur destination.

— Monsieur le gentilhomme, répondit Don Quichotte, s'il s'agissait d'une affaire de furets ou de chiens d'arrêt, je prendrais vos conseils et m'en rapporterais à vous, qui vous y connaissez. Mais chacun son métier : le mien est d'en savoir un peu plus que vous en fait d'aventures, de celles surtout où les lions sont pour quelque chose; et je puis seul pénétrer pourquoi et comment ces petits seigneurs-là se trouvent ici. Au surplus, trêve de discours, continua-t-il d'une voix menaçante, en s'adressant au conducteur : ouvres-tu cette cage, malheureux veillaque! ou veux-tu que d'un coup de cette lance je te cloue à ton chariot!

Le muletier, jugeant qu'il n'y avait pas moyen de faire entendre raison à cette espèce de long démon ferré et armé de toutes pièces, lui dit : — Au moins, monseigneur, par charité, laissez-moi dételer et me sauver avec mes mules, avant que les lions soient lâchés. Ils ne feraient qu'une bouchée de tout mon attelage; et si j'avais le malheur de le perdre, je serais moi-même un homme perdu ; car c'est tout ce que je possède au monde pour gagner ma vie.

— Pauvre trembleur ! répondit Don Quichotte. Détèle, fais ce que tu voudras, j'y consens : mais tu verras bientôt qu'il était fort inutile de prendre cette précaution.

Le muletier ne se le fit pas dire deux fois, et détela en grande hâte. Le conducteur alors s'écria : —Je vous prends à témoins, Messieurs, que c'est contre ma volonté que j'ouvre ces cages, et que je suis contraint par force majeure. Je proteste de tout le mal qui en arrivera ; j'en rends responsable ce chevalier, et me réserve de plus, de me pourvoir pour mon compte, en dommages-intérêts, contre qui il appartiendra. Dépêchez-vous, Messieurs, de vous sauver et de tâcher de vous mettre en sûreté avant que j'ouvre. Ces animaux ne connaissent que moi ; ils ne me feront aucun mal ; mais je ne réponds que de moi ; et je vous engage à ne pas vous exposer à leur fureur.

Le gentilhomme essaya de raisonner encore une fois le trop audacieux Don Quichotte, et de lui persuader qu'une pareille entreprise était de la plus grande folie. *Je sais ce que je fais ; je sais ce que j'ai à faire,* furent les seules réponses qu'il en put obtenir, jusqu'à ce que, excédé des remontrances du gentilhomme, il lui dit très-brusquement :

— Au surplus, si vous craignez d'être présent, libre à vous de vous éloigner ; mais hâtez-vous : piquez des deux et bien vite.

Sancho, la larme à l'œil, déploya aussi toute sa réthorique pour déterminer son seigneur à renoncer à cette terrible aventure ; — en comparaison de laquelle, lui disait-il toutes nos autres batailles, celle même des moulins à vent, et notre épouvantable aventure des foulons, n'étaient que fariboles et bagatelles. Faites bien attention, mon cher maître, qu'il ne s'agit pas ici d'enchanteurs ni de transformations ; j'ai regardé par une fente de la cage. Je n'ai pu apercevoir qu'un ongle du pied de la bête; mais je l'ai vu bien véritablement; et il est si étoffé, si pointu, si crochu, que je parierais le lion gros au moins comme une maison.

— Plus gros que sa cage, sans doute, reprit Don Quichotte en souriant. Bientôt la peur te le fera voir plus gros qu'une montagne : mais il n'en sera ni plus ni moins; c'est un parti pris : rien n'ébranlera ma résolution. Au reste, Sancho, retire-toi; songe aussi à te mettre en sûreté : je ne m'y oppose point.

Don Diégo, désespérant de venir à bout de Don Quichotte par la persuasion, fut un instant tenté d'employer la force et de proposer de se réunir tous contre lui pour empêcher l'exécution de son insensé projet. Mais considérant qu'il faudrait se résoudre à le combattre à outrance, s'exposer à l'assommer ou à se faire assommer; pressé d'ailleurs par la violence des menaces redoublées que notre héros adressait au conducteur pour se faire ouvrir sur-le-champ, il prit enfin le parti de piquer son cheval, et de fuir. Sancho se mit aussi à piquer son grison; le muletier, à fouailler ses mules; et tous, à qui mieux mieux, à sauve-qui-peut, s'éloignèrent à toutes jambes, pour pouvoir se mettre en sûreté avant que les lions fussent lâchés. Sancho, sanglotant, pleurait son seigneur, qu'il lui semblait déjà voir en pièces, entre les griffes du lion.

Le conducteur, toujours pressé, toujours menacé par le bouillant chevalier, voyant les fuyards déjà loin, et avec assez d'avance pour être hors de danger, renouvela ses observations, protestations et réserves. Don Quichotte répondit qu'il les avait déjà parfaitement entendues et pesées toutes; qu'elles étaient, qu'elles seraient désormais inutiles, et qu'il ne restait plus qu'à obéir à l'instant. Le conducteur se mit donc enfin en posture d'ouvrir la première cage. Don Quichotte, alors, réfléchit à ses dispositions d'attaque et de défense. Il sentit qu'il serait peut-être dangereux de livrer cette bataille à cheval, en ce que Rossinante, à la vue des lions, pourrait s'épouvanter, et lui causer quelqu'embarras. En conséquence, il met pied à terre, jette sa lance, se couvre de son écu, et, l'épée à la main, il se pose en garde, marche en avant à petits pas mesurés, et vient, avec une merveilleuse intrépidité, se poster en face de la porte de la cage, en se recommandant de tout son cœur à Dieu.

Le conducteur, voyant Don Quichotte en mesure, et qu'il fallait absolument lui céder ou s'exposer à toute sa fureur, ouvrit brusquement la première cage, en se jetant de côté et à l'écart. La porte ouverte laissa voir à notre héros un lion d'une taille extraordinaire et de la plus épouvantable encolure. Il était couché dans sa loge. L'animal, au bruit que vient de faire l'ouverture de sa cage, se lève lourdement, s'allonge et se détire les muscles en se cramponnant sur toutes ses griffes déployées; et, comme s'il s'éveillait, il ouvre une effroyable gueule, bâille lentement à trois reprises différentes; et, chaque fois, il sort deux pieds de long d'une large langue dont il s'humecte les naseaux et les yeux. Il avance ensuite sur le bord de sa loge; et toute son énorme tête en dehors, il darde de droite et de gauche, et sur notre héros, des regards étincelants. Ce formidable aspect aurait, sans contredit, glacé de terreur le plus intrépide des braves; cependant, il ne fit aucune impression sur notre chevalier, qui, en garde, l'écu en avant, attendait de pied ferme que l'animal descendît, et qui, sûr de le tailler en pièces, bouillait d'impatience d'en venir aux mains.

Mais le lion, soit générosité, soit engourdissement causé par le sommeil, soit qu'après avoir regardé de tous côtés il n'eût rien remarqué de digne de sa colère ou de son appétit, se retourna tout doucement de tête à queue, le derrière pointé sur Don Quichotte, et se recoucha paisiblement.

Don Quichotte indigné, piqué au vif, enjoignit alors au

conducteur d'irriter la bête à coups de bâton, pour la forcer à descendre. — Je n'en ferai sûrement rien, répondit le conducteur ; je serais infailliblement sa première victime, et je n'ai point envie de me faire mettre en pièces. Au surplus, seigneur chevalier, si vous m'en croyez, vous vous contenterez de ce qui s'est passé. Ne tentez pas la fortune une seconde fois, puisque la première vous a si bien réussi. La porte est ouverte au lion ; il est libre de sortir ou de ne pas sortir : mais puisqu'il n'est pas descendu d'abord, je vous garantis qu'il ne descendra pas de la journée ; et que vous pouvez vous tenir pour déclaré, de sa part, qu'il refuse le combat. Quant à vous, seigneur chevalier, vous avez prouvé sans réplique un courage sans exemple ; et cela doit vous suffire, d'autant qu'à mon avis le plus vaillant champion ne peut que défier son adversaire, se rendre sur le champ de bataille et l'y attendre. Celui qui ne s'y présente pas est réputé vaincu ; la honte lui en reste, et toute la gloire est à celui qui a défié, quoiqu'il ne se soit point battu.

— Mon ami, répliqua Don Quichotte, je sens que vous avez raison. Refermez la cage, j'y consens ; mais je vous demande une attestation circonstanciée, et en bonne forme autant que possible, de tout ce qui s'est passé. Je veux constater qu'à ma réquisition vous avez ouvert la porte au lion ; que je l'ai défié ; que je l'ai attendu les armes à la main, et de pied ferme ; qu'il n'a pas voulu descendre ; que j'ai persisté à le défier et à l'attendre sur le pré ; qu'il a persisté à s'y refuser ; et qu'il a fini par se coucher humblement devant moi, pour me notifier qu'il aime mieux s'avouer vaincu que se mesurer contre moi. Je reconnais que je n'en dois et n'en puis pas davantage. Que messieurs les enchanteurs s'arrangent donc comme il leur plaira : j'ai fait mon devoir devant Dieu et devant les hommes, en digne chevalier errant. Refermez cette cage, mon cher ; reverrouillez ce lion si fier. Moi, je vais faire revenir nos fuyards ;

souvenez-vous que vous êtes tenu de leur raconter et certifier l'affaire, telle qu'elle a eu lieu en votre présence.

Le conducteur ferma la cage; et Don Quichotte, après avoir attaché au bout de sa lance le mouchoir blanc dont il s'était servi pour s'essuyer le chef en sortant de son bain de petit lait, se mit à crier de toute sa force pour rappeler les fuyards qui, le gentilhomme en avant, attendu qu'il était le mieux monté, couraient toujours à toutes jambes et dans le plus grand désordre, mais en retournant la tête à tout instant du côté du chariot. Sancho le premier aperçut le mouchoir blanc. — Sur mon honneur, Messieurs, s'écria-t-il, mon maître est venu à bout de ces terribles bêtes! On nous fait signe de revenir, et si je ne me trompe, c'est lui-même en personne vivante.

Les fuyards alors s'arrêtèrent, se retournèrent tout-à-fait, hasardèrent en avant quelques pas incertains, et petit à petit ils se rapprochèrent jusqu'à portée de la voix de notre héros, qui s'égosillait à les rappeler. Bien convaincus enfin que c'était lui-même qu'ils voyaient et qu'ils entendaient, ils accoururent et arrivèrent. — Revenez atteler vos mules, mon ami, cria Don Quichotte au muletier, et remettez-vous en marche quand il vous plaira, l'aventure est finie. Et toi, Sancho, donne à chacun de ces deux hommes un écu d'or, pour les dédommager du temps que je leur ai pris.

— De tout mon cœur, monseigneur, de tout mon cœur, répondit Sancho trépignant de joie… Mais dites-moi donc, monseigneur, et les lions? que sont-ils devenus, les lions? sont-ils morts ou en vie?

Le conducteur alors prit la parole et raconta ce qui venait de se passer, en exaltant de son mieux le courage de Don Quichotte.

— Hé bien! Sancho, reprit Don Quichotte, que t'en semble, mon ami? Comment trouves-tu cette aventure-ci? Croiras-tu maintenant qu'il y ait au monde puissance capable d'en imposer à un véritable chevalier errant? Les enchanteurs peuvent bien me souffler une aventure, me l'arracher des mains : mais le courage! mais l'intrépidité! jamais, jamais ils ne me les ôteront : impossible à eux de me faire reculer d'un pas.

Sancho donna les deux écus d'or; le charretier rattela ses mules, et le conducteur, en baisant les mains de Don Quichotte en reconnaissance du cadeau, lui promit de raconter son étonnante prouesse au roi lui-même.

— Vous ferez bien et me ferez plaisir, répondit Don Quichotte; et si Sa Majesté vous demande le nom du chevalier qui a fait le coup, vous lui direz que c'est le *chevalier des Lions*. C'est le nom que désormais je prends : je l'adopte dès ce moment et à jamais, en place de celui de *la Triste figure*; et en cela je ne fais que me conformer à l'usage de mes prédécesseurs, les anciens chevaliers errants, qui avaient la faculté, ou plutôt la prérogative de changer leur nom quand ils le jugeaient à propos.

Enfin le chariot aux lions se remit en marche; et de leur côté, Don Quichotte, Sancho et le gentilhomme continuèrent leur chemin. Depuis son retour de la calvacade forcée qu'il venait de faire, le gentilhomme, toujours plus surpris de tant d'extravagance dans les actions et de tant de sens dans les discours de Don Quichotte, n'avait dit mot. Il ne pouvait comprendre ni un sage aussi fou, ni un fou aussi sage. Comme il ne connaissait pas encore les commencements de l'histoire de notre héros, il n'avait aucune connaissance de la bizarrerie de son caractère : de sorte que, toujours indécis sur son compte, il ne savait réellement quel langage lui tenir.

— Seigneur Don Diégo de Miranda, reprit Don Quichotte, je crois pénétrer ce qui vous occupe si fort, et m'apercevoir que vous êtes bien tenté de me prendre pour un extravagant, pour un fou. J'avoue que, d'après ce que vous m'avez vu faire, ce ne serait pas sans quelque fondement que vous auriez de moi cette opinion : cependant, en pesant mes raisons, en y regardant de près, vous vous convaincrez, j'espère, que ce serait me juger beaucoup trop rigoureusement. On applaudit tous les jours à l'audace, à la dextérité du chevalier *toréador*, qui dans l'arène affronte et repousse vaillamment le taureau furieux : les *bravos* du public, ceux des grands, ceux du roi lui-même quand il est présent, sont toujours enlevés par l'heureux vainqueur : et quand il succomberait dans cette lutte périlleuse, personne ne le taxerait de folie, parce qu'en effet il n'y en a jamais à remplir les devoirs de sa profession. On comble d'éloges et de caresses les brillants chevaliers qui, dans nos brillants tournois, montrent le plus de grâces, d'adresse et de valeur. Il suffit à la cour d'être chevalier et militaire, ne fût-ce que de nom, pour jouir de la plus haute considération. Partout le titre de chevalier est respecté, honoré, parce qu'il suppose dans celui qui en est revêtu le dévouement à ses devoirs, la bravoure surtout, et l'honneur au suprême degré. Cependant, de toutes les classes de chevaliers, la plus estimable, sans contredit, est celle des chevaliers errants, puisqu'elle est en même temps la plus périlleusement laborieuse et la plus utile. Toujours armés, ils pénètrent jusqu'au fond des labyrinthes inaccessibles et des antres sauvages : ils y poursuivent le danger; rien ne les arrête, ni la foudre, ni les tempêtes, ni le froid, ni le chaud; et leur seul but est la gloire; la célébrité, leur seule récompense..... Je suis chevalier errant, seigneur, parce que telle est ma destinée : mon devoir est donc de m'élancer au-devant de tout ce qui est ou peut devenir aventure périlleuse. Je n'ai donc fait que ce que je devais faire, en défiant ces lions que je viens de braver : c'était une affaire absolument de ma compétence; et, par cette raison, je l'ai entreprise, quoique convaincu que c'était de ma part une imprudence insigne.

— Je conviens, seigneur, reprit Don Diégo, que tout ce que vous venez de dire et de faire est parfaitement bien raisonné d'après les principes de votre chevalerie errante; et que si aujourd'hui ces principes sont oubliés, vous êtes l'homme propre à les rappeler tous. Au surplus, pressons-nous un peu : il commence à se faire tard; arrivons chez moi, je suis empressé de vous y recevoir comme vous le méritez : vous devez avoir besoin de repos. Quoique vous n'ayez point livré bataille dans cette aventure-ci, j'estime qu'elle a dû vous émouvoir assez pour qu'un peu de délassement ne vous soit pas hors de propos.

— Flatté de vos offres obligeantes, seigneur, répondit Don Quichotte, je les accepte avec reconnaissance.

Et, à l'instant, on doubla le pas, pour arriver à l'hôtellerie

XXII. — Sancho Pansa, avant de partir pour son gouvernement, reçoit les conseils de Don Quichotte.

Cependant nos aventuriers, à force de courir, rencontrèrent la meilleure des fortunes : un duc et une duchesse qui les hébergèrent, et qui s'aperçurent vite de leurs entreprises et de leurs espérances chevaleresques, feignirent de vouloir mettre le pauvre Sancho en possession de son île désirée. Le duc le prenant donc à part, après une très-longue conversation sur ce sujet, lui dit, sans rire, qu'il eût à se préparer à se rendre de suite aux vœux de ses insulaires, qui attendaient leur nouveau gouverneur comme la terre attend la rosée de mai.

— Monseigneur, répondit Sancho, qui, je ne sais pourquoi, avait changé d'idées, je vous dirai que depuis que, du haut du ciel, j'ai considéré la petitesse de la terre, je n'ai plus autant d'envie d'être gouverneur. Entre nous soit dit, gouverner sur un petit coin d'un grain de moutarde, n'est pas le Pérou. Eh! quelle importance, quelle majesté y a-t-il donc à commander à cinq, à six mille hommes pas plus gros que des noisettes! Si bien donc que si Votre Altesse voulait me donner à gouverner un petit morceau du ciel, ne fût-il que d'une demi-lieue de long sur autant de large, je le préférerais à la plus grande île de la terre, et je vous rendrais sûrement aussi bon compte de l'un que de l'autre.

— Mon bon ami, répondit le duc, il n'est pas en mon pouvoir de donner à qui que ce soit grand comme mon ongle de terrain dans le ciel. Il n'appartient qu'à Dieu de faire un pareil présent à ceux qui l'ont mérité. Mais je vous donne volontiers ce qu'il dépend de moi de vous donner : une belle et bonne île, bien bâtie, bien tournée, bien proportionnée, et surtout fertile et abondante en je ne sais combien d'excellentes denrées. Si vous savez en tirer parti, vous y trouverez sûrement tout ce qu'il vous faudra pour gagner commodément le ciel, quand l'heure en sera venue.

— En ce cas, dit Sancho, je prends l'île en attendant mieux; sauf à moi à la gouverner, comme vous dites, de manière qu'en dépit des veillaques et des méchants, j'accroche un jour ma part du paradis. Mais, monseigneur, si je la prends, n'imaginez pas que ce soit par intérêt ou par gloriole : c'est tout simplement par curiosité, pour voir un peu ce que c'est qu'un de ces gouvernements dont tant de gens sont si friands, et parce que j'en ai fantaisie depuis longtemps.

— Quand une fois vous en aurez tâté, mon cher, reprit le duc, gare que vous ne vous en léchiez les pouces, au point de vous les ronger jusqu'aux coudes. Rien, mon ami, n'est si doux en ce monde que le plaisir de commander.

— Je suis bien de votre sentiment, dit Sancho : quand ce

ne serait qu'un tas de bêtes, on a toujours plaisir à le gouverner à sa guise; et j'en sais quelque chose, moi qui, du temps que j'étais pâtre, en ai gouverné plus d'une.

— Je reconnais à ce propos, mon cher, l'universalité de votre savoir-faire, reprit le duc; et je vois en vous avec satisfaction tout ce qu'il faut pour devenir bientôt un gouverneur sans pareil. Mais, mon ami, le temps presse; c'est demain que vous êtes attendu dans votre île. Profitez du reste de la journée pour vous disposer à partir. Mes ordres sont donnés pour que rien ne vous manque, et surtout pour que vous soyez convenablement vêtu.

— Qu'on m'habille comme on voudra, je ne m'en soucie guère, interrompit Sancho : de quelque manière qu'on m'équipe, je serai sûrement toujours Sancho Pansa.

— Oui, répliqua le duc : cependant, il est dans l'ordre que chacun soit vêtu conformément à sa profession. Il serait ridicule qu'un magistrat fût vêtu comme un soldat, ou un soldat comme un prêtre. Quant à vous, mon ami, votre costume doit être mixte, tenir du magistrat et du militaire : parce que, dans vos fonctions de gouverneur, les lettres et les armes doivent vous être également familières.

— Pour ce qui est des lettres, répondit Sancho, ce n'est pas là mon fort : je vous dirai même en confidence que je n'ai jamais bien su l'ABC... Mais je sais faire le signe de la croix, prier Dieu par cœur et de bon cœur; et je crois que c'en est assez pour être juste, et par conséquent pour être bon gouverneur. Quant aux armes, nous verrons quand nous y serons : avec l'aide de Dieu, pour peu qu'on me mette en train, j'espère que dans l'occasion je les remuerai s'il le faut jusqu'à extinction.

— Avec de pareilles dispositions, reprit le duc, le seigneur Sancho Pansa ne pourra que bien faire, et je ne puis qu'y applaudir.

Ici survint Don Quichotte qui, à la nouvelle du prochain

départ de Sancho, le prit par la main, et avec la permission
du duc, l'emmena pour lui donner bien vite les conseils
qu'il lui avait préparés. Le duc alors les laissa ensemble :
Don Quichotte se retira dans sa chambre avec Sancho, la
ferma en dedans, le fit asseoir, et après un instant de re-
cueillement, lui dit d'un ton grave et très-sérieux : — Sancho, mon ami, c'est bien sincèrement que je remercie le
ciel de ce que, plus heureux que moi, tu te trouves avant
moi favorisé des bienfaits de la fortune. Moi qui ne les dé-
sirais tant, qui ne les recherchais si laborieusement que
pour pouvoir enfin te récompenser de tes services, je suis
encore dans l'attente du succès, tandis que toi, contre toute
raison et avant de l'avoir mérité, tu vois tes désirs comblés
au-delà de tes espérances! Ainsi, pendant que l'un s'agite
en tous sens, s'exténue sang et eau pour arriver à quelque
chose sans pouvoir y parvenir, l'autre, sans efforts, sans
savoir pourquoi ni comment, n'a que la peine de recevoir
les dons que la fortune lui prodigue, n'a tout au plus qu'à
se baisser pour ramasser! preuve incontestable qu'avec
raison le proverbe dit : qu'en ce monde il n'y a qu'heur et
malheur. Tu n'es, sans contredit et à tous égards, qu'un
très-chétif individu en comparaison de ton maître; et cependant sans veilles ni fatigues, sans le moindre haut fait,
il t'a suffi d'avoir respiré pendant quelques mois, à ma
suite, les émanations de la chevalerie errante, pour gagner
un magnifique gouvernement d'île : et moi, Sancho, moi!
je suis encore à attendre le fruit de mes périlleux travaux
et de mes innombrables prouesses! Ce que je te dis, Sancho,
ne m'est point dicté par la jalousie; je veux seulement te
faire connaître, sentir et toucher au doigt combien tu aurais tort de t'enorgueillir de ta prospérité; te faire reconnaître que ne l'ayant point méritée, tu n'en es redevable
qu'au ciel, d'abord, dont les vues sont inexplicables; et
ensuite, à la chevalerie errante, que tu dois révérer à ja-

mais, et considérer comme la source de tous les biens dont tu vas jouir. Ces vérités, mon enfant, loin de t'humilier, doivent disposer ton cœur à être sage et à recevoir avec plus de fruit les conseils que je t'ai réservés : écoute-les avec attention; puissent-ils te servir à jamais de guide et de boussole, et te faire naviguer sans naufrage sur les mers orageuses que tu vas parcourir! Oui, mon fils, crois-en ton maître, comme si Caton lui-même te le disait : les grandes charges, les emplois importants, ne sont en ce monde qu'un océan semé d'écueils, et continuellement agité par les tempêtes.

« Le premier, le principal de tes devoirs, mon enfant, est de craindre Dieu : la crainte de Dieu est le commencement de la sagesse; et la sagesse peut seule te préserver de l'erreur et des écarts.

» Ne perds jamais de vue ni qui tu es ni qui tu fus; la connaissance de soi-même est la plus importante et la plus difficile des connaissances de l'homme : en te connaissant bien, Sancho, tu éviteras le sort de la grenouille qui, à force de s'enfler pour paraître aussi grosse que le bœuf, finit par en crever : autant t'en arriverait, si tu te laissais gonfler par l'orgueil; et l'on ne manquerait pas, pour t'écraser, de te jeter sans cesse à la tête que tu n'étais autrefois qu'un misérable gardeur de pourceaux. »

— Je ne dis pas que je ne les ai pas gardés, interrompit Sancho; mais il y a longtemps, puisque c'est du temps que j'étais encore tout petit : sitôt que j'ai été un peu grand, ce n'étaient plus des pourceaux que je gardais, c'étaient des oies, des dindons, des chèvres, tantôt l'un, tantôt l'autre. Et puis, au bout du compte, qu'est-ce que cela fait à la chose? ne sait-on pas que tous les gouverneurs ne sont pas de race royale?

— J'en conviens, reprit Don Quichotte, et c'est précisément par cette raison que chez eux l'orgueil serait si déplacé, si peu supportable. L'homme sans naissance, que la fortune élève à une grande place, doit plus qu'un autre se comporter avec assez de sagesse et d'affabilité pour, autant qu'il se peut, désarmer l'envie. Honore-toi donc toujours, Sancho, de l'obscurité de ton origine; ne dédaigne jamais d'avouer que tu es né paysan : quand on saura que tu ne rougis point de ta naissance, on ne sera plus tenté de chercher à t'en faire rougir. D'ailleurs, mon enfant, la vertu simple et modeste commande le respect bien plus impérieusement que l'orgueilleuse exigence du vice arrogant. Combien d'hommes, de commune extraction, sont parvenus au faîte des grandeurs, et y ont été vénérés et admirés encore plus à raison de leur mérite personnel, qu'à raison de l'éclat de leur rang; je t'en citerais d'innombrables exemples.

» Songe, Sancho, persuade-toi bien qu'en prenant la vertu pour guide, qu'en faisant de la sagesse et de la justice la base de ta conduite et la règle de toutes tes actions, tu atteindras la véritable grandeur, celle avec laquelle tu n'auras jamais à désirer la grandeur idéale des princes et des nobles de race. La grandeur que donne la naissance nous vient du sort; celle que donnent les vertus nous vient de nous-mêmes : l'éclat de celui-ci n'est jamais terni par l'obscurité de la naissance; le vice, au contraire, flétrit infailliblement l'éclat de la plus noble origine.

» D'après ces principes incontestables, mon ami, si lorsque tu seras dans ton île quelqu'un de tes proches vient te visiter, se réclamer de toi, ne va pas le dédaigner, n'aie pas honte de le reconnaître, de l'avouer pour ton parent, de l'accueillir comme tel, et de le fêter de ton mieux. La sage nature, loin d'admettre les chimériques distinctions du rang et de la fortune, répète sans cesse à qui sait et veut l'entendre que tous les hommes sont frères.

» Si tu fais venir ta femme auprès de toi, tâche de la former à la bienséance convenable à son nouvel état; et surtout de la corriger de cette grossière rusticité, qui lui provient de son manque d'éducation et de son continuel séjour au village. Prends garde, mon enfant, que tout ce qu'un gouverneur habile et prudent peut acquérir de biens, de considération et de bonne renommée, sa femme peut le lui faire perdre, pour peu qu'elle soit mauvais sujet.

» Ne t'entête point dans tes propres opinions; l'opiniâtreté vient de la présomption; la présomption de l'ignorance, et l'ignorant présomptueux jamais ne s'instruira, ne s'éclairera, ni ne s'amendera.

» Tâche toujours de pénétrer la vérité, sous quelque dehors qu'on te la déguise, et ne te laisse séduire ni par la compassion qu'excite le malheureux, ni par les égards qu'entraînent le rang et l'opulence. Si tu te trouves plus sensible aux larmes du pauvre qu'aux instances du riche, n'en sois pas moins sévèrement équitable envers l'un et envers l'autre.

» Découvre, démasque le délinquant tant que tu pourras; mais ne cherche jamais à le trouver plus coupable qu'il ne l'est réellement; n'aggrave ni sa faute ni sa punition; ne lui applique même pas toute la rigueur de la loi, quand tu croiras le pouvoir sans blesser la justice. Le juge trop sévère ne vaut pas mieux que le juge trop indulgent; et il est moins excusable que celui qui, par commisération, laisse pencher la balance du côté de la miséricorde.

» S'il t'arrive d'avoir à juger quelque procès qui intéresse un de tes ennemis, oublie ton ressentiment, tout juste qu'il te paraisse; ne considère que l'affaire soumise à ta décision, et considère-la sans partialité.

» Que ton propre intérêt, tes goûts ou tes passions n'entrent jamais pour rien dans les motifs de tes jugements sur les affaires d'autrui; tu jugeras mal, et le tort que tu ferais à l'une des parties rejaillirait infailliblement sur ta réputation, et par suite, sur ton bien-être personnel.

» Ne maltraite point en paroles celui que tu condamneras ; aggraver par des injures ou des duretés la peine fixée par la loi, n'est qu'une inutile et lâche barbarie.

» En tout accusé, qui sera traduit devant toi, considère avant tout qu'il est homme comme toi, comme toi faible de sa nature. Montre-toi compatissant et clément envers lui tant que tu le pourras, sans violer les droits de l'offensé et sans blesser les lois. De tous les attributs de la divinité, quoique tous également majestueux, celui que nous contemplons avec plus de satisfaction et de sérénité n'est pas sa justice, c'est sa miséricorde. Partout où elles se montrent, la clémence et la miséricorde plaisent aux mortels et consolent l'humanité.

» Si ces préceptes sont constamment la règle de ta conduite et de tes actions, Sancho, je te le prédis, ta mémoire après toi sera révérée à jamais sur la terre, et en attendant, tu y vivras longuement ; ton bonheur y sera pur et parfait ; tu y marieras tes enfants à souhait ; tu les y verras prospérer, comblés de titres, de dignités et de tous les biens de la fortune ; tu y recueilleras chaque jour les bénédictions des bonnes gens ; et enfin, après une longue et douce vieillesse, lorsque ton heure sera venue, la main caressante de tes arrière-petits-fils te fermera les paupières, et tu passeras paisiblement de cette vie à l'éternité bienheureuse.

» Voilà, mon enfant, les conseils que je te réservais pour diriger ton cœur et assurer le salut de ton âme ; suis-les avec attention. »

Mais, mon enfant, c'en est assez : Leurs Excellences doivent nous attendre pour dîner ; il est temps d'aller les rejoindre.

XXIII. — **Départ de Sancho Pansa pour son gouvernement. — Comment il en prend possession : son début.**

Immédiatement après le dîner, Don Quichotte se retira dans sa chambre, pour y écrire ses conseils à Sancho; et le soir il les lui remit, en lui recommandant de se les faire lire tous les jours, plutôt deux fois qu'une. Sancho reçut le papier, mais au lieu de le mettre dans sa poche, il le mit à côté et le laissa tomber. Il fut ramassé bien vite, et porté à Leurs Excellences, qui le lurent avec avidité, et qui en rirent de tout leur cœur, en s'étonnant cependant plus que jamais qu'une tête si folle fût capable de tant de sagesse et de bon sens.

Le lendemain au matin, tout étant disposé pour le départ, Sancho prit congé de Leurs Excellences, en leur baisant respectueusement la main. Il vint ensuite, le cœur très-gros, et la tête baissée, demander la bénédiction de son maître. Don Quichotte la lui donna la larme à l'œil, et Sancho la reçut en sanglotant. Ces devoirs remplis, il monta sur une puissante mule qu'on avait équipée superbement, et il partit avec toute sa suite. Il était vêtu d'un ample manteau de camelot fauve moiré, et coiffé d'une *montera* de même étoffe. Derrière lui, suivait immédiatement le cher grison, équipé à neuf et paré de rubans et de franges de soie, des couleurs les plus éclatantes. Sancho, ravi de voir son âne en si pompeuse toilette, ne pouvait se rassasier du plaisir de le contempler; à chaque pas, il tournait la tête tantôt à droite, tantôt à gauche, pour jouir encore une fois d'un spectacle si doux à son cœur; et sûrement, en ce moment, Sancho n'aurait pas troqué son sort contre celui de l'empereur d'Allemagne.

Sancho, suivi de son cortége, arriva de bonne heure à une jolie petite ville des états du duc, peuplée d'environ mille habitants. On lui persuada facilement que c'était là son île : et on lui dit qu'on l'appelait l'île *Barataria*. Comme elle était murée, on avait fermé les portes à l'approche du nouveau gouverneur, afin de pouvoir les lui ouvrir à son arrivée, au son de toutes les cloches en branle, et aux acclamations du peuple. Sancho fut reçu par toute la bourgeoisie endimanchée, et sous les armes, qui le conduisit tambour battant, enseigne déployée, à la principale église, où après lui avoir présenté les clefs de la ville, en trèsgrande cérémonie, on le proclama gouverneur perpétuel de l'île Barataria. Le costume bizarre du nouveau gouverneur, sa mine grotesque et barbue, son encolure épaisse, courte et toute en ventre, étonnaient tous ceux qui ne savaient pas le mot de l'affaire, et divertissaient beaucoup ceux qui étaient dans le secret de la farce.

En sortant de l'église, on le conduisit à la salle d'audience. Sitôt qu'il fut assis dans le fauteuil du gouverneur, le majordome demanda silence, prit la parole, salua respectueusement monseigneur, et lui dit : Monseigneur le gouverneur, il est d'usage immémorial en cette île antique et fameuse, que celui qui vient y prendre les rênes du gouvernement, y débute par juger publiquement le procès le plus entortillé et le plus difficile qu'on puisse lui proposer. C'est d'après ce premier jugement que les habitants apprécient l'esprit et la sagacité du nouveau gouverneur, et jugent s'il y a lieu, pour eux, à se réjouir ou à s'affliger de sa promotion à la suprême magistrature.

Pendant que le majordome lui parlait, Sancho, sans avoir l'air de l'écouter, considérait avec beaucoup d'attention plusieurs files, l'une sur l'autre, de grandes lettres qu'il voyait sur la muraille en face de son fauteuil; et comme, ainsi qu'on l'a remarqué plusieurs fois, il ne savait pas lire, il tira par la manche son plus proche voisin, et lui demanda ce que c'étaient que ces peintures noires qu'il voyait là collées sur la muraille. — Monseigneur, lui répondit-on, c'est l'inscription qui marque quel jour votre seigneurie a pris possession de son île : elle est là pour que jamais personne ne l'oublie, et voici ce qu'elle dit : *Aujourd'hui, 16 août de la présente année, le seigneur Don Sancho Pansa a pris possession de cette île. Dieu veuille qu'il en jouisse heureusement pendant longues années!*

— Et..... qui est-ce qui s'appelle ici le seigneur Don Sancho Pansa? demanda Sancho.

— Vous-même, monseigneur, répondit le majordome. Jamais autre Sancho Pansa n'a mis le pied dans cette île que celui à qui j'ai l'honneur de parler, et que j'ai l'honneur de voir dans ce fauteuil.

— Frère, reprit Sancho, une fois pour toutes, je vous avertis que je m'appelle Sancho Pansa tout sec, sans Don par-devant, ni allonge par-derrière, et qu'il n'y a jamais eu un seul Don, ni mâle ni femelle, dans toute ma race..... Quant au reste, monsieur le majordome, qu'on m'apporte ce procès entortillé qu'il me faut juger; je vous le débrouillerai de mon mieux, mais sans me soucier beaucoup du *qu'en dira-t-on?* Qu'on se réjouisse de me voir ici, ou qu'on en fasse la moue, mon affaire à moi n'en sera pas moins toujours de juger en conscience.

Sur ce, l'on fit approcher deux hommes : l'un était un paysan; l'autre, à en juger par les grands ciseaux qu'il portait à sa boutonnière, était un tailleur d'habits. — Monseigneur, dit celui-ci, moi et ce villageois nous venons devant votre seigneurie pour qu'elle nous mette d'accord en nous jugeant. Par la grâce de Dieu, et sauf le respect que je dois à monseigneur, je suis maître tailleur d'habits. Avant-hier, l'homme que voilà s'en est venu à ma boutique me présenter un coupon de drap, en me demandant s'il y aurait de quoi lui faire un capuchon. J'ai bien examiné le coupon, bien supputé en moi-même, et j'ai répondu qu'oui. Là-dessus, à ce que j'imagine, il s'est imaginé que j'étais capable de lui friponner une partie de son drap : apparemment qu'il en serait capable lui-même, et qu'il me mesure à son aune, ou qu'il croit, comme tant d'autres, que tous les tailleurs sont un peu voleurs. Tant y a, qu'il m'a redemandé d'un air malin s'il y aurait assez pour deux capuchons : moi, tout aussi malin que lui, j'ai senti la botte, et j'ai répondu qu'oui. Le brave homme, toujours plus malin, m'a demandé s'il y aurait pour trois, j'ai répondu oui : pour quatre, j'ai répondu oui : pour cinq, j'ai répondu oui. Enfin, il s'en est allé, et moi je me suis mis à la besogne. Aujourd'hui, le voilà qui vient me demander ses capuchons : je les lui livre, et lui se refuse à m'en payer la façon : il va même jusqu'à prétendre que je lui rende son drap, ou que je lui en rende la valeur en argent.

— Tout ce qu'il nous dit là est-il vrai, l'ami? demanda Sancho, à l'autre.

— Oui, monseigneur, répondit le paysan : mais je vous en prie, monseigneur, commandez-lui de vous montrer les capuchons qu'il m'a faits.

— Pourquoi pas? répliqua le tailleur : les voilà, dit-il, en tirant sa main gauche de dessous son manteau, et en étalant ses cinq doigts coiffés chacun d'un petit capuchon. En honneur et en conscience, j'atteste sur mon Dieu qu'il ne m'est pas resté de drap, ce qui entrerait dans mon œil. D'ailleurs, si l'on ne m'en croit pas, je me soumets au dire d'experts.

Tout l'auditoire se mit à rire, à la vue de cette bande de petits capuchons. Quant à Sancho, il garda son sérieux; et après un moment de réflexion, il dit :

— Je ne vois pas, moi, qu'il faille grand temps pour juger ce procès-ci, ni tant de tintoin pour en venir à bout. Je dis que le tailleur en sera pour sa façon, le paysan pour son drap; et je confisque les capuchons au profit des prisonniers de l'île. Et c'est fini.

Ce jugement fut unanimement applaudi; et les deux plaideurs se retirèrent sans répliquer. Ils furent immédiatement remplacés par deux autres. C'étaient deux vieillards, dont l'un marchait appuyé sur un assez gros bâton court; l'autre n'en avait pas. — Monseigneur, dit celui-ci, j'ai prêté dix écus d'or, en or, à cet homme, il n'y a pas mal de temps, sans autre intérêt que celui de lui rendre service : mais à la condition qu'il me les rendrait quand je les lui redemanderais. Pendant je ne sais combien de jours je ne lui en ai point parlé, parce que je craignais de le replonger dans le même embarras où il était lorsque je l'en ai tiré. A la fin pourtant, voyant qu'il n'avait pas du tout l'air de s'inquiéter de me payer, j'ai fini par lui redemander mes dix écus; et voilà plus d'une fois que j'y reviens. Mais il a fini par me déclarer net que si je les lui avais prêtés, sûrement il me les avait rendus. L'embarras est que je n'ai pas plus de preuves et de témoins du prêt que je lui ai fait, qu'il n'en a du prétendu remboursement qu'il m'allègue. C'est pourquoi, monseigneur, je demande que vous l'obligiez à jurer. S'il affirme, par serment, qu'il m'a payé, je le tiens quitte devant Dieu et devant les hommes; et tout sera fini.

— Et vous, bonhomme au gros bâton, demanda Sancho, qu'avez-vous à dire?

— Moi? monseigneur, répondit-il... Eh bien! je dis qu'il est vrai qu'il m'a prêté dix écus d'or. Mais puisqu'il me prend à mon serment, je suis prêt à jurer, la main en croix sur la baguette de la justice, que je les lui ai rendus en belles et bonnes espèces d'or.

Le gouverneur alors baissa sa baguette à la portée du vieillard : et celui-ci, comme pour se débarrasser de son bâton, pendant qu'il allait faire son serment, le mit entre les mains de son adversaire, en le priant de le lui tenir un moment : et de suite, en posant sa main gauche en croix sur le bout de la baguettte il dit à très-haute voix : — Cet homme, en effet, m'a prêté dix écus d'or; mais je jure que je les lui ai remis en main propre.

— Eh bien! brave homme, dit Sancho au demandeur, qu'avez-vous à répliquer, à présent?

— Rien, monseigneur; répondit-il, rien du tout; puisqu'il a juré, sûrement il a dit la vérité : du moins j'aime à le croire, parce que je l'ai toujours considéré comme un honnête et bon chrétien. Sans doute j'ai oublié où et comment il m'a payé, et dès ce moment je dois le tenir quitte.

Le jureur alors reprit son bâton, que l'autre lui présentait, et sans dire un mot de plus, il s'empressa de sortir de la salle. Sancho le voyant détaler avec tant de célérité, touché d'ailleurs de la bonne foi et de l'air de bonhomie du demandeur, se douta dès lors qu'il y avait anguille sous roche. Il se recueillit un moment, en se passant et repassant le plat du bout des doigts de l'un à l'autre sourcil : après quoi, du ton d'un homme qui se ravise, il ordonna qu'on lui ramenât bien vite l'homme au bâton. — Bonhomme, lui cria-t-il du plus loin qu'il le revit, apportez-moi votre bâton, et pour cause.

— Bien à votre service, monseigneur; le voilà, répondit le jureur, en remettant le bâton au gouverneur.

Sancho, de suite, le passa à l'autre vieillard. — Tenez, brave homme, lui dit-il, prenez ce bâton; retirez-vous; vous voilà payé; et cette fois, comme c'est en présence de témoins, on ne pourra plus dire que vous l'avez oublié.

— Moi payé, monseigneur! répondit le vieillard. Mais, monseigneur, ce bout de roseau-là n'a jamais valu et ne vaudra sûrement jamais dix écus d'or.

— Je vous dis, moi, qu'il les vaut, ou que je ne suis qu'une bête, répliqua Sancho, et que vous êtes payé. Et pour qu'une bonne fois on voie si je m'entends à gouverner et à juger, j'ordonne qu'on me brise ce bâton, en présence de tout le monde.

L'ordre fut exécuté sur-le-champ; et au grand étonnement de tous les spectateurs, les dix écus d'or se trouvèrent dans le cœur du bâton, et s'éparpillèrent sur le plancher.

On applaudit à tout rompre, à la sagacité du nouveau gouverneur; et on alla jusqu'à le comparer hautement à Salomon : enfin, on lui demanda comment il avait pu deviner que les écus d'or étaient cachés dans le cœur du bâton.
— J'ai vu, répondit-il, ce vieux scélérat, quand il a voulu jurer, passer son bâton d'un air sournois entre les mains de l'autre, au lieu de le poser tout simplement à terre; et je me suis douté de quelque tricherie de sa part. Mais quand je l'ai vu, après avoir juré si effrontément qu'il avait remis les dix écus en main propre, s'empresser si fort de reprendre son bâton et de décamper, il ne m'a plus fallu chercher longtemps pour mettre le nez sur le fin mot.

Les deux vieillards se retirèrent, l'un confus et hué comme il le méritait; l'autre bien content, et en élevant jusqu'au ciel la miraculeuse habileté de monseigneur le gouverneur.

Après cette mémorable audience, on conduisit Sancho à son palais. Il se mit à table, à la place d'honneur, et sans avoir à en faire la politesse à personne, car il n'y avait que son seul couvert. Un long personnage noir, et qui tenait à la main une baguette de baleine, vint se poser en pied à sa droite, pendant qu'un page attachait à monseigneur une magnifique serviette brodée. On leva le surtout qui couvrait une multitude de mets, tant en fruits qu'en pâtisseries et en viandes de la plus appétissante physionomie. Enfin, le maître d'hôtel déplaça un plat de fruits, qu'il porta sous la main de monseigneur. Sancho, ravi de tout ce qu'il voyait, et pressé par une très-grosse faim, prit un fruit et le dévora;

mais il l'eut à peine porté à la bouche, que l'homme à la baguette noire en toucha le plat, et à l'instant le plat disparut.

Le maître d'hôtel s'empressa de porter un autre plat : c'était un mets de la plus agréable apparence et d'un fumet exquis : Sancho allait se jeter dessus; mais la baguette noire, plus leste encore que lui, toucha le plat avant lui, et un page extrêmement agile enleva ce second plat, qui disparut avant que Sancho eût pu en tâter. Sancho, fort étonné, regarda fixement tous ces gens l'un après l'autre, et finit par demander avec assez de calme s'il n'était là que pour voir escamoter son dîner pièce à pièce.

— Monseigneur doit dîner en règle, répondit le personnage noir, et suivant l'étiquette en usage chez tous les gouverneurs d'île. Monseigneur saura que je suis le médecin en titre de messeigneurs les gouverneurs de cette île-ci, dûment salarié et payé pour ce. Mon devoir est de veiller perpétuellement sur leur santé; et pour ce, j'étudie jour et nuit la complexion, le tempérament et les affections de monseigneur, afin de pouvoir plus sûrement le guérir quand il sera malade. En attendant, ma principale fonction est d'assister à tous ses repas, généralement quelconques, pour ne lui laisser manger que ce qui convient à sa santé, et lui faire ôter tout ce qui serait nuisible ou même impropre à son estomac. Monseigneur a vu que j'avais condamné le plat de fruits : la raison en est que le fruit est une nourriture trop crue, trop aqueuse et trop laxative. J'ai de même condamné ce ragoût qu'on vient d'enlever, parce qu'en général les ragoûts, échauffant beaucoup, à raison de la quantité et de la diversité des épices dont ils sont assaisonnés, provoquent trop à boire : et en buvant trop, par l'effet de cette altération, on noie inévitablement l'humide radical, lequel est le grand principe de la vie.

— Par conséquent donc, reprit Sancho, ces perdrix rôties.

qui me paraissent si bien cuites à point, ne me feront pas de mal ? Qu'en dites-vous ?

— Tant que l'âme me battra dans le corps, répondit le médecin, monseigneur ne tâtera pas sûrement de pareils aliments.

— Et pourquoi donc, s'il vous plaît ?

— Par la raison, monseigneur, que le grand Hipocrate, l'oracle de la médecine, et notre maître à nous tous docteurs modernes, a dit quelque part, dans ses Aphorismes : *Omnis saturatio mala, perdix autem pessima.*

— En ce cas, monsieur le docteur, reprit Sancho, faites donc bien vite votre revue ; qu'on me débarrasse les yeux de tous les plats qui me sont mauvais ; qu'on me ramasse par ici tous ceux qui me sont bons, et qu'on me laisse enfin manger sans jouer de la baguette sur ceux que j'entamerai. Sur ma vie de gouverneur, que Dieu me conserve, je crève de faim ; et m'empêcher de manger à l'heure qu'il est, n'en déplaise à monsieur le docteur, et malgré son baragouin, ce serait m'assassiner, pour m'éviter la peine de digérer.

Pendant ce temps, Sancho, en posant gravement son bras sur le dos de sa chaise, s'était viré du côté du docteur, comme pour avoir le plaisir de l'entendre, et celui de le contempler face à face ; il lui demanda d'un ton doucereux comment il se nommait et où il avait étudié son métier.

— Monseigneur, répondit le médecin, on m'appelle le docteur Pierre Roch des Augures. Je suis natif d'un endroit qui se nomme Sordela, et qui se trouve entre Caraquel et Almadovar del Campo, ici près, en tirant un peu sur la droite : de plus, c'est à l'université d'Ossuna que j'ai fait mes études et reçu le bonnet de docteur.

— Hé bien ! reprit Sancho en se levant avec vivacité et en élevant la voix au ton de la colère ; hé bien ! mons le docteur Pierre Roch des Augures, natif de Sordela, qui se trouve en tirant un peu sur la droite entre Caraquel et Almadovar del Campo, sors de là, et au plus vite...

Le docteur, intimidé par le ton de Sancho, qu'il voyait sérieusement en colère, recula prudemment, et se disposait à sortir, lorsque tout-à-coup on entendit dans la rue, sous les croisées de la salle, arriver un postillon au galop, et en sonnant du cornet. Le maître d'hôtel se mit à la fenêtre, pour voir ce que c'était. — C'est un courrier du duc, monseigneur, annonça-t-il en se retournant : il est sûrement chargé de dépêches de la plus grande importance.

Bientôt le courrier, hors d'haleine et tout suant, arriva dans la salle, et tira de son sein une lettre qu'il présenta au gouverneur. Sancho la prit et la remit au majordome, en lui demandant comment il y avait sur ce papier-là.

— Il y a, répondit le majordome : A Don Sancho Pansa, gouverneur de l'île Barataria, en mains propres, ou en celles de son secrétaire.

— Mon secrétaire! reprit Sancho. Où est-il donc, mon secrétaire? Que du moins je fasse connaissance avec lui.

— C'est moi, monseigneur, répondit un des assistants qui n'avait encore dit mot. Je me flatte de savoir lire et écrire; et qui plus est, je suis biscayen.

— Ce *qui plus est* là, mon ami, répondit Sancho, suffit pour me convaincre que vous êtes un habile homme. Allons, dépliez-moi ce papier, et dites-moi ce qu'il y a dedans.

Le soi-disant secrétaire ouvrit la lettre, et après l'avoir parcourue des yeux, il déclara hautement qu'il s'agissait d'affaires majeures, dont on ne pouvait parler qu'en particulier à monseigneur le gouverneur.

Sancho alors ordonna que tout le monde déguerpît, à la réserve du majordome, du maître d'hôtel et du secrétaire, qui, dès que l'ordre fut exécuté, lut la lettre à haute voix; et voici ce qu'elle contenait :

« Je viens de découvrir, seigneur Don Sancho Pansa, que nos ennemis
» ont formé le projet de vous surprendre une de ces nuits, je ne sais la-
» quelle, et d'emporter votre île d'assaut. Il vous faut veiller sans cesse,
» et vous tenir sur vos gardes, pour ne pas être pris au dépourvu. J'ap-
» prends encore, par mes espions, que quatre hommes ont déjà trouvé
» moyen de pénétrer dans votre île, et qu'ils y ont l'ordre et l'intention
» de vous assassiner, parce qu'on redoute votre vigilance et vos talents.
» Ayez donc l'œil aux aguets, et sur tout ce qui vous environne : exa-
» minez de près tous les gens qui voudront vous approcher, sous pré-
» texte de vous parler, et surtout prenez garde à ce qu'on vous servira
» pour manger. J'aurai soin de vous envoyer des secours, s'ils vous de-
» viennent absolument nécessaires ; en attendant, je vous laisse carte
» blanche, persuadé que vous ferez pour le mieux, et que personne, plus
» que vous, n'est en état de bien faire.

» De mon château, le 16 août, deux heures après votre départ.

» Votre ami, le Duc. »

Sancho resta stupéfait de ces alarmantes nouvelles ; et les assistants parurent ne pas l'être moins que lui. Tous quatre, ils se regardaient sans rien dire. Enfin, Sancho le premier reprit la parole. — Ce qu'il faut faire, dit-il au majordome, et sans plus tarder, c'est de me fourrer au cachot le docteur Pierre Roch des Augures : car, si quelqu'un ici veut me tuer, c'est lui... Eh ! de quelle mort encore ! de faim, le scélérat ! de la mort la plus lente la plus désagréable qu'on puisse inventer.

— Je crois, reprit le maître d'hôtel, que monseigneur fera sagement aussi de ne rien tâter de ce qui est sur cette table. Toutes ces friandises lui ont été envoyées par des personnes ennemies.

— Je suis de votre avis, répondit Sancho. Pourtant, il faut que je mange ; en vérité, je crève de faim. Au moins, faites-moi donner une demi-miche de pain bis et quelques livres de raisin. Quand le diable y serait, ce n'est pas là où ils auront glissé leur poison. D'ailleurs, puisque nous devons bientôt voir ces chiens d'ennemis, qui nous menacent d'assauts et de batailles, nous ferons prudemment de nous tenir toujours bien repus; car, mes amis, croyez-en votre gouverneur, ce n'est pas le cœur qui soutient la panse; c'est au contraire la panse qui soutient le cœur. Et vous, secrétaire, faites ma réponse à monseigneur le duc. Mandez-lui que ses ordres seront exécutés, sans qu'il y manque une virgule...

Lorsque la colère de Sancho fut un peu calmée, il reprit son ton ordinaire, en lançant pourtant une œillade de rancune au docteur de Sordela, qui venait de rentrer dans la salle, et il dit à ses assistants : — Ma foi, mes amis, à présent, je le vois, il faudrait que les juges et les gouverneurs fussent coulés en bronze massif, pour pouvoir résister aux importunités des plaideurs et des demandeurs. Ces gens-là veulent à toute force qu'à toute heure on soit prêt à les entendre rabâcher; ils ne voient qu'eux au monde, que leur affaire; et si le malheureux juge ne les accueille par sur-le-champ, ou parce qu'il en a d'autres plus pressés à expédier, ou parce que l'audience ne peut toujours durer, ils vous le maudissent, ils en disent pis que pendre; heureux encore si après l'avoir bien déchiqueté, mis en pièces à coups de langue, ils ne s'en prennent pas à toute sa défunte race... Patience donc, importuns; patience, n'allons pas si vite : il y a temps pour tout; les heures que je vous dois seront comptées en conscience; je ne vous les rognerai jamais; mais, mordienne, laissez-moi celles de manger et de dormir : les gouverneurs sont de chair et d'os comme les autres; ils ont, comme vous, leurs nécessités naturelles; et, comme vous, il faut qu'ils mangent, quoiqu'en dise le docteur Pierre Roch des Augures, qui prétend, lui, que je meure de faim, pour me faire vivre plus longtemps : que Dieu le lui rende, à ce cher homme, et à tous ses confrères, du moins à ceux de son espèce et de sa force.

Les bras tombaient de surprise à tous ceux qui, connaissant Sancho, l'entendaient s'exprimer avec tant de justesse et de sens; ils s'étonnaient de l'effet de l'élévation fortuite sur les hommes les plus simples, tandis que tant de présomptueux ne peuvent que ramper au-dessous du rang dans lequel ils sont nés.

Finalement, le docteur Pierre Roch des Augures jugea bon de faire sa paix avec le gouverneur; et pour y parvenir, il lui promit de le laisser souper ce soir, sans égards aux aphorismes d'Hippocrate. Sur cette assurance, Sancho s'apaisa tout-à-fait; mais que le reste de la soirée lui parut long! Il eut beau compter les moments, ils n'en coulèrent pas plus rapidement; il eut beau se plaindre qu'ils ne coulaient point, ils n'en passèrent pas moins vite qu'à l'ordinaire, et l'heure tant désirée arriva comme les autres à son tour. On servit au gouverneur une copieuse galimafrée de vache fricassée avec des oignons, et un gros ragoût de pieds de veau fortement faisandés. Des francolins de Milan, des faisans de Rome, des perdrix du Moron, des canards de Lavajos, ne lui auraient pas fait plus de plaisir à voir. Sancho dévora tout, jusqu'aux os, et soupa de tout son cœur, sans trouble ni empêchement.

Le gouverneur, après son souper laborieux, se mit au lit pour sommeiller pendant quelques heures, en attendant le lendemain. Le maître d'hôtel se coucha aussi. Quant au majordome, il passa le reste de la nuit à rédiger, pour l'amusement de Leurs Excellences, le bizarre assortiment de sagesse et de folie, de finesse et d'imbécile crédulité que présentait l'histoire des faits et dires de Sancho.

Le lendemain, de grand matin, on fit lever le gouverneur, et sitôt qu'il fut habillé, on lui servit son déjeuner, sous l'inspection du docteur Pierre Roch des Augures, qui ne lui permit qu'un peu de confitures sèches, et quatre verres d'eau fraîche. Sancho eût préféré de beaucoup un pain de quatre livres et un panier de raisin; mais il lui fallut se résigner, malgré les sollicitations de son estomac, et se rendre, quoique fort à contre-cœur, aux arguments du docteur, qui déploya toute sa rhétorique et toute sa logique pour établir que les aliments légers et délicats aiguisaient l'intelligence, et que, par cette raison, ils convenaient, le matin particulièrement, aux personnes en charge : attendu que leurs travaux et fonctions exigent plutôt la vigueur et la netteté de l'esprit, que la force des membres et du corps. Avec ces raisonnements sophistiques, Sancho pâtissait de faim, et si cruellement qu'en secret il maudissait déjà le gouvernement et celui qui le lui avait donné. Néanmoins, tout affamé, tout mécontent qu'il fût de son mince déjeuner, il lui fallut venir, l'estomac vide, tenir son audience, et passer la majeure partie de la journée à entendre une foule de plaideurs et à les juger.

Le septième jour de son gouvernement, Sancho venait de dîner assez à son gré, lorsqu'au dessert on vint annoncer un courrier porteur d'une lettre pour monseigneur le gouverneur. Sancho, très-empressé, fit introduire le courrier, reçut la lettre, et la passa vite au secrétaire, avec ordre d'en faire hautement la lecture, si après l'avoir lue tout seul il trouvait qu'il n'y eût rien dedans qui dût être tenu secret. Le secrétaire l'ayant parcourue des yeux à plusieurs reprises, déclara qu'une pareille lettre, loin de devoir être tenue secrète, était faite au contraire pour être imprimée, publiée et affichée partout en lettres d'or. Sancho alors lui commanda de la lire à haute voix, et la voici :

Don Quichotte de la Manche, à Sancho Pansa, gouverneur de l'île Barataria.

« Au lieu des balourdises et des inconséquences auxquelles je m'attendais de ta part, Sancho, mon ami, j'apprends ta bonne conduite et tes
» succès dans ton gouvernement. J'en remercie très-particulièrement le
» ciel, dont les voies sont impénétrables. A lui seul appartient d'extraire

» du fumier les plus éclatantes fleurs ; comme aussi de faire éclore la
» sagesse et les talents là où l'on s'en douterait le moins. On dit, cepen-
» dant, que si tu gouvernes les autres en habile homme, tu te gouvernes
» toi-même fort bêtement ; que tu ne sens pas assez ta dignité ; que tu
» pousses loin la bonhomie et l'humilité. Je te fais observer que, sans
» doute trop de fierté ne serait qu'un vice très-blâmable ; mais que, dans
» l'homme en place, l'excès contraire est un défaut très-grave. Il est
» essentiel à l'ordre que tous les subordonnés respectent au moins la
» place dans l'homme en place, et l'homme en place ne peut guère s'a-
» vilir sans qu'il en rejaillisse quelque chose sur sa place, quelqu'émi-
» nente qu'elle soit. Tu dois donc au noble emploi dont tu te trouves re-
» vêtu de contraindre tes habitudes communes et roturières, et d'élever
» ton *quant à toi* jusqu'au niveau de l'importance de tes fonctions.

» Je te recommande d'être toujours bien vêtu. Une bûche habillée,
» mon ami, n'aurait plus l'air d'une bûche. Je ne dis pas que tu doives
» te surcharger de bijoux et d'ornements fastueux : ni qu'étant magis-
» trat, tu doives porter des couleurs éclatantes ou l'habit fringant et
» leste d'un militaire ; mais que, sans t'écarter de ton costume de gou-
» verneur, tu dois rechercher la propreté surtout, et une tenue impo-
» sante.

» Pour obtenir l'amour et l'obéissance du peuple, tu dois t'attacher
» principalement à deux choses : l'une, que déjà je t'ai recommandée,
» est d'être civil envers tous ; l'autre est de maintenir soigneusement
» l'abondance des subsistances. Rien ne tourmente autant la classe pau-
» vre du peuple que la crainte de la disette ; et cette classe toujours très-
» nombreuse, lorsqu'elle est ainsi tourmentée, se porte facilement aux
» écarts et aux derniers excès.

» Ne multiplie point les ordonnances et règlements nouveaux ; mais si
» tu en fais, veille à leur stricte exécution. L'inexécution des lois a plus
» d'inconvénients encore que leur non-existence ; elle prouve l'impuis-
» sance ou l'incapacité du gouvernement ; elle mène au mépris de l'auto-
» rité légitime, et de là à la désorganisation sociale. Toutes ces lois sans
» exécution ne sont que des épouvantails passagers qu'on peut compa-
» rer au soliveau que les grenouilles demandèrent pour roi, qui d'abord
» leur en imposa par son titre et par sa masse, mais qu'elles méprisèrent
» au point de n'en faire plus qu'un joujou, sitôt qu'elles eurent reconnu
» son inertie.

» Encourage et récompense toutes les vertus ; épouvante et punis tous
» les vices. Ne sois pas toujours sévère, ni toujours indulgent : la sagesse
» du gouvernant consiste à ne s'écarter jamais du juste milieu entre ces
» deux extrémités.

» Visite souvent les prisons, les boucheries et les marchés. Ce sont des
» lieux où la fréquente présence du gouverneur suffit pour écarter une
» multitude d'abus qui cherchent toujours à y pénétrer. Dans les prisons,
» console les prisonniers : ce sont les plus à plaindre des hommes.
» Veille sur leur subsistance; prêche-leur la patience et l'espérance, sur-
» tout à ceux qui approchent du terme de leur captivité. Dans les bou-
» cheries et les marchés, surveille très-sévèrement les poids et mesures,
» ainsi que la qualité des denrées.

» Si tu avais le malheur, ce que je ne crois pas, de trop aimer l'ar-
» gent ou la bonne chère, garde-toi de le laisser entrevoir; car, si tes
» alentours te reconnaissaient jamais un goût dominant, un faible bien
» décidé, compte que c'est par là qu'ils t'attaqueront, qu'ils te subjugue-
» ront, et qu'ils te détruiront.

» Médite sans cesse les instructions et les conseils que je t'ai laissés
» par écrit, la veille de ton départ. S'ils sont toujours présents à ta pen-
» sée, ils te faciliteront les travaux, ils aplaniront les difficultés, ils fixe-
» ront les incertitudes, dont je conçois qu'un gouverneur, un juge doi-
» vent être continuellement assaillis.

» Ne manque point d'écrire fréquemment à tes maîtres, et toujours sur
» le ton de la reconnaissance, qui sans doute est dans ton cœur. L'in-
» gratitude est fille de l'orgueil; c'est un des plus monstrueux, des plus
» damnables péchés de l'humaine nature; il mène à l'impiété capitale, à
» l'ingratitude envers la Providence. Au contraire, l'homme reconnais-
» sant envers ses semblables ne peut guère manquer de l'être envers
» son Dieu.

» Madame la duchesse a envoyé son premier page porter à ta femme
» ta lettre, ton habit de chasse, et un autre cadeau qu'elle a bien voulu
» lui faire elle-même. Nous attendons son retour à tout instant. Donne-
» moi des nouvelles de tout ce qui t'est arrivé; donne-les moi prompte-
» ment, car je ne crois pas être longtemps encore si près de toi; je pense
» sérieusement à quitter la vie oisive que je mène ici, et pour laquelle je
» ne suis pas né... Que le ciel, mon enfant, te garde et te préserve envers
» et contre tous.

» Ton ami,

» DON QUICHOTTE DE LA MANCHE,
» en repos au château de Leurs Excellences.

Cette lettre fut généralement applaudie et admirée : Sancho,
qui l'avait écoutée avec beaucoup d'attention, en fut ému jus-

qu'au fond du cœur; il dit qu'il voulait y répondre tout chaud. Il se retira dans son cabinet avec son secrétaire, qu'il mit à l'œuvre sur-le-champ. Il lui ordonna d'écrire mot à mot ce qu'il allait lui dicter. Le secrétaire obéit, et il en résulta la réponse qui suit :

Lettre de Sancho Pansa, à Don Quichotte de la Manche.

« L'occupation que me donnent les occupations qui me pleuvent de
» tous côtés, m'occupe tant, que je n'ai seulement pas le temps de me
» couper les ongles; aussi, rien ne les empêche d'allonger tant qu'il
» plaît à Dieu. Je vous dis cela, mon cher monseigneur, pour vous dire
» de ne pas m'en vouloir de ce que, jusqu'à l'heure qu'il est, je ne vous
» ai pas encore fait savoir si je me trouve bien, ou si je me trouve mal
» dans ce gouvernement-ci, où entr'autres choses je pâtis plus de
» faim que du temps que nous vagabadions ensemble à travers les fo-
» rêts et les déserts.

» Le Duc, mon seigneur, m'a fait dernièrement une lettre tout exprès,
» pour m'avertir qu'il s'était glissé dans mon île une bande de coquins
» déguisés, pour m'y assassiner. Pourtant, je n'en ai encore déniché
» aucun jusqu'à présent, qu'un chien de médecin, qui paraît chargé, je
» ne sais par qui, d'envoyer dans l'autre monde tous les gouverneurs
» de cette île-ci. On l'appelle le docteur Pierre Roch des Augures. Voyez
» quel abominable nom! et s'il n'y va pas de quoi trembler pour sa
» peau, entre les mains d'un pareil homme! Il dit qu'il n'est là que pour
» empêcher les maladies d'arriver jusqu'aux gouverneurs; et son grand
» remède pour les faire reculer, c'est la diète, une diète terrible. Il vous
» met un homme plus sec qu'une allumette, et puis il vous dit que l'ina-
» nition n'est pas dangereuse comme la fièvre. Il me fera sûrement mou-
» rir de faim, si le chagrin ne me tue pas bientôt, et je crois que cela ne
» peut aller loin. Quand je m'en suis venu prendre ce gouvernement-ci,
» je me réjouissais de manger chaud et bon, de boire excellent et frais,
» de faire tous les jours la grasse matinée entre deux draps bien fins sur
» de bons lits de plume ou de duvet. Point du tout, je fais une pénitence
» plus rude, je mène une vie plus âpre, plus misérable qu'un ermite; et
» comme c'est à contre-cœur de ma part, il est impossible que le diable
» ne m'emporte pas un de ces jours.

» Je n'ai encore touché ni cadeaux ni revenus. Je ne sais trop que
» penser de me voir toujours sans argent; on dit pourtant que dans
» mon île, comme en tout pays, les gouverneurs n'en ont jamais man-

» qué, et que chacun s'empresse de leur en prêter ou de leur en donner.
» Quant à moi, je n'ai encore entendu parler de rien sur l'article, et je
» n'en suis pas plus content qu'il ne faut.

» Je visite souvent les marchés : j'avais presque deviné que vous me
» le conseilleriez. Hier, j'y ai trouvé une revendeuse qui criait des noi-
» settes nouvelles. J'ai examiné sa marchandise, et j'ai pris ma coquine
» sur le fait. Elle avait mêlé une fanègue de noisettes vieilles, vides, ran-
» ces ou verreuses, avec une fanègue de noisettes nouvelles. J'ai confis-
» qué le tout au profit des petits écoliers de la Doctrine, qui sauront
» bien démêler les bonnes d'avec les mauvaises : et j'ai banni la coquine
» du marché, pour quinze jours. Tout le monde a dit que c'était bien
» fait.

» Cela me fait grand plaisir, que madame la duchesse ait envoyé ma
» lettre et des cadeaux à ma femme. J'en serai reconnaissant dans l'oc-
» casion. Je vous prie de dire à cette excellente duchesse que je lui
» baise bien les mains, et que tout ce qu'elle fait pour moi ne tombera
» pas à terre. Tâchez de ne point avoir de bisbille ni avec elle ni avec
» son mari ; vous sentez qu'il ne pourrait guère manquer de m'en reve-
» nir des éclaboussures. D'un autre côté, vous qui me recommandez si
» onctueusement la reconnaissance, il serait mal à vous, ce me semble,
» d'en manquer envers des gens comme eux, qui, entre autres choses
» obligeantes, vous ont traité et régalé comme un prince, dans leur châ-
» teau.

» Je voudrais bien vous envoyer un cadeau de quelques petites drôle-
» ries de ce pays-ci ; mais je ne sais que choisir pour vous faire plaisir,
» et d'ailleurs je ne saurais à qui le demander, ni avec quoi l'acheter
» pour vous le donner. Tout considéré, vaut mieux attendre encore un
» peu ; si le gouvernement dure, vous n'y perdrez rien. S'il me venait
» une lettre de ma Thérèse, je vous prie d'en payer le port, et de me
» l'envoyer tout de suite : je grille de recevoir des nouvelles de mon
» monde et de mon ménage. Sur ce, que Dieu vous garde de la griffe
» des enchanteurs, et me sorte sain, sauf et content de mon gouverne-
» ment : je n'y compte guère ; car, au train qu'y va le docteur Pierre
» Roch des Augures, je ne puis pas en avoir pour longtemps à vivre

» Le serviteur de votre seigneurie,

» SANCHO PANSA, *le gouverneur.* »

Le secrétaire, après l'avoir écrite, relut cette lettre à haute voix : Sancho la trouva bien, la fit cacheter, et la remit au courrier, avec ordre de la porter en toute diligence. Pendant qu'il s'occupait ainsi, tous les acteurs de la farce, résolus de la terminer la nuit prochaine, s'étaient réunis pour concerter la dernière scène de son gouvernement. Sancho n'en passa moins le reste de la soirée à mettre, avec son secrétaire, la dernière main à la rédaction de diverses ordonnances qu'il avait imaginées pour le bien de ses habitants. Il ordonnait, entre autres choses, qu'à l'avenir on pourrait vendre, dans toute l'étendue de son gouvernement, quels vins on voudrait; mais aux conditions d'étiqueter fidèlement le crû et l'âge de chaque espèce; de ne jamais les mélanger; et que les prix en seraient taxés d'après la renommée particulière à chaque sorte : et il établissait la peine de mort contre quiconque frauderait cette loi, soit en baptisant les vins avec de l'eau, soit en les débaptisant au moyen de noms supposés. Il fixait les prix des divers objets le plus à l'usage des pauvres; des vêtements, surtout qui lui paraissaient exorbitamment chers; il fixait, d'un autre côté, le prix des journées d'ouvriers. Il établissait des peines contre ceux qui couraient les rues de nuit, et même de jour, en chantant ou en débitant des chansons trop libres. Il faisait défense à tous aveugles de chanter des miracles dans les rues, sans être munis de pièces probantes qui en constatassent la réalité; et il fondait cette loi sur ce que la sainte vénération des fidèles n'était due qu'aux miracles véritables, reconnus et déclarés tels par qui de droit. Il établissait un magistrat des pauvres, chargé, non pas de les tracasser sous prétexte de les surveiller, ou de les molester tout en les protégeant, mais de vérifier et constater leur situation; afin d'éviter, disait-il, ce qui arrive trop souvent, de rencontrer des gens ivres sous les haillons de la mendicité, ou des voleurs très-adroits de tous leurs membres, parmi les soi-disant manchots ou estropiés : sorte de brigands d'autant plus dangereux, qu'à la faveur de la compassion qu'ils inspirent, ils ont toute facilité de surprendre et de dévaliser leurs dupes. Enfin, ses règlements étaient si sages, si utiles, que l'on assure qu'ils sont encore en vigueur aujourd'hui dans le canton, et que leur recueil y porte toujours le titre d'*Ordonnances et Règlements du grand gouverneur Sancho Pansa.*

XXIV. — Comment une épouvantable catastrophe mit fin au gouvernement de Sancho.

Compter sur quelque chose de stable, de durable en cette vie, c'est compter sur une planche pourrie. Tout y change à tout instant, ou tout y passe sans retour. Les heures, les moments se suivent sans se ressembler. Les saisons varient chaque jour l'aspect de la nature : l'hiver succède à l'automne, l'automne à l'été, l'été suit le printemps, qui succède à l'hiver. Chaque année, il est vrai, l'hiver, le printemps, l'été et l'automne reparaissent régulièrement et à leur tour sur la machine ronde : mais il n'en est pas de même de la vie passagère de l'homme, et de ses jouissances fugitives. Elles passent, disparaissent et ne reviennent plus. Elles vont s'engloutir dans l'éternité : et c'est là seulement que l'homme peut trouver la félicité durable que l'impénétrable Providence lui refusa dans ce bas monde.

Sancho, pour la septième fois depuis qu'il était gouverneur, venait de se mettre au lit, rassasié, non de pain, moins encore de bonne chère, car il s'en fallait de beaucoup qu'il eût l'estomac content; mais de procès, d'ordonnances, de règlements et d'affaires de tous genres qui lui brisaient encore les parois du cerveau. La fatigue, malgré la faim, commençait à engourdir ses paupières harassées, et le sommeil approchait péniblement, mais sensiblement, lorsque tout-à-coup il entendit le tocsin sonné par toutes les cloches d'alentour, et mêlé de cris effroyables : il semblait que l'île allât se dissoudre et s'engloutir. Il se mit en sursaut sur son séant, pour s'assurer qu'il ne rêvait pas, et pour mieux entendre ce que ce pouvait être que ce tintamarre épouvantable. Bientôt le bruit des tambours et des trompettes, qui battaient et sonnaient l'alarme, se joignit à celui du tocsin redoublant, et des cris qui se multipliaient en approchant. La frayeur le saisit alors, au point que s'il n'eût été violemment animé par cet instinct qui porte à fuir le danger, il n'aurait pu se bouger. Il se jeta à bas du lit, chaussa ses pantoufles, et sans prendre la peine, ou pour mieux dire, le temps de passer un seul vêtement, il courut en chemise, à la porte de son appartement, qu'il ouvrit en frémissant. Il y trouva plus de vingt personnes, avec de grosses torches allumées, et l'épée à la main. Toutes accouraient en désordre, et en criant à tue-tête : — Aux armes, aux armes, monseigneur! aux armes, seigneur gouverneur! les ennemis pénètrent dans l'île de tous côtés! nous sommes perdus, morts, égorgés tous, si votre valeur n'arrête sur-le-champ la déroute et le carnage! Allons, monseigneur, allons, armez-vous, sauvez-nous, sauvez votre malheureuse île!

— Que diable voulez-vous que j'y fasse? répondit Sancho. Moi, je ne vaux rien du tout pour les batteries : vous feriez mieux d'aller chercher monseigneur Don Quichotte; c'est lui qui s'y entend! en deux tours de bras il vous râflerait cette canaille, lui!

— Ah! seigneur gouverneur! lui répliqua-t-on, quelle lenteur est la vôtre! il n'y a pas un moment à perdre! armez-vous à l'instant. Voici vos armes offensives et défensives. Venez vous mettre à notre tête. Soyez notre guide, notre général. A vous seul il appartient de nous diriger et de nous commander, puisque vous êtes notre gouverneur.

— Ainsi soit-il, répondit Sancho. Me voilà; puisqu'il n'y a pas moyen de reculer, faites de moi ce que vous voudrez.

A l'instant, quoiqu'il fût en simple chemise assez courte, on lui ajusta, l'une par-devant, l'autre par-derrière, deux espèces de planches concaves, qui l'encoffraient de la tête aux pieds, sauf des échancrures suffisantes, et à hauteur convenable, pour lui passer et lui tenir les deux bras dehors. On serra à force de cordes, et on lia ces deux planches ensemble, l'une contre l'autre, en sorte qu'il resta emboîté en-dedans, droit sur ses jambes, qu'il ne pouvait bouger, et par conséquent immobile comme un terme. On lui mit au bras gauche un écu, et à sa main droite une longue lance, qui, du moins, dans ce premier moment, lui servit à s'appuyer.

Dès qu'il fut ainsi engaîné, vingt voix de tonnerre lui crièrent ensemble de marcher en avant, et de se mettre à la tête de ses braves, qui juraient tous, l'assurait-on, de vaincre ou de mourir sous ses ordres. — Comment, mes braves, voulez-vous que j'aille? leur répondit Sancho. Je ne peux seulement pas ployer la jointure du genou. Ces maudites planches que vous m'avez clouées sur le corps me tiennent roide comme un piquet. Si vous voulez que j'avance, il faut absolument me porter à quatre sur vos épaules, ou me rouler. Posez-moi quelque part; debout ou autrement, je barrerai le passage; si ce n'est pas avec la lance, ce sera du moins avec mon malheureux corps : que voulez-vous que je vous dise de mieux !

— Seigneur gouverneur, reprit quelqu'un de la bande, ce ne sont pas vos armes qui vous empêchent de marcher : gare que ce soit un peu de poltronnerie. Allons, allons, en avant, du courage : les ennemis entrent de tous côtés; les cris se multiplient, ils approchent, le danger redouble de toutes parts.

Le pauvre gouverneur, pressé par ces instances, piqué de ces reproches, voulut en effet tenter un pas en avant; mais ce mouvement n'aboutit qu'à le faire tomber, et si rudement, qu'il se crut en éclats. Il resta sur place, à peu près comme une tortue dans sa coquille, ou comme une barque engravée, et sans pouvoir se remuer. Les cruels farceurs n'en eurent pas pour cela plus pitié de lui : au contraire, dès qu'ils le virent à terre, ils éteignirent toutes leurs torches, et se mirent à faire un tapage d'enfer, à crier plus fort que jamais : *Aux armes, tue, tue*, et à lui passer, repasser et sauter sur le corps, en déchargeant sur ses planches force furieux coups d'épée. Le malheureux Sancho se ramassait, se rapetissait en-dedans de sa boîte tant qu'il pouvait, pour éviter les coups. Il frissonnait; il tremblait pour sa tête et pour ses pieds; il recommandait son âme à Dieu, comptant toucher à son dernier moment. Les uns le heurtaient, les autres le roulaient; et il y en eut même un qui lui monta tout-à-fait sur le corps, et qui posté là comme sur une éminence, y resta longtemps à piétiner comme un possédé, à donner des ordres, à crier : — *Ici les nôtres..... à moi..... à l'ennemi..... tombez dessus..... fermez cette porte..... gardez ce portail..... Ici les crochets, les échelles..... Ici la résine enflammée, l'huile bouillante..... Dehors tous les meubles, les matelas, barricadez partout.....* Pendant ce temps-là Sancho, brisé, disloqué, pressuré entre ces deux planches, suait sang et eau, entendait, écoutait tout, souffrait mort et passion. — Si Dieu voulait, se disait-il, que ma maudite île soit bientôt prise!..... Ou, s'il pouvait du moins m'envoyer un bon coup qui m'achève tout de suite!... Malheureux damné que je suis! Mort ou vif, que je sorte donc d'ici.

Le ciel enfin exauça sa prière, et beaucoup plus favorablement qu'il ne s'y attendait. Au moment de son plus cruel désespoir, il entendit crier : *Victoire! victoire! victoire! les ennemis sont en fuite..... Allons, vaillant gouverneur, relevez-vous; venez jouir de votre triomphe; venez nous partager les dépouilles des ennemis que vous avez vaincus.*

— Relevez-moi, vous autres, reprit Sancho d'une voix d'agonisant : je n'en viendrai jamais à bout, si vous n'y mettez la main...... L'ennemi que j'ai vaincu, continua-t-il en soupirant quand il fut remis sur ses jambes, je consens qu'on me le cloue sur le front. Partagez vous-mêmes le butin; moi je n'y prétends rien..... Seulement, s'il me reste parmi vous quelque ami, que, par pitié et pour Dieu, l'on m'apporte bien vite un petit coup de vin pur. J'ai le gosier en feu; et tout le reste de mon malheureux cadavre est en sueur froide.

On s'empressa de lui apporter un verre de vin, de le sortir de sa gaîne, d'essuyer la sueur qui l'inondait, et on le reconduisit à son lit, où bientôt il s'évanouit. On eut alors quelque regret d'avoir poussé les choses aussi loin; mais l'inquiétude qu'il causa ne dura pas longtemps. Il revint à lui presqu'aussitôt, et demanda quelle heure il était. On lui répondit que le jour commençait à paraître. Il ne répliqua rien. Il chercha ses vêtements, et les mit l'un après l'autre sans dire mot. Tout son monde étonné le considérait, et attendait avec une extrême curiosité ce qu'il allait dire et faire. Finalement, il s'habilla tout-à-fait, mais fort lentement, en homme qui peut à peine se bouger; et sitôt habillé, toujours sans mot dire, il sortit de sa chambre, et clopin clopant, il s'en vint à l'écurie, où on le suivit. Là, les bras ouverts, il aborda son âne, le baisa tendrement sur le front entre les deux oreilles; et après s'être essuyé les deux yeux, du dos de la main et à plusieurs reprises, il lui dit : — Je reviens à vous, mon cher grison; revenez à moi, fidèle compagnon de ma fortune première. Du temps que nous ne vivions que l'un pour l'autre, quand tous mes soins se bornaient à tenir votre petite personne proprette et bien nourrie, mes heures étaient heureuses et paisibles, mes jours, mes années coulaient gaîment. Depuis que séduit par l'ambition et par un fol orgueil, je vous ai quitté pour tâter des grandeurs que m'offrait la fortune, mille inquiétudes, deux mille tracasseries, quatre mille soucis me martyrisent jour et nuit le corps et l'âme. Les plus courtes folies sont les meilleures, mon ami; vaut mieux tard que jamais.

Et tout en parlant, il bâtait le cher grison, et l'équipait sans que personne lui demandât pourquoi. Sitôt que son âne fut en état, Sancho monta dessus et le dirigea vers la porte, où le maître d'hôtel, le majordome, le secrétaire, le docteur Pierre Roch des Augures, et plusieurs autres, en peloton, semblaient lui barrer le passage. — Faites-moi place, Messieurs leur dit-il; laissez-moi m'en retourner à mon ancienne liberté, à ma vie d'autrefois : celle-ci m'assassine. Je ne suis pas né pour être gouverneur; pas bâti pour défendre des îles; pas taillé pour soutenir des assauts et livrer des batailles. Labourer la terre, piocher les vignes, les émonder, les tailler, les vendanger, voilà mon lot. Chacun son métier, chacun à sa place en ce monde : je vois trop ce qu'il en coûte, quand on veut sortir de sa coquille. J'aime mieux me rassasier à mon gré, ne fût-ce que de *gaspacho*, que de m'assujétir aux fantaisies d'un insolent médecin qui ne me quitte pas plus que mon ombre, pour me défendre ce qu'il me plaît de manger, et me faire mourir de faim. Je me reposerai plus tranquillement, plus au frais, l'été, sur le gazon, sous le feuillage, qu'entre les deux draps de toile de Hollande de votre gouvernement : et l'hiver je me tiendrai tout aussi chaudement dans ma bonne casaque de bure, que sous vos moelleuses et perfides zibelines.....
Adieu, Messieurs, adieu : dites de ma part au duc notre seigneur que je m'en vas nu d'ici, comme quand je suis venu au monde; que je n'y gagne ni n'y perds; que surtout je sors de son gouvernement aussi léger d'argent que quand j'y suis entré; et qu'en cela je n'ai pas manœuvré comme les autres gouverneurs d'îles, qui, dit-on, n'ont pas coutume

d'en sortir sans être bien lestés..... Encore une fois, Messieurs, laissez-moi passer; que j'aille bien vite me faire panser : je suis brisé, disloqué, meurtri de la tête aux pieds, grâce à ces lourdauds d'ennemis qui viennent de me passer sur le corps et de me rouler si rudement entre vos deux assassines de planches.

— Non, monseigneur, non, vous ne nous abandonnerez pas, reprit le docteur. Je vais vous administrer d'abord une tisane souveraine contre les courbatures et les dislocations : en moins de deux heures, je veux vous rendre votre vigueur et votre bien-être ordinaires. Quant à votre bouche, monseigneur, je promets de me relâcher de mes principes, de ne plus vous déplaire, de ne plus contrarier ni vos goûts ni votre appétit; en un mot, de vous laisser manger de tout ce que vous voudrez, et tant qu'il vous plaira.

— C'est de la moutarde après dîner, que vous me servez là, répondit Sancho. Vous ne m'y rattraperez plus. Ce ne sont pas là des tours à me jouer deux fois. Je ne veux plus de gouvernements, pas plus du vôtre que tous les autres, dût-il m'en pleuvoir par douzaines. C'est dit, c'est fini. Ce que j'ai là, dans ma caboche, je ne l'ai pas ailleurs. Je suis de la race des Pansa. Ils sont tous têtus comme des mules; quand une fois ils ont dit *non*, c'est non : le diable, avec tout son latin, ne les en ferait pas démordre..... Je les laisse ici, dans cette écurie, ces maudites ailes, qui, pour mon malheur, me sont venues comme à la fourmi; ces maudites ailes, qui ne m'ont élevé un moment en l'air que pour m'y faire becqueter et dévorer par les hirondelles. Terre à terre, sur mes jambes, avec mes sabots ou mes semelles de corde, si je n'ai pas le moyen d'avoir des souliers; voilà, voilà l'allure qui me convient et que je n'aurais jamais dû quitter..... Ne nous allongeons pas dans le lit plus que les draps ne sont longs; prenons le temps comme il vient..... Et adieu,

Messieurs ; adieu, encore une fois. Ouvrez-moi le passage, que je décampe : le temps me dure d'être loin d'ici.

— Seigneur gouverneur, reprit le majordome, nous vous laisserions aller, puisque vous l'exigez, quoiqu'avec tous les regrets que méritent la sagesse et les talents dont vous nous avez donné tant de preuves ; mais, je vous fais observer qu'il est d'usage et dans l'ordre qu'un gouverneur, avant de quitter son île, rende compte de son administration. La vôtre a duré sept jours ; rendez vos comptes ; et après, plus d'obstacles à votre départ.

— Personne ici, répondit Sancho, n'est en droit de me demander compte, sans un pouvoir et des ordres du duc mon seul seigneur. Au reste, nous allons bientôt nous revoir, lui et moi..... J'aurai tout le temps de lui rendre compte et à lui-même en personne, tant que le jeu lui en plaira..... Mon compte, d'ailleurs, ne peut être ni long ni difficile à rendre. Vous voyez tous que je pars à sec, comme je suis venu. C'en est assez, je crois, pour prouver aux plus méchants que j'ai gouverné, non pas en homme, mais comme un ange.

— Le grand Sancho a raison, dit le docteur. Il est évident qu'il sort pur de son gouvernement. Laissons-le aller, Messieurs : le duc notre seigneur aura sûrement grand plaisir à recevoir lui-même le compte qu'il doit demander.

Tout le monde, alors, lui ouvrit le passage ; et ce fut à qui lui offrirait le plus affectueusement ce qui pouvait lui être utile ou agréable pour son voyage. Sancho répondit qu'il ne désirait qu'un peu d'avoine pour son grison, et pour lui-même un morceau de pain et un peu de fromage seulement ; d'autant qu'il n'y avait pas loin d'ici au château. On s'empressa de lui donner ce qu'il demandait : après quoi, la larme à l'œil et le cœur gonflé, Sancho reçut de tous un baiser qu'il leur rendit à chacun : enfin, il partit, et laissa tout son monde ausssi surpris de son exquis bon sens que diverti de son extravagante crédulité.

XXV. — Don Quichotte et Sancho arrivent à leur village.

Nos deux héros se rejoignirent chez Leurs Excellences. Après y être restés quelques semaines, et y avoir été témoins ou acteurs de diverses scènes très-intéressantes que nous raconterions, s'il ne fallait pas en finir, ils prirent le parti de regagner provisoirement aux moins leurs pénates; et ils se mirent en route.

Après avoir marché pendant une partie de la journée, bercé par l'espérance et le désir, Don Quichotte enfin découvrit son village du haut d'une éminence qui le domine; et l'instant d'après, Sancho le découvrit aussi. A cette vue si souvent désirée, Sancho tressaillit, et ne put contenir sa joie. Il se jeta sur ses deux genoux, et les bras ouverts, les regards fixés sur le clocher, il s'écria : — Salut, ô ma patrie bien-aimée! ouvre les yeux sur ton fils Sancho Pansa, qui, s'il ne revient pas très-riche, revient du moins bien étrillé : et c'est quelque chose, s'il sait en profiter. Reçois aussi ton autre fils Don Quichotte, vaincu par je ne sais qui, mais vainqueur de lui-même, puisqu'il tient sa parole, quoique cela ne lui plaise guère; et cette victoire-là, dit-on, en vaut bien une autre.

— Allons, Sancho, dit Don Quichotte, allons, laisse là les réflexions : relève-toi et doublons le pas.

Sancho se releva; nos aventuriers descendirent la colline et approchèrent du village. La première rencontre qu'ils firent fut celle de deux polissons prêts à se battre, et qui se disputaient vivement. — Non, Péréquillo, disait l'un des deux, non, tu as beau faire; non, tu ne le reverras de ta vie.

— Ah! Sancho, Sancho! s'écria Don Quichotte : ah! mon ami! entends-tu ce que dit ce cruel enfant?

— Oui, pardienne, je l'entends tout comme vous, répondit Sancho. Mais en quoi donc ce marmot est-il si cruel?

— En quoi, Sancho? reprit Don Quichotte. Ah! mon ami, un pareil propos que le hasard envoie à mon oreille en ce moment ne signifie que trop que de ma vie je ne reverrai ma chère patrie!

Sancho allait rétorquer ce raisonnement, lorsqu'il en fut tout-à-coup empêché par un lièvre, qui, poursuivi par des chiens et des chasseurs, vint se jeter entre ses jambes, et s'y amortir de lassitude et d'épouvante, au point que Sancho n'eut qu'à se baisser pour le ramasser. — Autre mauvais signe, mon ami! s'écria Don Quichotte. Mauvais signe encore! ô le mauvais présage! un lièvre fuit, les chiens le poursuivent sous mes yeux.....

— Vous êtes un homme bien étrange, répliqua Sancho : vous voyez tout en noir, même ce qui me paraît à moi blanc comme neige. Je vois au contraire que les chiens et les chasseurs sont des enchanteurs; et que ce lièvre est venu se jeter entre mes bras, parce que c'est par moi que l'enchantement a été défait. Je le reçois, je le tire des griffes de ses persécuteurs; je vous le remets entre les mains : tout cela n'est-il donc pas clair comme le jour, et du plus heureux augure? Regardez-y bien, monseigneur, et vous verrez, comme moi, que tout se dispose à souhait pour vous.....

A la rumeur qu'avaient fait Sancho et le lièvre, les deux polissons s'étaient approchés pour voir la pauvre petite bête et la caresser : Sancho profita de l'occasion pour leur demander pourquoi ils se querellaient. — C'est, répondit l'un d'eux, parce que je ne veux pas lui rendre cette petite cage qui est plus à moi qu'à lui, et parce que je lui disais qu'il ne la reverrait de sa vie.

Sur ce, Sancho tira de sa poche un réal qu'il offrit pour

la cage; l'enfant la céda sans marchander, et Sancho de suite la présenta à Don Quichotte, en lui disant : — Tenez, monseigneur, voilà tout le charme défait, s'il y en avait; vous voilà maître de tout. Quant à moi, tout bête que je suis en comparaison de votre seigneurie, je comprends qu'il n'y a plus à se soucier du lièvre et de la cage que des nuages de l'an passé; et qu'en tous cas, si l'on voulait en tirer quelqu'augure, il ne pourrait que vous être favorable, puisqu'au bout du compte, malgré les chiens, les chasseurs et les disputes, tout a fini par vous revenir. Au reste, rappelez-vous ce que vous-même m'avez dit, ce que plus d'une fois j'avais entendu prêcher par monsieur notre curé, qu'il n'est ni sage ni chrétien d'ajouter foi aux augures. Croyez-moi, marchons, et n'y pensons plus.

Don Quichotte et Sancho arrivèrent à l'entrée de leur village : ils y rencontrèrent le curé et le bachelier Samson Carrasco, leur bréviaire à la main, et à la promenade. Don Quichotte, ravi de les revoir, mit pied à terre et se précipita dans leurs bras. Il y eut force caresses, force amitiés de part et d'autre. Pendant qu'ils étaient à s'embrasser, à se complimenter, les enfants et les commères se ramassèrent autour d'eux. On s'appelait de tous côtés, pour voir, disait-on, l'âne de Sancho, paré comme un marguillier, et la rosse de Don Quichotte plus maigre qu'elle n'avait jamais été. Entourés de curieux, étourdis d'acclamations et de risées, accompagnés du curé et du bachelier, ils arrivèrent à la porte de la maison de Don Quichotte : ils y trouvèrent sa gouvernante et la nièce, que la rumeur publique avait déjà prévenues : ils y trouvèrent aussi Thérèse Pansa, qui, au premier bruit, était accourue avec Sanchette, sans prendre le temps d'achever de s'habiller, tant elles étaient pressées de voir la bonne mine que devait avoir monseigneur le gouverneur. Mais quelle fut leur surprise, quel fut leur déplaisir de le retrouver en si piètre équipage!

— Comment donc! s'écria Thérèse d'un ton aigre, tu t'en reviens sur tes jambes comme un mendiant! hé mais, tu as plutôt l'air d'un va-nu-pieds que celui d'un gouverneur. Où en sommes-nous donc?

— Bride en main, *motus*, ma Thérèse, lui répondit Sancho. Ce n'est pas ici, ni à l'heure qu'il est, que nous devons causer. On ne trouve pas toujours ce qu'on cherche, ni du lard à tous les crochets, notre femme. Allons-nous-en chez nous sans dire mot; je t'y conterai tout, et tu en entendras de fameuses. En tout cas, j'apporte de l'argent que j'ai bien gagné.

— Si vous apportez de l'argent, reprit Thérèse, encore vit-on. Bien ou mal gagné, nous ferons comme tant d'autres, nous le garderons.

Sanchette sauta au cou de son père, au moment où il annonça de l'argent, et lui demanda s'il apportait aussi quelque chose pour elle. Sancho, pour toute réponse, l'embrassa tendrement, la prit sous le bras d'une main, Thérèse de l'autre, sans quitter le licou de son âne; et la famille Pansa, ainsi groupée et entrelacée, s'en fut à son logis, laissant Don Quichotte entre les bras de sa nièce, de sa gouvernante et de ses bons amis le curé et le bachelier.

Sitôt arrivé chez lui, le premier soin de Don Quichotte fut de s'enfermer dans sa chambre avec ses deux amis, et de leur raconter franchement l'engagement qu'il avait dû prendre, de rester pendant un an chez lui, sans toucher à ses armes : engagement sacré pour un loyal chevalier, et qu'il entendait remplir au pied de la lettre, avec toute la ponctualité qu'imposent l'honneur et les inviolables principes de la chevalerie errante. Il leur confia de suite que, pour charmer les ennuis d'une si longue année d'inactivité, il avait formé le projet de se faire berger : il leur observa que ce genre de vie, malgré son obscure simplicité, n'avait rien de bas pour des hommes froissés par les événements, et assez sages pour savoir apprécier les jouissances champêtres.

Sur ce, le curé et le bachelier prirent congé de Don Quichotte, en l'invitant à ne s'occuper d'abord qu'à se remettre de ses fatigues, et à soigner sa santé. Ils ne le quittèrent tout-à-fait qu'après l'avoir bien assuré qu'ils reviendraient souvent causer avec lui de leur délicieux projet, et qu'il pouvait, dès ce moment, compter sur eux.

Sitôt qu'ils furent sortis, la nièce et la gouvernante, qui n'avaient pas manqué d'écouter à la porte, entrèrent dans la chambre de Don Quichotte.

— Est-il bien possible, mon cher oncle! lui dit la nièce. Comment! nous comptions que vous reveniez vivre tranquillement et honnêtement chez vous; et voilà que point du tout, à peine arrivé, vous vous remettez en tête la nouvelle folie de vous faire, quoi? berger! Berger, mon cher oncle! ce n'est plus là votre fait. Vous ne serez jamais qu'un très-mince berger, un berger à faire pitié. C'est fini, la paille est trop mûre à présent, trop sèche pour en faire des chalumeaux résonnants.

— Vous êtes encore un fier homme, Monsieur, dit à son tour la gouvernante, pour aller vous griller au soleil toute une sainte journée en été, vous transir de froid en hiver du matin au soir, et hurler tous les jours plus fort que les loups. Laissez, laissez le métier aux bons paysans qui sont tout exprès bâtis à chaux et à sable, et qui y sont faits depuis le maillot. Ho bien! vous seriez bientôt troussé. Berger! berger! ne voilà-t-il pas encore une belle invention! folie pour folie, j'aimerais encore mieux celle d'être chevalier errant : du moins elle a quelque chose de plus relevé. Tenez, Monsieur, suivez mon conseil. J'approche de ma quarantaine, si je ne la passe pas un petit brin; je ne suis plus un enfant. Grâce à Dieu, je ne suis pas ivre, et je sais ce que je dis. Restez tranquille chez vous; occupez-vous tout doucement de vos affaires, qui, entre nous soit dit, n'ont pas mal besoin de l'œil du maître; priez Dieu souvent; vivez en bon chrétien; soyez toujours charitable et bon comme vous l'étiez du temps passé; et s'il vous en arrive malheur, je l'irai dire à Rome.

— Taisez-vous, causeuses, leur répondit amicalement Don Quichotte; vous n'êtes que des petites sottes. Je sais mieux que vous ce qu'il me faut. En attendant, arrangez-moi mon lit. Je ne me sens pas très-bien portant. Et quoi qu'il arrive, chevalier ou berger, ne vous inquiétez pas; comptez que je pense à votre bien-être autant qu'au mien, et que j'aurai toujours soin de vous.

Les deux causeuses cessèrent, en effet, de le contrarier, pour le faire souper tranquillement, et ensuite le mettre au lit.

XXVI. — Maladie, testament et mort de Don Quichotte.

Comme tout passe en ce monde; comme de toutes les choses fugitives que le temps entraîne dans sa course rapide, celle qui lui lui résiste le moins est la vie de l'homme; comme chaque instant de notre frêle existence n'est qu'un pas vers sa fin; comme enfin Don Quichotte n'était qu'un mortel, son heure dernière arriva.

Soit par l'effet de la dévorante mélancolie qui le travaillait depuis sa défaite; soit par un de ces décrets de la Providence, dont il ne nous appartient pas de chercher à pénétrer les motifs, il survint à notre héros une fièvre violente, qui, pendant six jours, le tint hors d'état de quitter le lit. Ses bons amis le curé, le bachelier, et maître Nicolas le barbier, lui prodiguaient les visites et les bons offices : son fidèle écuyer surtout, l'excellent Sancho Pansa, ne quittait presque pas son chevet. Ils pensaient tous que le chagrin était la seule cause de sa maladie; et que, pour l'en guérir, le principal était de le distraire, de le réjouir tant que possible. Le bachelier y employait tous ses moyens. A tout instant il lui parlait de la délicieuse vie pastorale qu'ils allaient commencer aussitôt que sa fièvre serait passée. Tantôt c'était d'une églogue superbe déjà composée, et plus fameuse que toutes celles de Sannazar ensemble. Tantôt c'était de deux chiens renommés, appelés l'un *Barcino*, l'autre *Buitron*, qu'il venait d'acheter d'un fermier de Quintanard, pour garder les troupeaux de la nouvelle Arcadie. En un mot, l'ingénieux bachelier avait toujours à lui dire quelque chose de nouveau ou d'intéressant; mais il n'aboutissait à rien. Don Quichotte n'en était pas moins morne et accablé : sa fièvre ne diminuait point. Le septième jour, ses amis se déterminèrent à appeler le médecin, qui, après lui avoir bien tâté le pouls, déclara hautement qu'il le trouvait très-malade, et qu'il était temps de songer au salut de son âme et à ses affaires; d'autant qu'il y avait peu à espérer des remèdes ordinaires contre une maladie que la tristesse empirait si violemment. Don Quichotte reçut cette nouvelle avec beaucoup de sang-froid; mais la gouvernante, la nièce, le pauvre Sancho surtout, en jetèrent les hauts cris. Don Quichotte les pria de se calmer, et demanda qu'on le laissât dormir. Pendant six grandes heures, il ne fit qu'un somme, si profond, si tranquille, que la gouvernante et la nièce commençaient à s'en inquiéter et à le croire mort en dormant, lorsqu'enfin il s'éveilla en jetant un grand cri, et en disant ensuite à très-haute voix, et d'un ton profondément pénétré : — Dieu tout-puissant! de quel bienfait tu viens de me combler! Ta miséricorde est infinie : nos péchés ne la lasseront donc jamais!

La nièce qui, depuis plusieurs heures, attendait et épiait les premiers mouvements du malade, fut grandement étonnée de l'entendre parler avec tant de force et de sens.

— Que dites-vous là, mon cher oncle? lui dit-elle en se

rapprochant du chevet. Qu'est-ce qu'il y a de nouveau ? Pourquoi parlez-vous de la miséricorde de Dieu et de nos péchés ?

— Je parle de la miséricorde divine, ma chère enfant, je la bénis, répondit Don Quichotte, parce qu'en ce moment même, malgré mes péchés, j'en reçois le plus signalé des bienfaits. Je me sens une existence nouvelle : je retrouve la raison que je reconnais que j'avais perdue. Mon esprit est dégagé, débarrassé de toutes les chimères fantastiques dont ma funeste crédulité et ma coupable passion pour la lecture des détestables livres de chevalerie m'avaient rempli l'imagination et infecté le cerveau. Je vois, je touche au doigt leurs poisons, leur extravagance, leur grossière imposture. Je comprends combien je suis coupable d'avoir cédé à de pareilles rêveries. Je les voue au mépris qu'ils méritent et je ne regrette que d'en être désabusé trop tard pour pouvoir réparer mes torts par des lectures plus dignes d'un homme sensé. Je m'en vais, ma chère nièce... Je vois la mort s'approcher à grands pas : je n'aurai pas le temps d'expier mes fautes par une meilleure vie ; que du moins mes derniers moments soient employés à les reconnaître et à m'en repentir. Fais-moi venir, ma chère petite, va me chercher mes bons amis le curé, le barbier et le bachelier. Je veux me confesser et faire mon testament ; le temps presse.

La nièce éplorée tournait le dos pour aller avertir les trois amis, lorsqu'ils parurent ensemble à la porte de la chambre. — Arrivez, mes amis, arrivez, leur dit Don Quichotte ; je vous envoyais chercher par ma nièce. Venez me féliciter, et vous réjouir avec moi d'une nouvelle à laquelle vous ne vous attendez guère. Je ne suis plus Don Quichotte de la Manche, mes bons amis : vous retrouvez votre Alonzo Quixana, qu'autrefois vous surnommâtes le Bon, sans doute parce que vous connaissiez mon cœur. Je renie Amadis de Gaule et toute sa chimérique postérité, que si follement je prétendis imiter. Je maudis les abominables histoires de chevalerie errante qui m'ont tant abusé... Je gémis des extravagances qu'elles m'ont fait faire; et grâce à la miséricorde de Dieu qui vient de me rendre la raison, je me repens sincèrement de mes folies, et j'en déteste les causes.

Les trois amis, surpris de cette déclaration, imaginèrent d'abord que le malade était atteint de quelque nouvel accès de folie d'un genre qu'ils ne lui connaissaient point encore; et Samson, suivant toujours le système de le réjouir, lui répondit qu'ils venaient aussi pour lui apprendre une grande et bonne nouvelle : dans peu, ils seraient tous heureux et contents comme des princes.

— Ne me faites plus de contes, mon ami, répondit Don Quichotte; le temps en est passé. Parlez-moi le langage de la vérité : c'est le seul qui vous convienne auprès d'un mourant dont le sort vous intéresse. Oui, mes bons amis, je touche à ma dernière heure. Appelez, je vous prie, le notaire pour faire mon testament; en attendant, monsieur le curé voudra bien recevoir ma confession.

Tout le monde se regardait avec surprise et avec douleur. On hésitait à croire à un changement si subit; mais quelques autres propos également pleins de sens, de raison et de piété, achevèrent de convaincre ses amis qu'une révolution totale s'était opérée dans le malade; et dès lors on perdit tout espoir de le conserver. Le curé se hâta de faire sortir tout le monde, et resta seul avec lui pour le confesser, pendant que le bachelier irait chercher le notaire et avertir Sancho Pansa que son pauvre maître était totalement désespéré. La confession ne fut pas longue : bientôt le curé vint, la larme à l'œil, avertir que l'on pouvait rentrer, et annoncer que le bon Alonzo Quixana était bien véritablement guéri de sa folie, mais qu'il lui en coûterait la vie, et qu'il n'irait pas loin.

Le bachelier, de son côté, ne tarda pas à rentrer avec le

notaire. Don Quichotte l'accueillit sans émotion. Il le pria
de disposer de suite le préambule de son testament, dans
toutes les formes usitées en religion catholique. Lorsque le
notaire en fut aux dispositions particulières, le malade se
fit metttre sur son séant pour pouvoir se faire mieux entendre, et dicta comme il suit :

— *Item*. Ma volonté est que Sancho Pansa, que, pendant
ma démence, j'ai pris pour écuyer, reste en paisible et absolue possession de tout l'argent comptant à moi appartenant, dont, en sa qualité, il se trouve dépositaire : déclarant
qu'il existe entre lui et moi des comptes à régler, desquels
il résulte que je lui dois légitimement une partie de cette
somme; et en considération de son attachement pour moi,
je lui donne et lègue le surplus. Et comme du temps de ma
folie, je lui ai fait avoir un gouvernement qui ne pouvait
durer, je vois à présent pourquoi, je déclare qu'aujourd'hui
que je jouis de toute ma raison, si je le pouvais, je lui donnerais un royaume, en témoignage de l'estime que méritent
sa fidélité, sa droiture et son exemplaire attachement à ses
devoirs.

Se retournant ensuite vers Sancho, et en lui tendant la
main, il ajouta : — Je te demande pardon, mon ami, du tort
que j'ai pu te faire en plusieurs circonstances où, par ma
pure faute, tu as dû paraître aussi fou que moi; et surtout
de t'avoir induit en grave erreur, en te faisant croire, comme j'avais la folie de le croire moi-même, qu'il eût existé et
qu'il existât des chevaliers errants.

— Ahi! ahi! mon Dieu! mon Dieu! répondit Sancho en
sanglotant; je vous prie, mon cher maître, ne vous laissez
pas mourir. Croyez-moi, vivez encore longtemps, le plus
que vous pourrez. La plus grosse sottise qu'on puisse faire
en ce monde, est de le quitter sans nécessité. Faut-il donc,
quand personne ne pense plus à vous tuer, qu'une maudite
mélancolie vienne vous emporter sans dire gare! Eh! mor-

bleu! regimbez-vous contre elle; prenez le dessus, jarnidienne! Levez-vous si vous pouvez; laissez là le lit et la fièvre; allons-nous-en aux champs, habillons-nous en bergers, comme nous l'avions si joliment arrangé. Je parierais qu'en battant bien la campagne, nous finirions par retrouver la santé. Et puis, si ce n'est que parce que vous avez été vaincu que vous vous chagrinez tant, il n'y a qu'à dire que c'est de ma faute; que si vous avez été renversé, ce n'est que parce que j'avais mal sanglé Rossinante... D'ailleurs, mon cher maître, vous qui avez lu tant d'histoires de chevalerie, ne savez-vous pas que bien d'autres ont été renversés de cheval, et n'en sont pas, pour cela, morts de chagrin? Qu'en fait de batailles, la chance tourne à tout bout de champ; que le battu aujourd'hui, demain sera battant; et que, pour un mauvais quart d'heure, à moins qu'on n'en trépasse, il n'y a pas de quoi se désespérer tout-à-fait, puisqu'il y a remède à tout, hors à la mort.

— Le bon Sancho a raison, dit le bachelier; suivez ses conseils, notre ami; allons, du courage!

— Messieurs, Messieurs, interrompit Don Quichotte, les temps sont changés. Je fus fou, je ne le suis plus; je fus Don Quichotte de la Manche; je suis, je vous le répète, le bon homme Alonzo Quixana. J'ai dû perdre de votre estime et de votre considération par mes malheureuses extravagances; mais que ce ne soit pas une raison pour qu'aujourd'hui vous refusiez de croire à mes regrets, à mon repentir, à la franchise avec laquelle je confesse et reconnais mes torts, ces torts funestes qui m'avaient aliéné l'esprit. Puisse mon exemple dessiller les yeux de tous ceux qu'un penchant inconsidéré porterait aux trop dangereuses lectures qui m'ont perdu! Allons, monsieur le notaire, continuons, s'il vous plaît... *Item*. J'institue Antoinette Quixana, ma nièce, seule et unique héritière de tous mes biens, meubles et immeubles : à la charge, par elle, de payer mes dettes, notamment les gages que je dois à ma gouvernante, lesquels j'entends lui être payés d'abord et sans délai, sur le plus liquide de ma succession ; et en outre, la somme de vingt ducats que je lègue à ma dite gouvernante, pour un habillement neuf qu'elle portera en mémoire de moi... Je nomme pour mes exécuteurs testamentaires monsieur le curé et monsieur le bachelier Samson Carrasco, mes meilleurs amis, ici présents, et leur donne tous pouvoirs à ce nécessaires... *Item*. Ma volonté est que si Antoinette Quixana, ma nièce, veut se marier, elle ne puisse épouser aucun homme que, préalablement, il ne soit muni d'un certificat de quatre de ses plus proches, qui constate que jamais ils ne lui ont vu lire un seul livre de chevalerie : voulant qu'en cas de contravention, ma dite nièce soit et demeure irrévocablement déchue de tous ses droits à ma succession, qu'alors j'entends et veux être employée en entier et distribuée en œuvres pies, au gré de mes dits exécuteurs testamentaires. *Item*. Je les prie, dans le cas où le hasard leur ferait rencontrer, quelque jour, l'auteur aragonnais d'un livre qui se traîne par le monde, sous le titre de *Seconde partie de l'histoire de Don Quichotte de la Manche*, de vouloir bien, en mon nom, l'assurer que c'est innocemment de ma part que je me trouve cause qu'il ait composé un si mauvais ouvrage, et l'inviter à me pardonner le tort qu'il a dû se faire par rapport à moi.

Ici Don Quichotte ordonna de clore son testament, et se sentant très-fatigué, il demanda qu'on l'étendît dans son lit. Pendant les trois jours suivants, son mal empira, et d'heure en heure il ne fit que baisser et s'affaiblir. Toute la maison fut en alarmes et en pleurs. Cependant la chère nièce ne perdit point l'appétit : la gouvernante, tout en se lamentant, se résignait peu à peu : le bon Sancho lui-même, quoique profondément affligé, trouvait une sorte de soulagement dans l'argent comptant qui lui restait : tant il est vrai que les regrets que laisse un mourant, quelque chéri qu'il soit, sont toujours plus ou moins tempérés par la consolation d'en hériter!

Don Quichotte, jusqu'à sa dernière heure, entouré de ses amis et de ses proches, les édifia par sa piété, sa patience et sa résignation. Il ne cessa de maudire les livres de chevalerie que lorsqu'il perdit tout-à-fait la force de parler. Son agonie fut courte et calme. Enfin, il rendit l'esprit; ou, pour mieux dire, il expira paisiblement au bruit des soupirs et des gémissements de tous ceux qui le virent mourir.

Ainsi mourut l'incomparable héros de la Manche.

Le premier soin du curé fut de faire dresser, par le notaire, un procès-verbal qui constatait qu'Alonzo Quixana le Bon, vulgairement connu sous le nom de Don Quichotte de la Manche, venait cejourd'hui de passer de cette vie en l'autre, par mort naturelle, en présence des témoins soussignés: lequel acte avait pour but de convaincre d'imposture, le cas échéant, quiconque s'aviserait de le supposer encore vivant, et de fabriquer sur son compte de fausses histoires pour faire suite à celle de Cid Hamet Bénengély, seul avoué par le défunt pour son historien.

FIN.

TABLE

I. Qui était Don Quichotte, et comment il advint qu'il embrassa la profession de chevalier errant. — 5
II. Première sortie de Don Quichotte. — 9
III. Comment Don Quichotte fut armé chevalier. — 15
IV. De ce qui arriva à notre chevalier, quand il fut sorti de l'hôtellerie. — 23
V. Suite de la disgrâce de notre chevalier. — 32
VI. De la curieuse revue, et de la rigoureuse justice que le curé et le barbier firent des livres de notre chevalier. — 37
VII. Seconde sortie de Don Quichotte. — 40
VIII. Epouvantable aventure des moulins à vent, et autres événements non moins mémorables. — 47
IX. Conversation intéressante entre Don Quichotte et Sancho Pansa, son écuyer. — 60
X. De ce qui se passa entre Don Quichotte et les chevriers. — 67
XI. De la désagréable aventure qui arriva à Don Quichotte avec des muletiers Yanguois. — 73
XII. De ce qui arriva à notre chevalier, dans l'hôtellerie qu'il prenait pour un château. — 83
XIII. Suite des tribulations que le valeureux Don Quichotte et son digne écuyer souffrirent dans l'hôtellerie. — 89
XIV. Conversation de Don Quichotte et de Sancho Pansa. Grande aventure. — 102
XV. Conversation. — Rencontre d'un corps mort, et autres événements. — 118
XVI. Comment l'intrépide Don Quichotte de la Manche se tire heureusement de la plus épouvantable aventure qui soit jamais arrivée à aucun chevalier errant. — 130

XVII. Aventure et conquête de l'armet de Mambrin. 145
XVIII. Comment Don Quichotte remit en liberté quantité de malheureux que l'on conduisait de force où ils n'avaient pas envie d'aller. 16(
XIX. Don Quichotte pendant une maladie. — Grande querelle entre Sancho Pansa, la nièce et la gouvernante de Don Quichotte; et autres choses non moins intéressantes. 172
XX. Entretien remarquable entre Don Quichotte, Sancho Pansa et le bachelier Samson Carrasco. 179
XXI. Comment Don Quichotte, par son incroyable valeur, vint heureusement à bout de l'épouvantable aventure des lions. 185
XXII. Sancho Pansa, avant de partir pour son gouvernement, reçoit les conseils de Don Quichotte. 199
XXIII. Départ de Sancho Pansa pour son gouvernement. — Comment il en prend possession : son début. 208
XXIV. Comment une épouvantable catastrophe mit fin au gouvernement de Sancho. 226
XXV. Don Quichotte et Sancho arrivent à leur village. 234
XXVI. Maladie, testament et mort de Don Quichotte. 239

FIN DE LA TABLE.

Limoges. — Imp. Eugène Ardant et C⁽ᵉ⁾

www.ingramcontent.com/pod-product-compliance
Lightning Source LLC
Chambersburg PA
CBHW070656170426
43200CB00010B/2258